项目资助

本书为国家社会科学基金青年项目"数字技术驱动城市基层治理效能的生成机理与提升路径研究"(21CZZ023)、苏州大学中国特色城镇化研究中心招标课题"城市基层数字治理的效能评估与提升路径研究"(22CZHC006)阶段性成果

构建过渡型社区治理共同体

基于利益政治学的研究

吴新星 / 著

Governance with Broad-based Participation in the Transitional Community

Research based on Interest Political Science

中国社会科学出版社

图书在版编目（CIP）数据

构建过渡型社区治理共同体：基于利益政治学的研究／吴新星著 . —北京：中国社会科学出版社，2023.9
ISBN 978-7-5227-2422-5

Ⅰ.①构⋯　Ⅱ.①吴⋯　Ⅲ.①社区管理—研究—中国　Ⅳ.①D669.3

中国国家版本馆 CIP 数据核字（2023）第 153011 号

出 版 人	赵剑英
责任编辑	赵　丽
责任校对	刘　娟
责任印制	王　超

出　　版	中国社会科学出版社
社　　址	北京鼓楼西大街甲 158 号
邮　　编	100720
网　　址	http://www.csspw.cn
发 行 部	010-84083685
门 市 部	010-84029450
经　　销	新华书店及其他书店
印　　刷	北京明恒达印务有限公司
装　　订	廊坊市广阳区广增装订厂
版　　次	2023 年 9 月第 1 版
印　　次	2023 年 9 月第 1 次印刷
开　　本	710×1000　1/16
印　　张	17.5
字　　数	278 千字
定　　价	95.00 元

凡购买中国社会科学出版社图书，如有质量问题请与本社营销中心联系调换
电话：010-84083683
版权所有　侵权必究

目　　录

导　论 ………………………………………………………………（1）

第一章　利益政治学的理论溯源与基本逻辑 …………………（32）
　第一节　利益政治学的理论溯源 ……………………………（32）
　第二节　利益政治学的基本逻辑 ……………………………（56）
　本章小结 ………………………………………………………（64）

第二章　过渡型社区的类型学分析 ……………………………（66）
　第一节　类型学在政治学研究中的应用 ……………………（67）
　第二节　过渡型社区的具体类型 ……………………………（73）
　第三节　过渡型社区的基本内涵 ……………………………（87）
　本章小结 ………………………………………………………（92）

第三章　过渡型社区治理的效能困境 …………………………（94）
　第一节　过渡型社区治理效能的提出 ………………………（95）
　第二节　过渡型社区治理效能不彰的表征 …………………（102）
　本章小结 ………………………………………………………（124）

第四章　过渡型社区治理中的利益关系 ………………………（126）
　第一节　过渡型社区治理中的利益主体与利益客体 ………（126）
　第二节　过渡型社区治理中利益关系的结构 ………………（139）
　第三节　过渡型社区治理中利益关系的失调
　　　　　——基于过渡型社区空间生产过程中利益关系
　　　　　结构的案例分析 ……………………………………（146）

本章小结 ……………………………………………………（155）

第五章 过渡型社区治理中权力关系的失调及其利益关系根源 ……………………………………（157）
  第一节 过渡型社区治理中权力关系的规范分析 …………（157）
  第二节 过渡型社区治理中权力关系的失调运行
     ——基于F街道过渡型社区网格化治理实践的
     实证分析 ……………………………………………（166）
  第三节 过渡型社区治理中权力关系失调的利益关系根源 ……（176）
  本章小结 ……………………………………………………（183）

第六章 过渡型社区治理中权利关系的梗阻及其利益关系根源 ……………………………………（185）
  第一节 过渡型社区治理中权利关系的规范分析 …………（185）
  第二节 过渡型社区治理中权利关系的运行现状 …………（203）
  第三节 过渡型社区治理中权利关系的运行梗阻 …………（212）
  本章小结 ……………………………………………………（219）

第七章 构建过渡型社区治理共同体 ……………………………（221）
  第一节 重塑协调的过渡型社区利益关系 …………………（221）
  第二节 重塑秩序化的过渡型社区治理权力关系 …………（226）
  第三节 重塑秩序化的过渡型社区治理权利关系 …………（233）
  第四节 提升过渡型社区的治理效能 ………………………（239）
  本章小结 ……………………………………………………（245）

结 论 ………………………………………………………………（246）

附 录 访谈提纲 …………………………………………………（254）

参考文献 …………………………………………………………（261）

后 记 ………………………………………………………………（275）

导　　论

"问题是时代的格言,是表现时代自己内心状态的最实际的呼声。"[①] 转型中国的城市化建设进程,是原有秩序的消解、新的秩序建构的过程。这一过程承载着转型社会的阵痛,基层治理效能可能长期无法彰显。如何推进城市基层社会治理体系和治理能力的现代化,正是快速城镇化进程带来的新的时代问题。

城镇化建设进程中,中国城市经济产业结构不断转型升级并向新时代高质量发展的新阶段过渡,城市管理的体制和城市基层社会的组织机制也不断改革创新。根据第七次全国人口普查数据显示,中国居住在城镇的人口已超9亿人,常住人口城镇化率已达63.89%。[②] 而城乡二元结构并未发生根本性的改变。全国人户分离的人口达到4.93亿人,其中流动人口3.76亿人。[③] 这意味着常住人口城镇化率虽高,但居住于城市中的人口往往不能获得均等化的公共服务。相对于空间和产业的城镇化,人口的城镇化仍是任重道远的重大问题。

在城市空间格局不断变化的过程中,作为国家治理基础单元的社区,其治理体制机制不断创新,以求重新建立城市基层社会秩序。选择过渡型社区作为研究对象,是充分考虑到这一兼具城市社区和农村社区要素

[①] 《马克思恩格斯全集》第1卷,人民出版社1995年版,第203页。

[②] 国家统计总局、国务院第七次全国人口普查领导小组办公室:《第七次全国人口普查公报(第七号)》,2021年5月11日,国家统计局网站(http://www.stats.gov.cn/ztjc/zdtjgz/zgrkpc/dqcrkpc/ggl/202105/t20210519_1817700.html)。

[③] 国家统计总局、国务院第七次全国人口普查领导小组办公室:《第七次全国人口普查公报(第七号)》,2021年5月11日,国家统计局网站(http://www.stats.gov.cn/ztjc/zdtjgz/zgrkpc/dqcrkpc/ggl/202105/t20210519_1817700.html)。

的特殊社区形态，集中呈现了快速城镇化进程中基层社会利益关系的变迁，也集中暴露了快速城镇化进程中的基层过渡型社区治理秩序失调、治理效能不彰的问题。利益政治学理论视角下的过渡型社区治理的研究，旨在从利益政治层面寻找快速城镇化进程中推进城市基层社会治理现代化的可行路径。

一　选题背景

城镇化建设进程中，随着城市空间格局的外扩，处于城乡接合部区域、城市外边缘地带的农村社区逐渐被吸纳到城市空间格局中，成为城市中的"城中村""城乡接合部社区""边缘社区""农民集中居住区"。这些社区是权力主导的快速城镇化建设的产物，在空间形态上表现出显著的非农化或城市化特征，在居民身份认同、社区治理体制、经济产业结构、社区社会整合等方面又呈现出明显异于城市社区的特征。这些介于"农村社区"和"城市社区"之间的社区，在纵向时间维度上将从乡村社会过渡到城市社会；在横向空间维度上，将完成经济结构、治理体制、社区文化、社会结构、空间格局从农村社区向城市社区的过渡。因此，笔者以"过渡型社区"这一概念来统领这些呈现为不同具体形态但具有相同或相似社区要素的社区。

过渡型社区的过渡性，意味着社区内在的不稳定。过渡型社区内的社会阶层分化、社会交往隔离、利益异质多元、治理效能不彰等问题较为突出，是城市社会不稳定的风险地带。过渡型社区集中呈现了中国城镇化建设在城乡经济社会发展、居民生活质量提升、基层治理现代化等方面的成果，同时也集中暴露出中国快速城镇化模式背后的代价和发展困境。这些困境表现为：高速发展向高质量发展转型过程中，产业结构的转型升级带动社会利益结构的变迁和社会主要矛盾的变化；集体经济面临着经营困境和转型障碍，对动迁农民的生活保障功能逐渐弱化；空间生产和空间资源配置过程中，利益博弈引起的分歧、冲突和对抗事件始终不绝于耳；"上楼之后"的农民在失去赖以生存的土地后面临着新的生存和发展危机；社区之中社会结构分化，多元文化难以融合，社会资本的存量和增量不足；社区治理组织、制度、机制在社区转型过程中艰难探索，但治理效能难以彰显。需要进一步思考的是，导致过渡型社区经济、社会、文化、空间、治理等各个方面治理失效问题的根源性因素到底是什么？或者说过渡型社区治理面临的各类困境的实质性问题是什么？这构成了过渡型社区治理研究的逻辑起点。

在新的历史阶段，从利益政治学的框架来分析过渡型社区治理过程中的利益关系和政治关系问题，主要基于以下原因：

第一，过渡型社区是观察中国城镇化进程中基层社会变迁现象的不可多得的研究对象。城镇化进程中，乡村和城市的基层社会发生了什么样的变化？这些变化的原因是什么？变化是如何展开的？过渡型社区是中国快速城镇化的一个缩影，也是城镇化成功经验和治理风险集聚的场域。因此，以过渡型社区为窗口观察快速城镇化过程中基层社会的利益政治格局变迁依然具有可行性，能够起到"管中窥豹"的功能。

第二，对过渡型社区的"过渡性"的重新解读，将获得观察农村社区向城市社区过渡的新思路。以往的研究观点是，过渡型社区的过渡性主要体现在其空间格局、经济结构、社会网络、治理体制等方面呈现的亦农亦城的双重特征，且多被直接指代拆迁安置社区这一社区形态。但是，这样的界定无法覆盖处于城市范围内的城中村和处于农村范围内的农民集中居住区，而这两类社区也兼具了城市社区和农村社区的部分特征；同时，以往研究只是笼统地强调过渡型社区是从农村社区向城市社区过渡的社区形态，但对具体的过渡过程缺少描述。实际上，处于过渡初期的城中村、农民集中居住区与已建成十五年以上的拆迁安置社区相比，社区内部的利益结构、治理问题和治理机制有着巨大的差别。因此，需要重构过渡型社区的内涵，既要高度概括呈现为不同具体形态的过渡型社区的内在统一性，又要明确过渡初期、中期、后期不同阶段的治理问题。

第三，在既往研究的基础上，继续深挖影响过渡型社区治理秩序失调和治理效能不彰的利益政治根源仍然具有必要性。现有对过渡型社区的研究整体还停留在治理的体制机制层面，对制度层面下影响制度效能、治理效能的根源性因素的研究相对不充分。过渡型社区治理过程中的经济的、社会的、文化的、生态的、治理体制层面的问题，背后隐藏着一条主线。这条主线便是过渡型社区治理过程中的利益政治关系的变化——城镇化的进程就是原先农村社区利益格局被打破、利益关系失调失衡、利益重构、新的利益格局形成的过程。利益和利益关系是影响过渡型社区治理现代化的根源性原因。因此，需要深入到过渡型社区治理的内在利益政治机理，才能找到重建社区治理秩序和提高社区治理效能的有效路径。

第四，"过渡型社区的治理往何处去？"这一问题，需要在宏观的理论视野下进行深入讨论。既有的社区治理研究大多是从"国家—社会关系""结构—过程""多中心治理""公民社会"等理论视角出发的。这些揭示出当前社区治理理论存在的困境：大多数研究是用现有的理论来解释过渡型社区治理所面临的问题，并寻找解决问题的路径。但以理论套用现实、解释现实的思路，过于理想化。本书将利益政治学的理论框架引入到过渡型社区的空间生成、经济发展、治理创新、文化营造、社会保障、空间规划等具体实践的研究中，探究过渡型社区在权力关系、权利关系和权力—权利关系背后的利益关系的症结，进而建构过渡型社区治理共同体，寻找提升社区治理效能的路径。这一研究视角的理论意义在于：一是用中国政治学的主流理论来分析中国问题，充分利用利益政治学理论来分析过渡型社区中利益与政治关系的现实性问题，进一步丰富利益政治学中有关基层治理的理论。二是对过渡型社区的利益关系、权力关系、权利关系和治理效能的研究，将在理论上实现以中国政治学理论范式总结中国基层治理经验的学术目标，可视作是确立中国政治学自主知识体系的局部尝试。

二　相关研究现状述评

社会科学的研究总是伴随社会实践的进行而展开、深入，并以多种形式的研究成果指导人们改善社会实践的行为方式，提高社会实践的良性效能。过渡型社区是在快速城市化的过程中形成的，是城乡二元体制之间的过渡性社区形态。自20世纪90年代起，由于在利益关系、社会结构、人员结构、社会风险、空间设施等方面存在着复杂的、相互交织的治理危机，过渡型社区吸引了社会学、政治学、公共管理学、城市规划学等多学科学者们的研究目光，形成了丰硕的研究成果。

(一) 国内研究现状综述

1. 关于过渡型社区概念的研究

与过渡型社区相关的概念大致有"边缘社区""城中村""拆迁安置小区""城乡接合部社区""村转居社区""转型社区""过渡型社区""超级村庄"等。

（1）边缘社区

根据宋辉的研究，城市边缘社区具有生成被动性、居住类城性、结构多元化和治理过渡性等结构属性，并将经历纯粹的城市与农村社区阶段（1978年以前）、萌芽阶段（1979—1996年）、快速发展阶段（1997—2009年）和规范化发展阶段（2010年至今）。[①] 宋辉认为，城市边缘社区包含了三种类型：第一种是"超级村庄"、城乡接合部、城中村等传统型城市边缘社区，这类社区是工业经济和企业制度扎根村庄之后，在乡村之中产生的非农经济社区。第二种是如"浙江村"这类进城务工人员为主体的外来人员聚居所形成的主动型城市边缘社区，形成的内在原因是市场的资源配置作用。第三种是政府干预实施土地城市化和人口户籍非农化过程中所形成的被动型城市边缘社区，如村改居社区、拆迁安置社区等。

早期的研究者认为，边缘社区是处于城市与农村之间，既不属于城市又不属于农村的第三种社区。[②] 游正林在《试论边缘社区》中最早提出"边缘社区"，用于概括两个或多个不同类型的社区的交互作用地带，包括了城乡边缘社区和边境边缘社区两大类。[③] 这一观点一直为城市规划学的研究者所认同。如顾朝林等认为，边缘社区是城市中具有特色的自然地区，是城市化扩展在农业土地上的反映。[④] 从自然区位空间的视角，边缘社区是城市内边缘带和外边缘带之间，城市建成区与非建成区之间、

---

① 宋辉：《城市边缘社区组织建设研究》，人民出版社2018年版，第40—45页。
② 黄公元：《城乡结合部的流动人口》，《杭州师范学院学报》1998年第1期。
③ 游正林：《试论边缘社区》，《福建论坛》（经济社会版）1991年第1期。
④ 顾朝林等：《中国大城市边缘区研究》，科学出版社1995年版，第2页。

城市形态和乡村形态之间的交融地带。①折晓叶和陈婴婴关注的乡间"都市型"村庄，或谓"超级村庄"这类边缘社区，在空间上则分布在乡村地带，是在乡村内部产生的非农经济社区②。这些社区中，居民在价值观、认同感等方面具有同一性，社区具有明确的边界，外在风格带有许多城市特点。

20世纪90年代初，北京的"浙江村""河南村"，南京的"无为村""淮安村"，深圳的"石厦村"以及东部沿海地区形成的"超级村庄"等也大多被归类为"边缘社区"的范畴。项飚认为，"浙江村"是脱离政府规划之外的"非正规经济"。移民村中的居民以多种类型的"关系"来争取发展的空间，随着市场化的发展逐步正规化，成为推进城市社会前进的持续动力。③张鹂的研究发现，"浙江村"这样的流动人口社区并非是一个自然的、确定的、长久的地点，而是不断通过空间和时间维度的政治经济斗争实现制造和再造的。"浙江村"实质上是城市人强加于温州人的一种带有误导性和疏离感的名称。④

按照宋辉对边缘型社区的概念界定，边缘社区实际上是非城市社区和非农村社区形态的第三种社区形态，这类社区不仅在空间位置上具有边缘性，在社会结构和管理体制方面也具有显著的边缘性。早期边缘社区研究者陈月更关注边缘社区的社会结构意义上的"边缘性"问题。她认为，边缘社区是在城市和农村的边缘地带，进城的农业人口由于户籍、自身素质等条件限制，基于地缘或业缘的聚居社区形式，具有一定规模的边缘化特点。⑤政治学者更多的关注边缘社区中的治理体制问题。如金太军认为："治理意义上的边缘社区，是在农村社区治理体制与城市社区

---

① 袁方：《多中心治理视角下城市边缘社区治安管理模式探析——基于北京市B村的调查》，《中州学刊》2011年第3期。

② 折晓叶、陈婴婴：《超级村庄的基本特征及"中间"形态》，《社会学研究》1997年第6期。

③ 项飚：《跨越边界的社区：北京"浙江村"的生活史》，生活·读书·新知三联书店2000年版。

④ [美]张鹂：《城市里的陌生人：中国流动人口的空间、权力与社会网络的重构》，袁长庚译，江苏人民出版社2014年版，第22页。

⑤ 陈月：《论我国新时期的边缘社区》，《江苏公安专科学校学报》1996年第6期。

治理体制之间徘徊不定的、模糊的、过渡性的社区类型。"① 因此，尽管边缘社区的治理体制介于城乡社区的过渡状态，但其区位并不一定是处于城市的边缘地带或城乡接合部之间。

（2）城中村

尽管可以检索到国外有学者早在1958年便发表了有关萨摩亚 Urban Village 的研究成果②，但国外学者的研究主要针对的是城市中的贫民窟问题，这与中国的城中村有本质的差别。国内最早关注城中村问题的是城市规划学界。早期的研究观点认为，所谓城中村就是城市之中的农村，是在快速城市化建设过程中"被囫囵吞进城市腹内农村"，反映的是城市规划工作的落后和混乱，必须进行"防治"。③ 随着城中村中社会问题的凸显，社会学等学科的学者开始加入其中。李培林2002年在《中国社会科学》发表的论文，将城中村分为三种类型：处于繁华市区、已经完全没有农用地的村落，处于市区周边还有少量耕地的村落，处于远郊还有较多农用地的村落。④ 李培林认为，城中村"既是城市异质的边缘，也是替代贫民窟而成为农民工融入城市并转变为新市民的摇篮和跳板"，最终要伴随产权重新界定和社会关系网络的重组，"村落的终结"的过程是村落非农化、工业化、城市化的过程。⑤ 蓝宇蕴提出，广义的城中村是指已列入城市总体规划发展区域内且农业用地已经很少或者没有的村落；狭义的城中村是指农地和居民早已非农化，村庄已转为城市建制，但习惯上仍称之为"村"的社区聚落。蓝宇蕴认为，城中村是处于城市建筑包围之中，居民职业结构和生存方式已完成城市转型，但社区要素仍不具备城市社区特征的村落聚居区。⑥ 蓝宇蕴将建立在非农化经济基础之上的

---

① 金太军：《从"边缘"治理到"多中心"治理：边缘社区治理体制创新研究》，《中共中央党校学报》2018年第2期。
② Susan Hirsh, "The Social Organization of An Urban Village in SAMOA", *Journal of the Polynesian Society*, 1958, Vol. 67, No. 3, pp. 266–303.
③ 杨安：《"城中村"的防治》，《城乡建设》1996年第8期。
④ 李培林：《巨变：村落的终结——都市里的村庄研究》，《中国社会科学》2002年第1期。
⑤ 李培林：《村落的终结：羊城村的故事》，商务印书馆2004年版，第415页。
⑥ 蓝宇蕴：《城中村：村落终结的最后一环》，《中国社会科学院研究生院学报》2001年第6期。

城中村称为"都市村社共同体"①，将其视作村民群体在社区谋生、融入城市生活的"桥梁"②，是农民城市化的"新型社会空间"。

城中村的概念并不似"边缘社区"那样复杂而难以取得共识，李培林、蓝宇蕴的研究基本确定了整个研究的基本范畴，后续的研究，如陈映芳③、叶继红④、王新⑤等学者主要是在讨论城中村改造或是城市更新过程中的利益、规划、权力、权利、政府角色、社会结构等各种问题，而这些在李培林关于"村落的终结"条件中均有所述及。

（3）拆迁安置社区、村转居社区与农民集中居住区

随着中国城市化建设的快速推进，原先被城市建筑包围的城中村启动了改造和更新，同时大量的农村土地被纳入城市工业园区、开发区、产业新区的开发规划中，大量农宅被拆，农民上楼，原先的农村社区管理体制也在拆迁安置中消解和变迁。在此过程中，城市和城市边缘地带开始建成一座座拆迁安置社区、村转居社区、农民集中居住区。

拆迁安置社区是从物理空间格局对过渡型社区进行的界定，而从管理体制变迁的角度来看城市化过程中农村社区向城市社区的过渡，就形成了"村转居社区"或"村改居社区"或"撤村建居社区"等概念。

村转居社区，是指在城乡二元体制依然存在的情况下，由政府主导建制实施土地城市化和人口非农化而形成的社区。⑥ 村转居社区逐步建立了城市社区的组织架构、管理职责和管理制度，但也或多或少保留了原先村委会的管理事务和服务职能。⑦ 村转居社区的空间格局不一定进行了

---

① 蓝宇蕴：《都市里的村庄：一个"新村社共同体"的实地研究》，生活·读书·新知三联书店2005年版，第4页。

② 蓝宇蕴：《城市化中一座"土"的"桥"——关于城中村的一种阐释》，《开放时代》2006年第3期。

③ 陈映芳等：《都市大开发：空间生产的政治社会学》，上海古籍出版社2009年版。

④ 叶继红、杨鹏程：《利益分化、差异共融与城中村治理》，《理论与改革》2019年第4期。

⑤ 王新、蔡文云：《城中村何去何从？》，中国市场出版社2010年版。

⑥ 杨贵华：《转型与创生："村改居"社区组织建设》，社会科学文献出版社2014年版，第11页。

⑦ 徐琴：《城市化进程中"村转居"社区居民自治的再建构》，《学海》2013年第4期。

拆迁安置，如类似于"翻牌社区"①这样的村转居模式在社区空间格局上并不会发生大的变化，主要还是制度、机制层面的管理体制变化，以及社区居民身份变迁所带来的利益和权利的变化。当然，也有学者认为，空间生产是村转居社区的必备要素。如，吴莹认为，"在国家自上而下逻辑主导的城市化下，'村改居'社区这一新的城市空间是'被生产'出来的。在获取城市建设用地的过程中，农村的空间形态面临由分散水平式向集中立体式的转变，村庄原有的生产秩序和管理框架被打破，相应地，农民的身份属性和自我认同，与熟人社会关系网均发生改变"②。

与拆迁安置社区相关的概念还有"农民集中居住社区"。这是部分地区为了推进城乡一体化或"乡村振兴"，以"农民居住向镇区集中、工业向园区集中、农田向规模经营集中"的"三集中"思路，将农民集中安置到新的农村社区居住，实现就地城镇化。通过改善社区基础设施和公共服务配套，加强社区管理，促进农民的市民化生活转变。③部分地区的农民集中居住社区的建设，在很大程度上是因为农村人口和资源的外流、"空心村"的出现以及各地城镇化建设需要新增用地指标。④

梳理这几个概念便会清晰地发现，"拆迁安置社区""村转居社区"与"农民集中居住区"这几个概念均指向特定的社区空间形态，但相互之间又存在重叠和差异，如村转居社区与"翻牌社区"管理体制是基本一致的，纳入城市社区管理的农民集中居住区实际上也是拆迁安置小区等。同时，各个社区具体形态和社区要素特征又存在不同，社区治理过程中存在的问题也有着显著的差异。在此情形下，重新审视相关概念的范畴和探究当前基层社区所处的过渡状态就显得十分必要。

(4) 转型社区

转型社区并不局限于指代某一类型的社区，而是聚焦于社区治理体

---

① "翻牌社区"，是将原先的城中村或城郊的农村社区，成片集中地转制成城市社区，农民成为城市居民，乡镇变成街道，村委会变成城市社区居委会。这一过程就被形象地称为"翻牌"。
② 吴莹：《上楼之后：村改居社区的组织再造与秩序重建》，社会科学文献出版社2018年版，第9页。
③ 叶继红：《农民集中居住与移民文化适应：基于江苏农民集中居住区的调查》，社会科学文献出版社2013年版，第9页。
④ 华生：《城市化转型与土地陷阱》，东方出版社2013年版，第147页。

制的"转型"问题,是指原先的一元管理向居委会、业委会、物业公司三维架构转变,以"国家—社会—市场"协作的多元治理模式代替行政主导的社区治理模式,建立在复合治理的"一核多元"合作治理模式的社区形态。① 当然,从此概念出发,转型社区包含了一切处于治理转型过程中的社区形态,未免失之宽泛。普遍的共识仍是将转型社区用于指代城镇化进程中农村社区向城市社区转型而形成的社区。

"转型社区"的提出,是学术界从类型学的角度,试图建构出一个具有普遍解释力且能够概括城中村、拆迁安置社区、新型都市共同体、村转居社区、城乡结合社区等多种具体形态特征的社区概念的尝试。如,黄锐等从转型社区的经济基础、政治结构、社会关系三个方面进行总结:转型社区的经济基础是以"经济联社"或"经济合作社"对集体资源的高度垄断,经济组织提供的福利造成社区居民对集体组织的依附性,在权力结构上形成了"拟单位制"和"类单位制"。尽管"村"的行政组织不复存在,但社区的社会网络关系并没有完全断裂。② 黄锐等的尝试是有意义的,他跳出了转型社区空间格局和管理体制的思维约束,从更宏观、深远的视角来思考转型社区的特质和发展趋势问题。类似的研究还有,比如蓝宇蕴认为,转型社区是介于乡村和城市连续体中的特殊社区,尤其是那些具有市场区位优势的行政村,随着土地利用和村民职业非农化,逐渐呈现出"半城半村"的社区形态。③

(5) 过渡型社区

试图建构普适性的、概括众多具体社区形态的另一概念便是"过渡型社区"。钱玉英在讨论城市化背景下的基层治理问题和出路时,提及农村城镇化进程中产生了"介于乡村社区和城镇(城市)之间的一种过渡型社区","乡村社区特征逐步淡化而城市社区特征逐步增加的过渡型社区",具体指代农村城镇化过程中的"超级村庄"、城中村、城中"农民

---

① 孙肖远:《城市社区治理的模式转型与机制构建》,《理论探讨》2016 年第 5 期。
② 黄锐、文军:《从传统村落到新型都市共同体:转型社区的形成及其基本特质》,《学习与实践》2012 年第 4 期。
③ 蓝宇蕴:《转型社区的"总体性"组织及其破解》,《学术研究》2016 年第 11 期。

村"、城乡接合部、小城镇等社区形式。① 钱玉英对过渡型社区的各种具体形态进行了分析,明确了过渡型社区的"过渡"是指从农村社区向城市社区的过渡。

"非城非乡、亦城亦乡"是过渡型社区的主要特征。周晨虹在研究城中村时,将城中村改造后形成的兼具城乡双重特性的新型社区称之为"过渡型社区"②,这实际上也缩小了过渡型社区指代的具体社区形态范围。对"过渡型社区"尝试整体性概念建构的是青年学者张晨。在他看来,过渡型社区源于地方政府行政主导的"规划的变迁",基本结构属性是社区生成行政化、社区人口结构复杂化、社区文化异质化、社区居民非农化、社区景观城市化、社区发展动态化、社区治安复杂化。③ 从具体的社区形态看,张晨研究的对象主要是地方工业园区、经济开发区建设过程中的动迁农民集中安置社区。在"过渡型社区"概念提出者看来,过渡型社区这一概念的价值,在于明确了社区转型过去时、现在时和未来时的问题,衔接了农村和城市的二元视角,有助于从城乡一体化的新视角来思考"拆迁安置社区治理何以优化"的问题。

2. 过渡型社区空间生产的研究

无论是城中村的"握手楼""一线天",还是拆迁安置社区、农民集中居住区中鳞次栉比的楼房,回不去的田园乡村、尚未到达的城市格局,都是过渡型社区"村不村、城不城"的客观现实。空间的社会性、政治性,又折射出过渡型社区在过渡过程中的社会结构、权力关系的变迁。

首先,对过渡前的社区空间问题的研究。相关的研究大致分为三类:第一类是对田园乡村生活的"乡愁"研究。如《南方都市报》深圳新闻部记者们合著的《未来没有城中村》一书,提出"城中村是过去时代的乌托邦",要新的城市观念,颠覆城乡分割制度,实现城乡居民权利的均

---

① 钱玉英:《城镇化背景下的基层治理:中国的问题与出路》,《苏州大学学报》(哲学社会科学版) 2008 年第 5 期。
② 周晨虹:《城乡一体化进程中的"过渡型社区"研究》,《济南大学学报》(社会科学版) 2011 年第 1 期。
③ 张晨:《城市化进程中的"过渡型社区":空间生成、结构属性与演进前景》,《苏州大学学报》(哲学社会科学版) 2011 年第 6 期。

等化。① 第二类是有关城中村的空间问题的研究。蓝宇蕴发现，农民对租金的追求，地方政府对于城中村中的"建筑怪胎"整治和约束的行动效率过低，部分时期甚至下放了住宅建设的审批权限，这些因素是城中村"握手楼""接吻楼""贴面楼"等建筑奇观腾空而起的原因。② 城中村居住环境差，人口密度过大，建筑质量参差不齐，安全隐患多，市政基础设施普遍落后、公共服务设施不足等问题。③ 与此同时，城中村在城市中又呈现出圈层式空间发展格局——城市外围城中村多，核心区城中村数量相对少，但越靠近城市中心区域的城中村，建筑和人口越密集。第三类是有关城市移民社区空间格局基础上的社会结构问题研究。研究"浙江村"的张鹂擅长于从空间关系出发探究"浙江村"内的社会结构问题。20世纪90年代中期，温州人开始自建具有保护功能的大院。大院的建设过程中，温州人内部建立起股份合作制，大院老板与地方政府官员之间也建立非正规庇护关系，并花高价获取水、电、环卫等资源。④

其次，对过渡型社区的空间生产问题的研究，特别是集中于拆迁过程中的利益问题研究。正是城市空间的自然属性、社会属性、政治属性，研究者们将研究的视角集中于拆迁过程中的权力和权利关系，以及背后的利益问题。

过渡型社区的空间生产是权力主导的"空间资源和空间产品的生产、占有、利用、交换、消费"⑤。陈映芳认为，政府、土地投机商、开发商、动迁公司、建筑承包商、动迁居民等构成了城市开发建设的利益链。开发利益的分配规则很不清晰，城市开发的主导者（政府）和主要参与者（开发商、投机商）有极大的牟利机会，在动迁安置的价值规范情境中，开发者和市民所享有的知识和思想资源及其运作能力是完全不对等的，

---

① 《南方都市报》编著，陈文定主编：《未来没有城中村——一座先锋城市的拆迁造富神话》，中国民主法制出版社2011年版。

② 蓝宇蕴：《都市里的村庄》，生活·读书·新知三联书店2005年版，第349—358页。

③ 陈湛：《城市化进程中的城中村问题研究》，云南大学出版社2009年版，第33页。

④ [美] 张鹂：《城市里的陌生人：中国流动人口的空间、权力与社会网络的重构》，袁长庚译，江苏人民出版社2014年版，第85页。

⑤ 任平：《空间的正义——当代中国可持续城市化的基本走向》，《城市发展研究》2006年第5期。

因此，动迁居民承担着"穷人"去"乡下"的"动迁创伤"。①张庆认为，权力主导的空间设计和使用的逻辑是为了满足城市土地储备的需要，政策本身并未充分考虑到农民上楼后的感知和适应问题。②施芸卿也认为，"市民完全被排除在决策流程之外，只能作为政策的被执行者（'被拆迁人''被安置对象'），被动地卷入这场城市化浪潮"③。

随着城市拆迁工作的制度化和规范化，也伴随着学界相关研究的深入，研究者对动迁安置过程中权力与权利互动格局中正义问题的判断也发生了变化。正如研究农村问题的知名学者贺雪峰所言，存在着"两种相辅相成的现象：一种现象是媒体天天报道的，因为征地而发生冲突，农民打失地悲情牌，认为征地补偿太少了，要维护自己基本的土地权利；另一种现象是没有土地被征机会的农民盼征地，希望通过土地征收来获得利益"④。彭小兵的研究也发现，"征地农民与外来务工者都是利益受损者，一方损失了经济利益，另一方损失了居住利益"⑤的观点有失偏颇。他认为，处于不同社会阶层的被拆迁者的利益诉求有着明显的差异，上层社会阶层被拆迁者会充分动用自身资源进行主动和积极的干预，使拆迁政策向有利于自身的方向发展；中间社会阶层的被拆迁者，往往会被地方政府通过"单位"、社区居委会对其进行引导、控制，只能采取有限的抗争或沉默应对；处于底层社会阶层的被拆迁人，缺少利益博弈的资源和技巧，自身的利益往往难以维护，要么采取暴力抗争，要么沉默和服从。⑥

最后，拆迁后社区空间规划和基础设施配置问题的研究。张晨在对

---

① 陈映芳：《城市开发的正当性危机与合理性空间》，载陈映芳等《都市大开发：空间生产的政治社会学》，上海古籍出版社2009年版，第1—41页。
② 张庆：《农民集中居住区——居住形态与日常生活》，载陈映芳等《都市大开发：空间生产的政治社会学》，上海古籍出版社2009年版，第132—247页。
③ 施芸卿：《再造城民：旧城改造与都市运动中的国家与个人》，社会科学文献出版社2015年版，第169页。
④ 贺雪峰：《城市化的中国道路》，东方出版社2014年版，第123页。
⑤ 黄勇：《郊区动迁安置基地：居民的生活空间如何被生产》，载陈映芳等《都市大开发：空间生产的政治社会学》，上海古籍出版社2009年版，第106页。
⑥ 彭小兵：《城市房屋拆迁研究：利益博弈与政策设计》，电子工业出版社2016年版，第6页。

莲花新村的案例分析和实证研究的基础上提出，过渡型社区的规划设计只考虑了城市社区空间的指标，缺乏系统性和整体性，社区规模过大、配套的基础设施建设滞后，社区空间的规划布局没有考虑到失地农民的生活习惯与引导居民融入城市生活并举的意识，规划的理想与生活的现实之间脱节。① 叶继红对农民集中居住区的研究也发现，现阶段集中居住区的定位层次不高，规划建设受制于地方财力的影响，集中居住区与城市商品住宅小区相比在区位、外观、配套设施、建筑质量等方面都存在较大差距。②

3. 过渡型社区经济关系的研究

从过渡型社区研究的起始，研究者们便对过渡型社区的经济关系问题表现出高度的关注，并形成了大致三个面向：一是有关拆迁安置过程中的利益关系问题研究，主要集中于过渡型社区空间生产过程中的资本、权力、权利的关系问题，这一点在空间生产部分已有述及；二是有关农转居过程中集体经济的转制转型问题；三是有关拆迁安置之后村民生活的经济基础问题，尤其是就业问题。

首先是集体经济的转制问题。蓝宇蕴的研究发现，2000年前后城中村中新的集体经济组织与城中村基层治理体制之间存在紧密的关联。为了推动农村集体经济的发展，广东佛山、浙江温州、江苏苏南地区开始探索农村经济的合作社经营模式。佛山、南海的政经分开主要聚焦于农村集体经济和村自治组织的分开，苏州各地政经分开的实践则主要是在城镇化过程中展开的，所谓的"政"也主要是指过渡型社区。经济学者刘志彪认为，苏州的农村社区股份合作社、土地股份合作社和农民专业合作社三种形式的合作社经济，为推进城乡一体化建设奠定了比较好的经济基础，被视作是"苏南新集体经济"③。李睿、王之睿对枫桥模式的评价很高，认为枫桥不仅让集体经济"解套"，提升了发展活力，同时也为街道和社区"赋能"，理顺了基层公共服务承担主体责任关系，解决了

---

① 张晨：《城市化进程中的"过渡型社区"：空间生成、社会整合与治理转型》，广东人民出版社2014年版，第96—97页。
② 叶继红等：《江苏集中居住区居民生活质量研究》，人民出版社2018年版，第104页。
③ 刘志彪：《苏南新集体经济的崛起：途径、特征与发展方向》，《南京大学学报》（哲学·人文科学·社会科学）2016年第2期。

各类组织职能不分的问题。[1] 叶继红的判断则较为谨慎,"政经分离"在一定程度上厘清了经济组织与自治组织之间的管理边界,但也面临着资产增值压力、制度转换不彻底、共建共享机制不完善、价值认同相对脆弱的问题。[2] 项继权和李增元对温州的"政经分开"改革实践的调研报告,提出温州实现了农村集体经济与自治组织的分离,有助于推动村民自治向社区自治、居民自治转变,初步形成"政经分开、城乡一体、联村建社、合作共治"的社区建设和基层治理模式。[3]

职业状态是研究者们关注过渡型社区经济关系的另一大研究重点。项飚、张鹂对"浙江村"的研究都发现,浙江人经商的多元化,特别是温州老板创办了批发市场、大院出租经济等贸易形式,推动了"浙江村"内部社会结构和空间格局的变迁;经商行为与国家权力之间形成互动、博弈,并在此过程中强化了经济行为的合法性。移民经济有一定的特殊性,过渡型社区中更为常见的则是动迁农民"脱农"之后的生存问题。李培林描述了"羊城村"的"屋租"市场。他批判了斯科特认为小农理性是"规避风险"的生存理性,不会冒险发大财的观点。他认为,中国市场经济发展中的"流动民工"会引起小农的"生存理性"向"经济理性"的转变,也正是在这样的动机下,城中村不断加高、扩大,村落也终将"终结"。[4] 卢俊秀的研究发现,城中村的租赁经济存在着特殊性,基层政府所实施的来自国家意志的经济管理方式在某种意义上会"失效",村集体经济代理人——村公司的经济管理在城中村发挥着实质性的作用,村公司和村民、非正式经济之间形成了一种庇护型的关系连接。[5]

更多的研究关注动迁安置之后动迁农民的生存和就业问题。研究者们发现,岗位替代性强、工作周期短、稳定性差、职业发展缺乏持续性,

---

[1] 李睿、王之睿:《"政经分开"与基层治理:三种模式的比较分析》,《学习论坛》2017年第1期。

[2] 叶继红、汪宇:《基层治理的行动结构与路径选择——以S街道"政经分离"改革为例》,《观察与思考》,2018年第11期。

[3] 项继权、李增元:《经社分开、城乡一体与社区融合——温州的社区重建与社会管理创新》,《华中师范大学学报》(人文社会科学版)2012年第6期。

[4] 李培林:《村落的终结:羊城村的故事》,商务印书馆2004年版,第67—69页。

[5] 卢俊秀:《制度变迁背景下的社区治理——基于广州市一个城中村的实证研究》,华东理工大学出版社2017年版,第56—57页。

"失业无业、隐性失业、就业再失业"是动迁农民的普遍情况。① 动迁之后农民的职业结构虽呈现多元化，但发展型生存经济基础并没有得到较好建立，为了追求租金或灰色收入的违建、群租、制假售假等潜在问题客观存在。② 在拆迁还建后被拆迁居民家庭的总体生计水平得到提升的情况下，各类群体间的生存情况存在着显著的差异：原中等偏下分组向上流动居多，原中等偏上和高等分组向下流动居多，原低等分组的流动性则相对缺乏。③

4. 过渡型社区社会关系的研究

过渡型社区物理空间的生产推动原有社会空间的消解和新的社会空间的新建和发展，也意味着社会阶层方面出现的新变化。何艳玲等人认为，社区是城市社会的基础单元，快速城市化进程中"转型社区"中社会阶层分化及固化、社会需求分化和社会服务供给分化，引发出社会整体分化问题。因此，必须通过再造权威、转变风貌、重建服务的路径来实现"社区重建"。④

随着社会资本理论在国内学术界的兴起，过渡型社区的社会资本问题得到了关注。依据笔者多年前的研究发现，传统社会资本的崩解和现代社会资本的缺乏是过渡型社区政治社会结构的基本特征，重塑过渡型社区中的社会资本必须处理好传统与现代、物质与精神、政府与社会、中国适用性等方面的关系的问题。⑤ 郭小聪等同样认为，应着手建立"参与式"的伙伴关系、完善"协商式"共治机制，通过"柔性治理"实现社会治理的"软着陆"⑥。过渡型社区的主要研究者周晨虹发现，"乡村

---

① 徐琴：《论失地农民的再就业困难》，《南京工业大学学报》（社会科学版）2006 年第 2 期。
② 叶继红：《城中村治理：问题、困境与理路——以城湾村为个案》，《行政论坛》2016 年第 3 期。
③ 黄海艳、蔡银莺：《城中村拆迁还建居民家庭生计资本的流动特征——以武汉市两个拆迁安置小区为例》，《城市问题》2019 年第 6 期。
④ 何艳玲、杜江韩、李宇聪：《村庄转型、社会分化与社区重建》，《东岳论丛》2012 年第 3 期。
⑤ 蒋慧、吴新星：《"过渡型社区"治理问题的政治社会学解析——基于社会资本的视角》，《大连理工大学学报》（社会科学版）2012 年第 1 期。
⑥ 郭小聪、宁超：《"过渡型"社区的治理生态分析：社会资本的解释视角》，《求实》2017 年第 7 期。

黏合性"与"城市连接性"两种社会资本,共同影响着过渡型社区居民的城市融入进程。其中"乡村黏合性"社会资本发挥着主导作用,减弱了城中村居民城市融入的动力和能力,"城市连接性"社会资本存量不足,因此要促进城中村居民之间的社区互动。①

除了对过渡型社区整体社会结构的研究外,另外两个具体领域的问题也受到学界广泛关注:一是动迁农民的"市民化"问题,二是外来移民的融入问题。

动迁农民在失去传统的"差序格局"式社会网络关系后面临市民身份的认同危机。原先经济文化观念与现行生活规范发生冲突,社区内的社会网络断裂而有待重建。叶继红对江苏农民集中居住区的研究发现,集中居住区新的城市社区空间格局影响到了动迁农民的社会交往和社会参与,不同经济水平、不同身份认同对动迁农民的文化适应的影响较为显著。② 吕璟等也发现,由于过渡型社区的空间相对农村社区较为封闭,邻里往来减少,动迁农民原先基于地缘、血缘联系的"我群体"内部开始产生了疏离,本地人的"我群体"与外来移民的"他群体"之间的冲突也较为显著。③ 除此之外,对拆迁安置后居民的养老问题、社会保障、医疗卫生等公共服务问题的研究也是学者们努力深耕的领域,并且从最初认为公共服务水平不足的判断④,转化为供给体系"内卷化"的认知。⑤

另一研究热点是外来移民的融入以及随之而来的过渡型社区异质性群体的社会整合问题。蓝宇蕴在博士论文中便提醒,外来移民的生存经济、社会交往、人口管理、文化适应等因素,构成了城中村改造的社会基础。倘若社会基础不具备,空间生产只会造成新"类贫民窟"在城市

---

① 周晨虹:《城中村居民的"城市融入":基于社区社会资本的类型分析》,《农林经济管理学报》2015年第5期。
② 叶继红:《农民集中居住、文化适应及其影响因素》,《社会科学》2011年第4期。
③ 吕璟、潘知常:《再造居民——社会空间视角下拆迁安置房社区失地农民问题研究》,《南京社会科学》2018年第4期。
④ 文军:《农民市民化:从农民到市民的角色转型》,《华东师范大学学报》(哲学社会科学版)2004年第3期。
⑤ 叶继红、占少华:《发达地区失地老人养老支持体系内卷化及其突破——基于苏州市的个案研究》,《中国农村经济》2019年第12期。

内外边缘地区形成,而相应的社会冲突始终存在。张晨认为,户籍制度障碍限制下的社区资源消费的不均衡性,社区内不成熟的现代性文化所产生的弱归属性,以及社会资本存量不足导致的社会自治能力差,三大因素造成过渡型社区外来移民社区融入出现障碍。群体的异质性引发的不仅是社区融入或社会整合问题,更为突出的是利益分化和社区冲突问题。

5. 过渡型社区治理体制的研究

过渡型社区中同时存在着基层政府、基层自治组织、动迁农民、经济组织(合作社、物业等)、社会组织、外来移民等多元利益相关主体。利益主体的多元化及其相互关系的复杂化,造成过渡型社区治理有效性难以达成。当原先的乡村空间格局已经不复存在,社区居民的群体结构发生了根本性的变化,社区文化价值观念异质性凸显,社区治理的权力和权利结构也发生了根本变化,如何建立新的基层社会秩序[1],如何实现村委会向居委会过渡的体制性障碍[2],以及社会组织中如何处理新的治理主体"社会组织"的问题[3],成为研究者们研究的重点。

随着研究的深入,学者们对新的社区管理模式的改革方向有了更具包容性的方案。例如,金太军认为,在治理诉求不断延伸的背景下,以政府意志的强制性和社区责任的边缘性为治理逻辑的社区管控模式已然不合适,需要构建柔性化、可持续的包容性治理模式。[4] 在他看来,边缘治理的困境处于社会治理应然主体之间失衡发展,"治道"与"政道"逻辑相互交叉,新旧治理体制双轨施行,正式制度和非正式制度非协调运作,体制性的不足导致边缘社区和谐稳定问题的衍生,因而要以"多中心"的治理路径来推进边缘社区治理体制的创新。[5]

梁铁中的研究聚焦于城市改造拆迁过程中的政府转型问题。研究发

---

[1] 夏建中:《中国城市社区治理结构研究》,中国人民大学出版社2012年版。
[2] 杨贵华:《转型与创生:"村改居"社区组织建设》,社会科学文献出版社2014年版。
[3] 吴小建:《治理理论视域下城中村改造中的公众参与机制的构建》,《合肥工业大学学报》(社会科学版)2011年第3期。
[4] 金太军、刘培功:《包容性治理:边缘社区的治理创新》,《理论探讨》2017年第2期。
[5] 金太军:《从"边缘"治理到"多中心"治理:边缘社区治理体制创新研究》,《中共中央党校学报》2018年第2期。

现，在城市改造拆迁的过程中，政府的角色、职能、行为等也是处于动态的调整之中，但仍然存在着角色错位、越权越位等问题。因此，在拆迁安置的过程中，地方政府应以公共利益为导向，切实构建融合各种利益主体和利益关系的高效而合理的利益整合机制，确立从单向的公共管理向公共管理与公共服务并重的新型治理模式转变。[①] 焦若水从市民社会和威权主义两大理论立场出发，发现社区日益成为多主体竞争的空间，无论是横向关系还是纵向关系的社区治理模式都无法满足社区中各主体之间日益增加的互动，因而需要建立一种新型的横向与纵向关系结合的"梯形"治理模式。[②] 对社区权力秩序问题也进行了深入研究的是陈薇，她以社会空间为研究视角，认为城市社区中各个主体对空间的认知、构想相互交织、转变。其中，权力既是主体实践的前提，又限制了主体实践的手段，还容许实践过程进入新的权力秩序。[③]

更具聚焦性的研究是，杨贵华逐个研究了村转居社区居委会、党组织、新型服务组织、集体经济组织的结构、职能，以及多主体共同构成的社区管理体制改革的必要性和发展方向的问题。[④] 吴莹提出，"农民上楼故事的后半段"，"村改居"的组织再造，要围绕村、居委会的职能和功能的转变展开，聚焦于管理与服务之上，从闲暇生活、共同体意识重建和自我认同的角度思考基层秩序重建。新的治理组织应当是自上而下的建设逻辑和自下而上的需求逻辑融合的结果，而城市社区将代替村落共同体成为城市化过程中特定社会、特定区域的治理单位。[⑤]

（二）国外研究现状综述

中国的城镇化发展受到了西方理论家的长期关注，但更多的焦点集中于经济发展、产权体制、区域经济等方面。相对而言，对中国过渡型

[①] 梁铁中：《利益整合：城市改造拆迁中城区政府的转型》，中国地质大学出版社2013年版，第151—153页。
[②] 焦若水：《变迁中的社区权力与秩序》，中国社会科学出版社2015年版。
[③] 陈薇：《城市社区权力秩序：基于社会空间视角的研究》，中国社会科学出版社2015年版。
[④] 杨贵华：《转型与创生："村改居"社区组织建设》，社会科学文献出版社2014年版。
[⑤] 吴莹：《上楼之后：村改居社区的组织再造与秩序重建》，社会科学文献出版社2018年版，第24—25页。

社区这一特殊社区形态的研究并不多,仅有为数不多的海外华人研究者或中国学者的著作和论文成果有所涉及。[1]

1. 过渡性社区相近社区形态的研究

与过渡型社区概念接近的主要有"城市边缘区"(Urban Fringe/Stadtradzone)、"城市蔓延区"(The Area of Urban Sprawl)、"城市村庄"(Urban Village)、城乡边缘区(The Rural-Urban Fringe)、"乡村—城市边缘带"(Rural-Urban Fringe Belts)、"转型区"(Zone in Transition)等概念。

西方的地理学和城市规划学的学者,对西方城市扩展过程中城市与乡村的交织地带首先予以关注,后来中国学界的研究也呈现出同样的规律。1936年,德国地理学家赫伯特·路易斯首先提出城市边缘区的概念,意指柏林城市地域结构的新变化以及区域人口的结构和变化。[2] 乔治·韦尔文区分了城市边缘区和城乡边缘区,提出要对城市和乡村之间的边缘区的土地使用模式予以重视。在他看来,所谓城乡边缘区,就是工业用地和农业用地转变地带。[3] 安德鲁斯提出了"乡村—城市边缘带"的概念,指的是城市边缘地区的农业用地和城市用地相混杂的地带,而混杂的原因是城市经济特别是工业经济在地理层面向外的辐射和拓展。[4] 罗宾·普利沃概括了城乡边缘区的特征,这一区域位于城市建成区和郊区乡村之间,具有城市和乡村两重特征,人口密度高于农村又低于中心城

---

[1] Feng Wang, *Boundaries and Categories: Rising Inequality in Post-Socialist Urban China*, Palo Alto: Stanford University Press, 2008. Tang Beibei, "Development and Prospects of Deliberative Democracy in China: The Dimensions of Deliberative Capacity Building", *Journal of Chinese Political Science/Association of Chinese Political Studies*, 2014 (19): 115 – 132. J. C. Ma and Fulong Wu, *Restructuring the Chinese City: Changing Society, Economy and Space*, London: Routledge Curzon, 2005. Junhua Chen and Fei Guo, "Accommodating Migrants in the Post-reform Urban China: The Perspective of the Chinese Hukou System", *The International Journal of Interdisciplinary Social Sciences*, 2010 (2), pp. 173 – 187.

[2] 黄锐、文军:《从传统村落到新型都市共同体:转型社区的形成及其基本特质》,《学习与实践》2012年第4期。

[3] George S. Wehrwein, "The Rural-Urban Fringe", *Economic Geography*. 1942, Vol. 18, No. 3, pp. 217 – 228.

[4] Andrews, R. B., "Elements in the Urban Fringe Pattern", *Journal of Land and Public Utility Economics*, 1942, No. 18, pp. 169 – 183.

区。① 20世纪50年代，奎恩和托马斯将城市地域空间分为内域、城市边缘区和城市腹地三大板块。1975年，洛斯乌姆将空间划分为城市中心区、内边缘带、外边缘带、城市阴影区、农村腹地五大部分。其中，内边缘带是靠近城市的中心区，绝大多数土地已用于或规划为城市建设用地。外边缘带则农村用地特征明显，但城市的影响已经深入，在公路边分布着独立的住宅和商业网点。② 大致可以总结出的是，经济地理学家关注的重点是城市经济外扩的过程中，城市和乡村交界的边缘带的经济结构、人口结构、土地用途等，整体上是围绕区域经济、产业规划发展而展开的。

社会学学者的关注点则聚焦于处于转型和边缘地带的人的问题。1925年，芝加哥学派的欧尼斯特·伯吉斯等人提出了城市空间结构的"同心圆"模型，指代在商业中心区和工人住宅区之间环状的"转型区"。③ 后续芝加哥学派的多位社会学学者对环状转型区的人群交汇、功能混合、观念冲突、利益博弈等问题进行了持续研究。转型区的同心圆模型，对中国的社会学研究者的影响较大，中国学者提出的"转型社区""边缘社区"等概念，追根溯源大多是受此启发。

西方社会学界对边缘社区、贫民窟、黑人区等"自助型居住区"（Self-help Housing）的治理问题研究颇丰，集中关注该类社区的空间构造、住房政策、社会保障、管理体制等问题。如美籍印度裔社会学家素德·文卡特斯走进芝加哥黑人贫民社区，深入贩毒黑帮内部，探究黑帮控制的社区内部各色人等的社会网络和自组织方式。④ 相较于大多数研究成果在研究贫困人口时关注于生计、挣扎、情欲等问题，文卡斯特重点描述了毒贩、租户领袖、妓女、非法商贩、警察及其本人如何在简陋的物质条件下努力创造自己美好的生活。

就社区治理体制问题，学者们对英、美、法等国"人本治理"（Peo-

---

① Robin J. Pryor, "Defining the Rural Urban Fringe", *Social Forces*. 1968, Vol. 47, No. 2, pp. 202–215.
② 参见王玲慧《大城市边缘地区空间整合与社区发展》，中国建筑工业出版社2008年版，第5页。
③ Park, R. E. and Burgess, E. W. et al., *The City*, Chicago: Chicago University Press, 1925.
④ [美]素德·文卡特斯：《黑帮老大的一天》，孙飞宇译，上海人民出版社2009年版。

ple-based）和"在地治理"（Place-based）两种体制及其背后的治理价值、治理实效展开了争论。"人本治理"的策略主张超越地域的局限，以人的特定需求为目标，将贫困者迁移到更有机会的地区。代表人物有路易斯·维尼克、爱德华·格莱泽。维尼克在1966年发表的《地区的繁荣还是人民的繁荣》一文中，批判"在地治理"策略是"笨拙的、高成本的且往往是不平等的"。[①] "在地治理"的策略，早期主要是强调对贫民窟住房、基础设施等物理空间进行改造，后续也强调培育贫民的自我发展能力。"在地治理"策略的拥护者认为，贫困往往是呈空间分布的，解决这些贫困问题的首要任务是提升其个人的人力资源，提供空间性的公共物品。如，哈佛大学的罗伯特·汤普森教授认为，"人本策略"忽视了贫困人口生存的地理空间背景，换了一个新的社区空间并不一定会改变贫困，反而会导致贫困区的黑暗因素，如犯罪活动扩散到其他社区。况且，实践证明，一个社区内黑人人口的增加会造成白人和拉丁裔迁出该社区。黑人搬迁希望获得更好的生活的愿望往往没办法实现，更多的是新的社区也变成了之前社区的样子。[②]

国外对过渡型社区这一类型的社区的研究并不丰富。英国伦敦政经学院教授Hyun Bang Shin通过问卷调查等方式，对北京的城中村改造过程中的居民参与问题进行了调查分析，他比较分析了邻里关系网络与拆迁安置中的参与度之间的关联，发现改造后邻里关系的重构造成了新的社区居民权利主张的障碍的问题。[③] 托马斯·海贝勒对中国大陆社区组织制度的历史进行了严格梳理，比较分析了中国大陆的沈阳、重庆、深圳三个城市的社区构建中的政治活动。经其研究发现，在沈阳这类单位制遗留较多的城市，居民的参与度较高，而在深圳的社区居委会管理体制下，居民则很少参与居委会组织的公共活动，更多地是参与业主委员会组织

---

① Louis Winnick, "Place Prosperity Versus People Prosperity: Welfare Considerations in Geographic Redistribution of Economic Activity", *Essays in Urban Land Economics in Honor of the Sixty-Fifth Birthday of Leo Grebler*, University of California Real Estate Research Program, 1966, pp. 273.

② Sampson Robert, *Great American City*, Chicago: University of Chicago Press, 2012, pp. 261 – 262.

③ Hyun Bang Shin. *Driven to Swim with Tide? Urban Redevelopment and Community Participation in China*, London: Centre for Analysis of Social Exclusion, 2008.

的活动。① 他认为，这种差异中，前者是中国传统单位制的集体行动惯习，而后者则是现代城市生活中居民对自身权利维护的体现。

2. 社会资本理论研究

此外，治理理论、社会资本理论、空间政治理论等诸多的理论为研究过渡型社区治理提供了理论基础。治理理论自俞可平等学者译介到国内学界迅速成为显学，并因中国共产党"国家治理现代化"理论的提出而实现本土化的转变。在此，对治理理论不再赘述，简要介绍社会资本理论和空间政治理论。

"社会资本"的概念由美国乡村学校的督察 L. J. 汉尼方提出，用以概括为什么要参加社会活动。此后，简·雅各布斯、格伦·罗瑞也对此有所阐述。国内学界对社会资本理论的理解主要是受帕特南的影响。帕特南在对意大利基层街区的考察中发现社会资本与制度绩效之间存在着关联。"社会资本是指社会组织的特征，诸如信任、规范以及网络，它们能够通过促进合作行为来提高社会的效率。"② 在21世纪初出版的《独自打保龄：美国社区的衰落与复兴》一书中，帕特南分析了20世纪60年代美国"文化内战"后公民参与和社会资本逐步衰退的问题。他通过大量翔实的数据证实了美国公民的个人自由主义对美国的公民社会造成了侵害，描述了美国基层社区社会资本衰落的现状。③ 而对此议题同样关注并持有乐观态度的博克斯则提出要用公民治理来引领21世纪的美国社区。他指出，美国的社区治理要恢复美国公共行政传统的价值，要求公民追求民主，并从公民、代议者、行政管理者的角色定位、作用与未来行动方案的三维框架出发使公民治理运转起来。④

3. 空间政治理论研究

空间政治理论，对过渡型社区空间生产和分配研究的启示性更强，

---

① Tomas Heberer and Christian Göbel. *The Politics of Community Building in Urban China*, London: Routledge, 2011.

② [美] 罗伯特·D·帕特南：《使民主运转起来》，王列、赖海榕译，江西人民出版社2001年版，第195页。

③ [美] 罗伯特·帕特南：《独自打保龄：美国社区的衰落与复兴》，刘波、祝乃娟、张孜异等译，北京大学出版社2011年版。

④ [美] 理查德·C. 博克斯：《公民治理：引领21世纪的美国社区》，孙柏瑛等译，中国人民大学出版社2005年版。

在某种意义上，当下中国学界对过渡型社区空间的关注正是受到以亨利·勒菲弗为代表的空间哲学思想家的影响。

在勒菲弗看来，空间是具有社会性的，空间牵涉劳动及其组织分化的生产关系，也牵涉再生产的社会关系。因此，对"生产的分析显示我们已经由空间中事物的生产转向空间本身的生产"①。作为"空间生产理论"的首创者，勒菲弗揭示了空间在现代世界中的核心本位，以及权力和资本等政治性力量在城市塑造过程中的巨大能量。他认为，"空间是政治性的。空间不是一个被意识形态或者政治扭曲了的科学的对象；它一直都是政治性的、战略性的"②。勒菲弗揭示了空间作为政治行为之基础的基本认识。他反复强调"存在着一门空间的政治学，因为空间是政治性的"③。空间政治学批判城市空间生产、分配过程中的多种非正义现象的过程中形成空间正义的基本概念。现有对空间正义的理解，大致可以分为三大流派：城市权利视角下的空间正义，社会正义视角下的空间正义和地理学视角下的空间正义。

在20世纪60年代欧美国家普遍出现城市危机的背景下，勒菲弗率先开展了空间政治的研究，形成了城市权利的观点。勒菲弗认为，城市居民因其城市居住者的身份而享有相应的权利。在空间生产的过程中，城市居民的权利不应被忽略不计、放任不管，而是要建立一个新的城市结构、空间关系，通过城市居住者对城市空间的建设、使用的知情权、享用权、消费权等城市权利的争取，寻求正义、民主和公民权利的平等。④权利是政治学讨论的基础命题，空间正义的城市权利逻辑也成为国内政治学者思考空间正义问题的基本理论立场。

社会正义视角下空间正义理论的主要贡献者是戴维·哈维。哈维将正义与地理相关联。"社会行为与特定的空间形式是结合在一起的；而且一种空间形式产生出来之后，它就会在某些方面决定社会过程的变化与

---

① 包亚明主编：《现代性与空间的生产》，上海教育出版社2003年版，第47页。
② [法] 亨利·勒菲弗：《空间与政治》，李春译，上海人民出版社2008年版，第46页。
③ [法] 亨利·勒菲弗：《空间与政治》，李春译，上海人民出版社2008年版，第52页。
④ Wagner, C. *Spatial Justice and the City of Sao Paulo*, Leuphana：Leuphana University Luneburg, 2011.

发展。"① "社会资源以正义的方式实现公正的地理分配,不仅关注分配的结果,而且强调公正地理分配的过程。"② 他认为,城市空间从来就不是中立的,总是表现出阶级性或其他的社会关系特征,尤其是城市公共空间往往成为社会斗争的场域和焦点。

"空间正义"由索亚于2010年在《寻找空间的正义》中提出。索亚认为,空间正义包含"日渐空间化了的一些概念,这些概念包括了社会正义、参与式民主以及市民权利和责任"③,而这些价值正因城市区域发展的不均衡而形成性别、阶级、种族等方面的结构性或系统性的不平等。索亚提出,空间正义就是要打破空间不平衡造成的城市居民在经济、政治、文化、种族等方面的不平等,建立一个"彼此联系、互补排斥的反抗社会"④。

(三) 现有研究的述评

2008年前后笔者便开始关注过渡型社区,彼时学界的研究成果在过渡型社区的空间生产、经济基础、社会融合等方面虽有所涉及,但研究的深入和广度都显不足。经经济学、社会学、政治学、管理学等多学科研究者的共同努力,过渡型社区从空间到居民生活各个领域的研究均被涉及,研究成果可谓是汗牛充栋,似乎有待挖掘和开创的空间并不多。回顾现有的研究,我们大致可以总结出以下三个方面的研究特点和趋势,从中大致也可以梳理出下一阶段可以努力研究的方向。

第一,在对城中村、拆迁安置社区、城乡接合部社区、边缘社区等多种具体社区形态进行研究的基础上,学界开始探索建构具有普适性的统一概念,但该任务并未完成。过渡型社区、转型社区等概念是学者们对介于乡村和城市之间的第三种社区形态进行类型学分析的基础上被提

---

① David Harvey, *Social Justice and the City*, London: Edward Arnold and St Martin's Press, 1973, p. 27.
② [美] 戴维·哈维:《正义、自然和差异地理学》,胡大平译,上海人民出版社2010年版,第13页。
③ Soja, E. W. *Seeking Spatial Justice*, Minnesota: The University of Minnesota Press, 2010, pp. 491–492.
④ [美] Edward W. Soja:《后大都市:城市和区域的批判性研究》,李钧等译,上海教育出版社2006年版,第27页。

出的。但目前来看,这两个概念的建构并不成功。文军从经济基础、政治结构、社会关系三方面概括了这类社区的基本特点,提炼出了"转型社区"的概念。从社会学研究者对转型社区的接纳度看,文军的努力是得到认可的。但少数研究者,特别是其他学科的研究者则认为,所谓的"转型"概念内在的范畴过大,加上芝加哥学派对"转型区"早已有理论建构,"转型社区"到底由什么转向什么的问题并未解释清楚,或者说会引起混淆。如"转型社区"与"转制社区"存在概念交叉的问题。"过渡型社区"是学界所作的又一次努力,笔者当年也参与了这一概念的讨论。目前看来,十多年前提出"过渡型社区"时,张晨、周晨虹等人的研究对象局限于拆迁安置社区,对城中村等空间格局尚未发生根本变化的社区的关注不足。当年的研究多多少少陷入了"社区已经形成"的思维窠臼之中。总而言之,对由农村社区过渡到城市社区过程中的社区形态的类型性概念建构尚未完成,这也是本书首先要解决的问题。

第二,现有研究整体上看是"散点开花",对过渡型社区中的空间、经济、社会等问题的模块化、碎片化研究成果非常丰富,也提出了相应的治理对策主张,但缺少一条深层次的精神主线。早期李培林、蓝宇蕴的研究,中期张晨的研究,近些年吴莹、叶继红等人的研究,呈现出早中期研究面面俱到,后期聚焦某一具体领域研究(如组织、养老、融入等)的特点。笔者认为,研究内容"散点开花"的根源在于:一是过渡型社区的具体形态是多样的且相互之间的差别较大,类型学意义上的统一概念未建立,直接造成研究者无法把握对这一特殊社区形态的内核。二是中国的城镇化建设实践在快速发展,过渡型社区中现实治理问题的解决更为迫切,研究者们的权宜之计符合实务界的需求,也体现出研究者们的现实关切。也正是因为研究者们的努力,当年如蓝宇蕴、张晨所提及的各种基础设施问题、环境问题、生活习惯问题,当下都得到了一定程度的解决。三是过渡型社区在快速城市化建设过程中的发展过于迅速,研究对象瞬息万变,研究者很难从中把握内核。但经过十余年的发展,过渡型社区的"过渡"线索已经渐趋清晰,研究者们的研究成果也提供了支持,当下有必要挖出过渡型社区内在的过渡线索来进行深层次的思考。

第三,过渡型社区研究的理论建构相对薄弱,少数研究陷于"国家—社会""结构—过程""多中心治理"的理论思维定式之中。社会科学研究的理论应用，务必要确保对研究对象有充分的解释力，能够为研究的现实问题、研究场景等提供科学的、适合的、妥当的对策。目前看，绝大部分的研究成果是就事论事，理论性不强；少数的研究打不破理论的思维定势，陷入按照理论构建过渡型社区"乌托邦"的窠臼。

因此，鉴于以上三点原因，本书从过渡型社区中治理过程的现实性利益问题入手，在利益政治的理论框架下，分析过渡型社区中的利益关系变迁，以及利益关系基础上的社区权力关系和权利关系变化，探究过渡型社区内治理效能不彰的根源和提升路径。

三 内容框架与研究方法

"过渡型社区"是中国城镇化进程中"规划的变迁"。规划与变迁的过程在本质上是"社会价值物的权威性分配"，是利益格局打破均衡、分配博弈、重构均衡的过程。本书的基本假设是：规划变迁中及其后的利益关系失调是过渡型社区政治秩序失衡和治理效能不彰的原因所在，而构建利益协调的社区治理共同体是提升过渡型社区治理效能的应对之法。

因此，本书的首要任务是厘清过渡型社区治理过程中的权力关系、权利关系为主的政治关系是如何在利益的主体性与利益实现的社会性的矛盾运动中生成的，并呈现出何种特征。利益关系催生的权力关系、权利关系和权力—权利关系借助具体的社会互动和社会关系予以呈现。治理效能的实现依赖于治理关系的制度化、社区主体治理能力的提升、治理运行机制的完善度。因此，最终的目标是通过构建利益协调、制度完善、治理有序的社区治理共同体，来实现过渡型社区治理效能充分而均衡的实现。

遵循以上研究思路，本书在主要内容上作了如下安排。

第一章，利益政治学理论的理论溯源和分析逻辑的探究。利益政治学以马克思主义利益政治学说为主体，充分吸收了西方政治思想和中国传统政治思想中有关利益和政治的思想。在实践层面，利益政治学的理论伴随着中国共产党治国理政实践而不断丰富。改革开放以来，伴随中国政治学研究的发展，利益政治理论回归政治学研究视野，并初步建立了利益政治学的理论框架。利益政治学的分析逻辑是：治理失效的动因是利益内在的矛盾，根源是治理主体利益关系的失调，内在机理是政治秩序的失衡，而实现治理效能需要在根本上重塑利益关系，优化政治秩序，构建利益关系协调的治理共同体。

第二章，过渡型社区的类型学分析。本章总结了政治学研究中的类型学思路，并将之用于分析过渡型社区的具体形态。过渡型社区的类型学分析，有两个目标：一是，建构能够涵盖城中村、拆迁安置社区、城乡接合部、转型社区、边缘社区等具体形态的社区的统一概念，从而明确作为研究对象的过渡型社区的内涵和特征。二是，初步从利益关系的角度来解读过渡型社区的基本要素和过渡性特征，从而为后续从利益政治学理论视角研究过渡型社区治理问题奠定基础。

第三章，过渡型社区治理存在的利益困境和治理效能不彰问题剖析。过渡型社区治理是在利益主体多元化、利益客体多样化、利益来源多维化、利益表达公开化、利益差别扩大化、利益关系复杂化的社会环境中展开的。宏观层面的利益变迁给过渡型社区治理带来复杂的挑战。在过渡型社区治理过程中，经济关系、空间矛盾、保障危机、文化冲突和碎片治理等现实性的治理效能不彰的问题客观存在，过渡型社区治理过程中相关利益主体的利益都未能得到较好满足。

第四章，过渡型社区治理过程中的利益关系分析。本章全面梳理了过渡型社区内的利益和利益关系，重点剖析了过渡型社区治理过程中利益关系失调的矛盾，具体包括不同层次利益主体之间、同层次利益主体之间、不同利益客体之间的矛盾。利益主体和客体之间利益关系的不协调是造成过渡型社区治理效能不彰的内在根源，呈现为治理过程中主体之间的权力关系、权利关系的失衡，最终导致过渡型社区治理效能的不彰。

第五章，过渡型社区中的权力关系失调及其利益根源的分析。社区是国家治理的基础单元，这意味着权力不仅是社区治理的参与者，而且在其中起到核心主导作用的治理主体。本章以 F 街道的网格化治理实践为案例，分析了社区网格化治理过程中的权力主体格局、权力关系结构、权力关系运行的现状和失调的表现，以及权力关系失调的利益关系根源。

第六，过渡型社区中的权利关系失衡及其利益根源的分析。本章研究了过渡型社区中的权利主体、权利内容和权利关系的类型。通过对 T 市 L 街道 C 社区"开门分流"、C 市 A 镇"老娘舅巧解化春风"、F 街道社会组织参与社矫安帮工作 3 个案例的分析，总结过渡型社区中权利关系的运行现状及其内在的利益政治机理。

第七章，过渡型社区治理共同体构建的研究。本章提出，在新时代背景下，过渡型社区的过渡目标是建立社区治理共同体，推动过渡型社区向利益协调、治理有序、效能彰显的城市社区过渡。过渡型社区治理现代化的目标，就是要建构利益关系协调、治理关系秩序化、治理制度化水平较高、拥有治理智能技术支撑、不断推进居民美好生活需要充分均衡实现的社区治理共同体。

一个系统的研究必然需要综合多个学科和多种研究方法的运用。本书的研究主要借助政治学、公共管理学、社会学的学科视角，采用规范研究与实证研究相结合等研究方法，对过渡型社区治理中的利益政治问题展开研究。

文献研究法。搜集和分析大量的文献资料是社会科学研究的前提和基础。本书的研究所涉及的文献资料主要包括国内外现有相关研究成果，政府部门和第三方机构的专题研究报告、工作报告，地方志，统计数据等。文献研究力图尽可能反映研究对象（即相关的过渡型社区）的发展历史、治理现状等方面的信息，以此确定研究思路的基线。

利益分析法。本书将坚持利益分析法这一马克思主义政治学的基本研究方法，剖析过渡型社区治理过程中的利益主体、客体，利益实现的内在矛盾和治理主体之间的利益关系，剖析利益秩序与基层治理政治关系之间的作用机理，以发现打开提升过渡型社区治理效能之锁的"钥匙"。

制度分析法。本书将对过渡型社区治理过程中的权力关系、权利关系为主的政治关系进行制度性分析。重点对过渡型社区的网格化治理、智慧社区建设、社会组织参与社区治理等具体的社区治理活动所涉及的制度文本进行深度分析，结合实际的治理实践效果，梳理影响基层治理效能的制度、机制内在利益梗阻。

深度访谈法。深度访谈有利于将实证调研方法和规范研究中难以集中反映的问题作进一步的剖析，可以将一般研究中未能呈现出来的问题以及"失真"的问题予以弥补和澄清。本书研究所涉及的访谈对象有动迁农民、外来人口、乡镇/街道干部、社区干部、企业负责人和业务相关者等。

案例研究法。典型案例能够凸显出过渡型社区治理秩序和治理效能所面临的利益政治困境。本书研究所选择的案例分为以下层面：一是在研究的过程中会选择诸如F街道7个典型的过渡型社区，分析其空间生成、社区规划、经济发展、社会整合等方面的历史和现状，把握各种社会不稳定因素背后的利益失衡问题；二是在研究具体实践领域时所选择的典型案例，以案例说明具体的利益纠结问题，比如以群租房、分车位、垃圾分类等问题探究社区内不同利益群体。

比较分析法。比较研究有助于在比较中把握过渡型社区的历史、现状和未来，也有利于把握不同形态的过渡型社区所呈现出的共性和不同点。本书涉及的比较研究有：一是在纵向上比较分析农村社区、过渡型社区、城市市区之间利益关系的差异，从而探究过渡型社区在利益关系问题上的共性；二是在横向上比较不同形态的过渡型社区，分析其中各主体间利益关系的共性和差异。

四　研究价值及不足

本书力图有所突破的主要在以下两个方面：

第一，试图建构具有包容性的能够涵盖各类具体形态的过渡型社区的概念。城镇化进程中农村社区向城市社区过渡过程中的社区形态是多元的，学术上有城中村、拆迁安置社区、移民社区、农民集中居住区、转型社区、边缘社区等多种概念。本书通过类型学的分析，梳理了这些具体形态的社区在各个社区要素维度上的统一的过渡性特征，进而重新诠释了"过渡型社区"的概念，形成了对各类具体社区形态具有包容性的统一的概念。

第二，以利益政治学理论视角分析过渡型治理关系失调背后的利益政治问题。文章总结了利益政治学理论的基本分析框架，不仅研究了过渡型社区治理过程中政治关系失调（权力关系、权利关系）和治理效能不足的困境，还进一步深究了困境内在的利益关系根源。因此，本书并没有停留在治理体制机制的制度层面分析过渡型社区治理效能提升的路径，而是深挖制度层面治理效能不足的利益根源，所提出的治理关系优化、治理效能提升的路径也将更具有针对性。

当然，从本书目前所获得的研究资料，以及已经完成的研究任务看，以下两点问题还客观存在：第一，不同过渡阶段的过渡型社区所面临的治理问题存在一定程度的差异，本书从过渡型社区的利益政治问题开始研究，可以说是一个专题性的深入研究的探索，但客观而言对不同形态的过渡型社区的具体性问题的研究仍然缺乏深入。第二，研究方法上主要采用了大量的案例，尽量考虑到案例能够覆盖到不同形态的过渡型社区和过渡型社区发展的不同阶段。但整体上所选择的案例局限在长三角发达地区，在后续的研究中还需要对案例的代表性作进一步的提升。

第 一 章

利益政治学的理论溯源
与基本逻辑

利益政治学的核心逻辑是，利益是研究政治现象的逻辑起点。从理论来源上看，利益政治学基本理论，主要来源于马克思主义政治学说中的利益政治思想、中国古代政治思想家义利之辩中形成的政治观念和西方政治学者以利益分析法研究政治现象形成的理论观点。从实践来源上看，中国共产党治国理政思想中有关利益和政治的思想和理论主张，以及治国理政的成功实践为利益政治学的理论体系提供了现实支撑。本章将通过梳理利益政治学的理论和实践来源，凝练利益政治学的基本分析逻辑，建立过渡型社区治理利益政治问题分析的理论框架。

第一节 利益政治学的理论溯源

理论层面上，马克思主义政治学说、中国传统政治学说、西方政治学说都对利益政治问题有所研究，并形成了不同视角、不同立场、不同体系的利益政治观念。其中，马克思主义政治学说中的利益政治思想体系性最强，也最具有解释力。在马克思主义政治学说基础上，改革开放后中国政治学者由阶级分析的理论视角转向利益政治的分析视角，逐步形成了利益政治学的基本理论框架。

一 马克思主义政治学中的利益政治思想

利益问题是马克思主义政治学研究的基础性问题、核心问题，构成了马克思主义政治学的逻辑基础。因此，在一定程度上我们可以将马克思主义分析现实问题的方法称之为"利益分析法"。

（一）利益是需要的社会性表达

首先，利益是个人需要的生存性展开。需要，尤其是物质生活需要，是人生产和发展的基本条件，这是人的自然特性，是人的本质形成的必要条件。其一，从个人与生产的关系看，人生产生活资料的生产活动构成了人最基本的实践。一方面，生产构成了人的基本生存方式；另一方面，基本生活需要，尤其是基本的物质生活需要是人生存的必要条件，但随着生产的进行，新的非基本的物质生活需要（如奢侈品消费等）和精神需要、情感需要、文化需要、社会交往需要、生态和谐需要等非物质性的需要也会产生。"在发展了的特定历史时点上，个人的基本需要和非基本需要的多种不同形式构成了个人的需要体系。"[1] 因此，个体的需要是具有复合性的，这也构成了利益客体的复杂性。其二，从个人与社会的关系看，人在生产的过程中形成社会关系，社会关系又融入生产活动之中，从而造成生产活动总是具有特定的社会性，又集中表现为特定社会形态下的特定政治关系。例如，资本主义的生产是社会化大生产，同时也是剥削工人阶级的、为生产资料的资产阶级私有制服务的生产活动。特定的社会关系会投射到微观层面具体的生产活动中。例如，过渡型社区治理运行机制的协同治理关系会影响到整个社区治理的效能。其三，个人的生产实践产生意识，使需要成为有意识的需要。而意识的感知、理解、分析、评价等过程，又对个人的生产生活实践产生影响。在这一层面上，我们就能够理解个人社会实践行为背后的利益动机，也能够理解差异性需求缘何会影响到集体行动。这对我们分析过渡型社区治理行动中治理主体的态度和行为动机、治理行为效能很有启示性。

其次，利益本质上是社会关系。为了满足生存的需要，人类必须去改造自然。由于人与人存在着自然的差异性，生产活动中就会形成天然的分工。同时，在生产过程中，不同个体、群体在生产中的关系以及基于生产的其他关系存在差异性，社会生产中也会形成社会分工。社会分工意味着人们需要通过交换、合作等适当的方式来实现自身基本需要和

---

[1] 高鹏程：《政治利益分析》，社会科学文献出版社2009年版，第59页。

非基本需要的满足。"每一既定社会的经济关系首先表现为利益。"① 因此，利益是需要的社会性表达，这种社会关系是复杂的、丰富的，但始终以实现人们生存发展的物质需要的生产活动及其生产关系为基础的。

最后，从纵向时间脉络看，利益是人类需要的历史性展开。从个体生命周期看，个人在生命不同阶段的需要是不同的。例如，青年对就业、住房、教育等利益诉求较高，老年人对安全、医疗等利益诉求较高。这构成我们理解不同利益主体的利益诉求冲突的时间视角。从人类历史脉络看，产业过渡期的利益矛盾集中反映出多种产业模式背后的主体利益纠葛。例如，宏观上当下中国经济转型主要是新旧动能的替换，在一定程度上传统高耗能、粗放式的产业并不甘心退出历史舞台，而新的高新技术产业的发展往往又缺乏政策的精准支持。过渡型社区居民对传统乡村生活的"乡愁"实际上也是对前一种产业模式下所获利益的不舍。

（二）现实的个人是利益政治的逻辑起点

从现实的个人研究政治问题，是马克思主义区别于黑格尔、费尔巴哈等人从抽象意义上来讨论利益问题的关键点，构成了马克思主义利益政治思想的逻辑起点：利益是基于现实的个人的需要，利益行动是现实的个人为获取生产生活物质条件而开展的利益行为，在利益行动中个人之间建立起或和谐或冲突的社会关系，个人对自然的客观需要和非自然的需要构成了利益客体之间的差异。

现实的个人是利益的主体。现实的人构成的利益主体，大致可以分为利益个体和利益群体两种主体形式。利益个体就是利益关系中的个人，利益群体是组织起来的、具有同质化的利益群体。因此，利益主体既有自然意义上的个体，也包括社会意义上现实的个人基于一定的利益诉求所组织起来的群体。利益群体包括家庭、集体、集团、国家、社会整体等形式。其中，家庭是比个体高一层次的利益主体，构成了人类社会的最基本的生产经营单元和利益消费单元。在市场经济社会中，家庭的基础性功能虽有所减弱，但基于家庭血缘关系的社会关系和各类道德的、社会的规范、习俗对基层公共政治仍有比较重要的影响。集体是基于一定共同利益的个人组织起来的个人的集合体，常见形态有企业等营利性

---

① 《马克思恩格斯选集》第3卷，人民出版社2012年版，第258页。

组织和各类非营利组织等。集团是高于集体层次，低于国家层次的利益群体，组织形态表现为阶级社会中的利益集体、阶级、阶层、政治利益集团等。国家是社会共同利益的代表者。在私有制社会中，国家是以共同利益之名获取统治阶级私有利益之实的"虚幻的共同体"；在社会主义社会中，国家是个人利益、集体利益、社会整体利益的代表者。由于各类主体之间利益的分歧和矛盾，国家同时也是各类利益的调和者。社会整体利益是人类社会共同的利益，是人类命运共同体的利益基础。

利益客体是现实的个人在利益行动中所指向、所需要的、所追求的、所消费的具体客观对象。利益客体是基于现实的个人的需要，离开了现实的个人，利益客体就无从谈起。利益客体的类型多种多样，其中最为根本的、起着决定性作用的是物质利益，如土地、空气、水源等自然物质利益，也有衣、食、住、行的生存性、社会性的物质利益诉求。除了物质利益之外，利益的客体还表现为经济性的利益（如企业追求利润）、精神性的利益（如音乐欣赏、心理健康等）、政治性的利益（如追求权力）、社会性的利益（如社会交往、宗族活动、家族利益等）等。

利益关系是现实的个人之间的社会关系。基于利益主体和利益客体之间的区分，利益关系可以划分为三种类别：一是利益主客体关系，即作为利益主体的现实的个人与其所指向、追求、消费的利益客体之间的对象性关系；二是利益主体间的关系，即作为利益主体的不同形式的现实的个人之间的关系，既表现为纵向上社会整体利益、国家利益、集团利益、集体利益、个人利益不同层次的利益的关系，也表现为横向上同一层次的不同国家、不同利益集团、不同利益集体、不同利益个体之间的利益关系；三是利益客体之间的关系，如经济利益与政治利益、精神利益之间的关系等。其中，第一类别的利益的主客体关系是后两类关系的综合体现，呈现出欲求与被欲求，需要与被需要，满足与被满足，利用与被利用，认识与被认识，改造、再造、创造与被改造、被再造、被创造的关系的多层结构关系。①

（三）利益行动是利益实现的中介机制

利益行动是主体为实现其需要而采取的行动，是主体利益需要的认

---

① 王伟光：《利益论》，人民出版社2001年版，第99页。

知转变为现实的中介机制。首先，利益行动是利益主体对自身利益的认知过程，也是实现自身利益的实践过程。人类基于生存的需要，在处理人与自然、人与社会关系的过程中，逐渐形成对自身需要和利益的认知，以及形成如何追求、获取、消费利益的认知；人类通过生产生活资料的生产活动、科学实验活动和社会活动来实现自身的利益。认知和实践两者同时存在，认知的过程也就是实践的过程，实践的过程中也不断形成和发展对利益的认知。其次，利益行动既包括个体的利益行动，也包括群体的利益行动。个体的利益行动有助于推动群体利益的实现，而群体利益的行动也是个人自觉或不自觉地为了获得利益而采取的社会性活动。再次，利益行动既是阶段性的行动，同时又是持续性的、长期性的行动。利益行动的历时性是由个体需要的阶段性所决定的。如新冠疫情爆发后出现超市日用品和食物的抢购；一旦疫情恢复后，居民的工作、社交、旅游等其他利益行动又会成为主流。最后，利益行动既表现为主体的主动行动，又表现为被动行动。主动性行动，是利益主体在需要的驱使下所进行的自觉的、自由的、主动的行为。但在追求利益的过程中，利益主体也是他人利益行动的被动参与者。如过渡型社区建设的过程是政府主导的，动迁农民在此过程中是被动的参与者；但拆迁过程中，动迁居民的谈判、上访、申诉等利益活动又是其自身的主动性、能动性的利益行动。

　　利益是在社会关系中实现的。"社会关系实际上是人与人之间的劳动生存利益合理配置的关系；社会生活的本质是社会利益链的有机构成和有序整合。"[1] 人追求社会关系的行为必然与他人或其他利益群体产生关系。主体的利益行为不只是个体行动，在实质上必然是社会关系的行动。这可以概括为利益的主体性和利益实现的社会性之间的关系。由于不同主体之间利益关系的不同状态，如协同、冲突、对抗等，利益主体就要采取利益表达、利益协商、利益对抗、利益统治和管制等具体的利益行动。当利益分歧涉及群体、阶层、阶级、集团层面时，就要通过社会公共权力的行动来寻求利益的均衡，这也是政治关系形成的利益根源。

---

[1] 刘德厚：《广义政治论：政治关系社会化分析原理》，武汉大学出版社2004年版，第13页。

(四) 利益矛盾是社会进步的动力来源

恩格斯曾指出："根据唯物史观，历史过程中的决定性因素归根到底是现实生活的生产和再生产，无论马克思或我都从来没有肯定过比这更多的东西。"[1] 历史唯物主义的基本观点是，社会的基本矛盾是生产力与生产关系、经济基础与上层建筑的矛盾，基本矛盾的运动是人类社会发展的基本动力。利益矛盾是基本矛盾运动的基本动因。

首先，需要、利益是人类生产活动的内在的动力。人的需要、利益触发了人从事生产劳动的动机，从而促使人展开利益行动。换言之，人类之所以参与生产活动，不断发展生产力，根本原因是为了满足自身的生存和发展需要。因此，需要、利益推动生产，生产决定需要、利益，需要、利益不断推动生产力的发展。

其次，生产关系实质上反映的是利益关系。生产关系，也就是经济关系，是人们在社会物质生产过程中人与人之间的关系。利益是有关于物的客观关系，共同利益是共同所有的物，而个人利益就是个人所有的物，经济关系中最为核心的阶级与阶级之间的关系都是与物相关联的。由于物相对于人的利益性，经济关系就表现为利益关系。

再次，利益是上层建筑发展的基本动因。经济决定政治，政治源于经济。因此，经济利益决定了政治利益，政治利益是经济利益的体现，政治权力的目的和归宿都是为了实现一定阶级或者集团的利益。

最后，利益矛盾运动的规律就是社会基本矛盾的规律。人们为了满足自身利益需要进行改变自然的活动的力量就是社会生产力，而人们的生产活动又必须在生产关系中展开，由此形成了与社会生产力相关联的生产关系。生产力与生产关系的矛盾运动是社会发展的根本动力，生产力的发展要求生产关系随之改变。生产关系通过利益关系表现出来的。因此，生产力的发展形成了新的利益关系，新的利益关系要求政治上层建筑与之相适应。单就政治上层建筑而言，利益矛盾的运动是政治发展的根本动力。利益内在具有主体性与利益实现的社会性之间矛盾，外在表现为不同利益主体之间的矛盾。从横向上看，包括同一层面的不同主体之间的矛盾关系，也包括不同层面的主体之间的关系。不同主体之间

---

[1] 《马克思恩格斯选集》第4卷，人民出版社2012年版，第604页。

存在着利益矛盾，而利益的实现必须通过社会生产活动才能够实现，这就形成或加剧了利益之间矛盾的激烈性，在社会公共政治层面上表现为政治或行政管理体制的改革或革命。

（五）利益协调的共同体是利益政治的价值本位

在《德意志意识形态》中，马克思揭示了国家作为"虚幻共同体"的本质。国家共同体并非是个人的特殊性和普遍性相统一的组织形态。特殊性与普遍性的分离造成了个人类本质的异化。处于异化关系中的个人由于彼此之间的相互反对，一方不得不以外在的力量作为共同利益的代表来调整利益分歧、开展利益斗争。只有在真正的利益共同体中，所有人作为个人进行联合，并通过这种联合获得自己的自由。

利益共同体是个人对正当利益的追求过程中形成的组织形态。从利益的主体层面看，利益主体除了个人利益之外，还有群体利益的形式，而群体利益就是基于共同的利益由多个个人组织起来的共同体。这种共同体可以表现为家庭、企业等组织形态，也可以表现利益集团、国家、人类命运共同体等组织形态。

在利益共同体中个人利益能够得到实现。马克思主义认为，基于共同利益前提下的利益共同体，是实现个人的正当利益的有力保障。当然，由于利益总是涉及分配、交换的问题，因此，个人利益的实现也总是受共同体内外各种条件的限制。一方面，共同体的组织性、规模性和较强的行动力，在很大程度上解决了个体利益行动形单影只的问题；另一方面，利益的占有和消费的冲突性，也造成在共同体内的共同利益与个人利益、个人利益与个人利益之间的分歧和冲突。这就决定了马克思主义利益政治观念的终极目标——建立利益协调的利益共同体。

二 中国古代政治思想中的利益政治观念

"利"在中国古代政治哲学中主要是指物质利益和功利；"义"则是人们行为的动机和遵守的道德准则。由此便产生了"利"与"义"孰轻孰重、何者为先的问题，中国古代政治思想家们对"利"和"义"的问题一直争论不休，形成了"义重于利"的非利主义思想和"利重于义"的功利主义思想。"利""义"之辩，是非利主义和功利主义的辩论。

（一）"义重于利"的非利主义利益政治观

在中国古代政治哲学中，坚持"义重于利"并强调以"仁""义""礼"治国始终是儒家先哲的核心政治思想。孔子是较早系统阐述义利关系的思想家，主张通过放弃对利的追求，以义治国。孔子认为：第一，对利的追求是人性使然，"富与贵，是人之所欲也""贫与贱，是人之所恶也"[1]，但对利的追求应遵循"仁"之道，否则"放利于行，多怨"[2]。在个人德性层面，孔子将个人对义利的态度视作是个人品质的分野。"君子喻于义，小人喻于利"[3]，由此在个体层面形成义与利的割裂，以义制利。第二，君子以义修身，见利思义。从个体修身层面角度，君子应当"以义为质""以义为上"，如此方能不陷入追逐利的困顿中。第三，君子之仕，行其义，使民也义，从而以仁治国。一方面"邦有道，贫且贱焉，耻也"[4]，言不及利，摒弃正当的功利活动，以致百姓贫贱相加，是不足取的；但另一方面，只有合乎义的逐利行为才是可取的，"不义而富且贵，于我如浮云"[5]。因此，百姓追求富贵的本性具有客观性，但不能任由其本性追求，必须以仁义道德规范来约束治国者和百姓的逐利行为。只有确保利合乎义才能够保证个体、族类、国家真正意义上的富且贵。孔子的"见利思义""先义后取"的伦理政治观，为政治统治建立了伦理道德的标准。但将"义"的伦理道德与利益基础相割裂、对立，使修身治国的道德标准脱离了利益的经济基础，造成中国古代以儒家为指导思想的治国之道与治民之术的脱离。

孔子"以义为上"的主张奠定了儒家对义利问题的认识基础。孟子在孔子的义利观上有所发展。孟子认为义是人与生俱来的主观精神。"羞恶之心，义之端也。"[6] 孟子强调义利对立并反对私利。"何必曰利？亦有仁义而已矣。"[7] 孟子否定私利，认为国君、士大夫、百姓"上下交争征

---

[1] 孔子：《论语》，杨伯峻、杨逢彬注译，岳麓书社2018年版，第46页。
[2] 孔子：《论语》，杨伯峻、杨逢彬注译，岳麓书社2018年版，第48页。
[3] 孔子：《论语》，杨伯峻、杨逢彬注译，岳麓书社2018年版，第50页。
[4] 孔子：《论语》，杨伯峻、杨逢彬注译，岳麓书社2018年版，第101页。
[5] 孔子：《论语》，杨伯峻、杨逢彬注译，岳麓书社2018年版，第90页。
[6] 孟子：《孟子》，赵清文译注，华夏出版社2017年版，第75页。
[7] 孟子：《孟子》，赵清文译注，华夏出版社2017年版，第2页。

利"，对私利的追求欲壑难填，国家危险。"未有仁而遗其亲者也，未有义而后其君者也。"① 只有合乎周礼、合乎仁义的利，才是可以追求的。因此，"明君制民之产必使仰足以事父母，俯足以畜妻子，乐岁终身饱，凶年免于死亡；然后驱而之善，故民之从之也轻"②。治国者坚守仁义之道，国家自然富强、百姓自然安乐。孟子的义利观坚持整体主义的立场，从先义后利的立场出发，义和利是统一的；而从先利后义的立场出发，义利则是对立的。

与孔孟将利义割裂二分不同，荀子认为对利的追求是人的本性，对人性能坚守"仁"相对悲观。"今之所谓士仕者，污漫者也，贼乱者也，恣睢者也，贪利者也，触抵者也，无礼义而为权执之嗜者也。"③ 荀子认为，现实中的人性之恶皆因人对私利的追求，而古之德性追求已经让位于对权、利的追求。当然，荀子并未悲观到认为趋利避害是人性的唯一性，而是认为"义与利者，人之两有也"。④ 义利是人的复杂本性，并存而不可去除任何一种，唯有以"礼"进行克制。具体而言，第一，治国必须尊重人性兼有义利两面的客观现实。"虽尧、舜不能去民之欲利，然而能使其欲利不克其好义也。虽桀、纣亦不能去民之好义，然而能使其好义不胜其欲利也。"⑤ 第二，人性对于利益的追求是"礼"产生的根源。欲多物寡，寡则必争，争则乱，乱则穷，就需要借助于以"礼"为核心的制度的约束，将争利行为和利益矛盾控制在秩序的范围内，这也就产生了政治。第三，养生安乐是人的本性，但必须合乎礼义。"人莫贵乎生，莫乐于安，所以养生安乐者莫大乎礼义。人知贵生安乐而弃礼义，辟之是犹欲寿而刎颈也，愚莫大焉。"⑥ 第四，义与礼相互交织，并非如孔孟所认为的"仁""义"是超然的道德原则，所谓的"礼"是针对现实人性中的"欲""求""争""乱"，先王不得不制礼义，"养人之欲，给人之求，使欲必不穷乎物，物必不屈于欲，两者相持而长，是礼之所

---

① 孟子：《孟子》，赵清文译注，华夏出版社2017年版，第2页。
② 孟子：《孟子》，赵清文译注，华夏出版社2017年版，第18页。
③ 张觉：《荀子校注》，岳麓书社2006年版，第54页。
④ 张觉：《荀子校注》，岳麓书社2006年版，第368页。
⑤ 张觉：《荀子校注》，岳麓书社2006年版，第368页。
⑥ 张觉：《荀子校注》，岳麓书社2006年版，第194页。

起也"①。第五，鉴于养生安乐对现实社会造成的危害，统治者应重视以礼制利，限制天子、诸侯、士大夫对利的追求。"天子不言多少，诸侯不言利害，大夫不言得丧，士不通货财，有国之君不息牛羊，错质之臣不息鸡豚，冢卿不修币，大夫不为场园，从士以上皆羞利而不与民争业，乐分施而耻积藏，然故民不困财，贫窭者有所窜其手。"② 在先秦儒家诸子中，荀子首次提出政治统治要以政治制度、以礼的约束来规范利益关系和各个阶层的谋利行为，并将"礼"亦即政治制度的根源归结为养生安乐的逐利行为造成的利益矛盾、利益冲突的观点。

先秦之后，秦汉之间，李斯、贾谊、董仲舒等人在动乱之后不断反思治国安民之策。董仲舒发展了孔孟儒家思想，吸收先秦诸子百家思想中有助于巩固政治统治的思想观点形成了"新儒学"，是孔孟之后儒家思想发展的高峰，对后世近两千年的中国古代政治产生了深远的影响。第一，在对利益的认知上，董仲舒主张"义利两养"，将治国行为从形而上的道德层面拉入到现实的政治实践领域。董仲舒提出"天之生人也，使之生义与利。利以养其体，义以养其心；心不得义不能乐，体不得利不能安。义者，心之养也；利者，体之养也"。③ 董仲舒吸收了先秦墨家的观念，认为君主"兼利天下"的思想，体现出儒墨之合流。第二，主张"性三品"，以德治国。董仲舒认为，人性有圣人之性、中民之性和斗筲之性。人虽义利两养，但人之所以为人，根本在于有"义"而非有"利"。由此，董仲舒在孔子"贵贱有序"和荀子"明分"的基础上提出了以"性三品"为基础的"以德为本、以刑为辅、德刑并举"的政治统治思想。以德为本，就是施行教化，"渐民以仁，摩民以谊，节民以礼"④，从而矫正民众的贪利奸邪之心，实现社会人性向善的良好秩序。以刑为辅，是要正法度、立秩序，以防个人利欲熏心，将天下求利之欲纳入德治的秩序中。德刑并举，就是要确保民利的实现，不能让贫者无立锥之地，要抑制豪强，薄赋敛、省徭役、以宽民力。董仲舒"不仅使

---

① 张觉：《荀子校注》，岳麓书社2006年版，第228页。
② 张觉：《荀子校注》，岳麓书社2006年版，第368—369页。
③ 董仲舒：《春秋繁露义证》，中华书局1992年版，第263页。
④ 班固：《汉书·董仲舒传》，中华书局1962年版，第2503页。

大一统的封建专制统治具有了合法性和神圣性，而且对其政治统治具有实用性和有效性。因而，他继承并发展了的儒家'德治'统治理论，便成为此后整个中国封建政治统治的精神支柱"①。

自董仲舒之后，义利问题作为儒家思想的核心议题而一直被反复讨论，并在宋明之际形成了第二次高潮。这一时期，对义利问题的思考已不同于先秦时期诸子百家相对温和的态势，而是形成相互对立的主张。继续坚持义重于利主张的有张载、程颢、程颐，至朱熹达到了高峰。二程认为"天下之事，为义利而已"，"不论利害，惟看义当为与不当为"。朱熹更是认为"义利之说，乃儒者第一义"，而为义是符合天理的当然之举，是君子与小人的根本不同。义利是不容并立的，要"存天理、灭人欲"，做到"人心与道心"的统一。朱熹的理论，在理论上给传统儒家先验道德论进一步夯实了理想主义的基础，也符合当时政治统治对维护统治秩序的要求，"程朱理学"也成为中国古代社会后期政治统治的主导思想。

（二）"利重于义"的功利主义利益政治观

在义利之辩的兴起和第一次高潮期，老子、墨子、韩非子等人所持治国主张与儒家差异较大，甚至是旗帜鲜明地提出利重于义的主张，这对后世政治功利主义的思想形成具有重大价值。

首先是道家的老子。一般认为老子的政治观是超世的，实际并非如此。第一，老子对利益问题特别看重，提出君主治国要"甘其食、美其服、安其居、乐其俗"②，不仅要注意百姓物质利益，而且要注重精神利益。第二，老子主张在满足百姓基本的物质利益基础上，要限制其精神利益的满足，以此来防止百姓在政治上的图谋不轨，确保政治统治的基本秩序。"虚其心，实其腹，弱其志，强其骨，常使民无知无欲。使夫智者不敢为也，为无为，则无不治。"③ 第三，老子无为而治思想的实质在于让老百姓物质上有为，精神上无为，政治要求上无为。君主治国的关键点在于，在物质上"使民不为盗"，在精神层面"使民心不乱"，政治

---

① 张江河：《论利益与政治》，北京大学出版社2002年版，第14页。
② 任继愈：《老子新译》，上海古籍出版社1978年版，第130页。
③ 任继愈：《老子新译》，上海古籍出版社1978年版，第29页。

上"使民不争"。老子割裂了利益的物质性和精神性之间的关联,但其利民愚民的政策却为后世"独尊儒术"的历代君主所坚持。

与儒家所持的义重于利的观点相异,墨子将义利问题的讨论降到世俗政治层面来讨论。墨子认为,天下之乱源于人的自私自利、不能兼相爱,因此在道德层面提倡"兼相爱",在社会实践层面提倡"交相利"。而要确保天下兼爱相利,一是要尚贤尚同,以贤人治理天下,在全国上下施行统一的是非道德标准。二是要正视功利,开源节流,在政治统治中处理好利益关系,"利之中取大,害之中取小"①。三是要讲究"兼爱""非攻","爱人者,人必从而爱之;利人者,人必从而利之"②。墨子以利为本,打破了孔子重义轻利的伦理政治观,在政治统治实践上对"交相利"的提倡也是先秦时期政治观念的一大亮点。当然,其"兼相爱"的主张不免有些理想化,与当时诸侯争霸的利益需求不一致,这与后世战国时期法家思想主张和影响力形成鲜明的对比。

先秦时期,法家对利益问题的思考较为深刻,并提出了具体的政治实践主张。法家的集大成者韩非子,与荀子的观点一致,认为人具有"性恶好利"的本性,一切社会关系均可理解为是一种利益关系。即使是君臣关系,也不外是"计数所出也"③。社会矛盾的根源在于资源的有限性,而非人的逐利本性。"人民众而货财寡,事力劳而供养薄"④,"今之争夺,非鄙也,财寡也"⑤。在此意义上,韩非子认识到利益关系为社会关系的本质,同时认为社会矛盾的根源在于有限的资源和不对称的需求之间的矛盾,极具"现代意识"。针对利益矛盾,韩非子主张通过"利""威""名"相结合的方式来实现国治民安,亦即遵循天时,顺应人心,动用技能,凭借权势来治理天下。韩非子区分了利益的类型,提出了利益的公私之分、大小之分,并且提出百姓私利应服从于君主公利,君主应"挟天下之大利让士臣获富贵之大利"。"欲利而身,先利而君;欲富

---

① 《墨子》,上海古籍出版社 2014 年版,第 206 页。
② 《墨子》,上海古籍出版社 2014 年版,第 60 页。
③ 《韩非子校注》,江苏人民出版社 1982 年版,第 503 页。
④ 《韩非子校注》,江苏人民出版社 1982 年版,第 662 页。
⑤ 《韩非子校注》,江苏人民出版社 1982 年版,第 663 页。

而家，先富而国。"① 最后，韩非子从世俗统治的立场，提出法、术、势三位一体的政治统治体系。具体而言，就是通过明法以布之于百姓、保持法制的稳定性、严刑峻法以治国、法不阿贵四个方面来推行法治。韩非子将先秦时期的义利之辩从道德层面拉到世俗的空间，对个人利益和社会利益的分析相较于儒墨两家都更为清晰，更符合战国由纷乱到统一、实现政治秩序稳定的社会现实，并且由利益出发提出了系列法治思想，无疑是中国古代政治思想的重要成就，深深影响了后世两千年中国政治。

自董仲舒之后，儒家思想占据了中国古代政治思想的统领和主导地位，后世儒家也基本没有突破董仲舒的理论。直至宋代，李觏、叶适等人在儒家思想大辩论中发展了儒家的功利主义思想。如李觏突破了儒家贵义贱利的主流思想，吸纳了先秦儒、墨、法诸子的思想，提出"义利统一"的思想。他批评了孟子"何必曰利"的主张，认为形而上地追求个人道德上的"义以为上"是虚伪、反人性的。因此，提出了"兴十利、除十害"的功利主义政治思想。南宋之际，叶适等人批判程朱理学空谈义理，主张天理与人欲是统一的。"道虽广大，理备事足，而终归于物，不使散流。"② 在政治主张上，他提倡实功实利，宽人裕民、富民强国。在政治统治上，主张君主要"重势分权"，确保高度集中统一，同时处理好央地关系，鼓励地方发展经济甚至是发展工商业。宋代功利主义的思想，以国计民生为出发点，对当时发展经济，调整社会利益关系有着实践指导意义。而自宋以后，中国古代政治思想中在利益与政治关系方面的思考以继承、阐释为主，发展创新有限。

三　西方政治学说对利益政治问题的研究

利益问题同样是西方政治思想家关注的核心问题，关于利益和政治关系的思考形成了西方政治思想史中的诸多流派。

早期如普罗泰戈拉基于"人是万物的尺度"的著名命题，认为国家和政治是基于控制人们之间利益矛盾的需要而形成的。出于生产和抵御自然灾难的需要，人类改变孤立、分散的生活状态，组成了社会和城邦；

---

① 《韩非子校注》，江苏人民出版社1982年版，第479页。
② 叶适：《习学经言序目》，中华书局1977年版，第702页。

由于社会和城邦之中人与人之间的利益矛盾，国家和政治便形成并调节利益的分歧。普罗泰戈拉对利益和政治关系的认知，奠定了自然法和社会契约论的雏形，建立了西方政治思想中国家和政治为利益服务的思想传统。普罗泰戈拉之后的德谟克利特进一步分析了物质利益和精神利益的差别，提出了个人利益与整体利益之间的关系。在他看来，"一个治理得很好的国家是我们最大的保障"[①]。国家整体利益代表了个人利益，政治的目的是捍卫国家利益，因此政治的功能就是控制一切，尽可能消除贫困和内战。亚里士多德认为，人只有在城邦之中才能获得美满幸福，城邦是因利益而建立，其任务是实现外物诸善、躯体诸善、灵魂诸善的最高最广的"善业"。他将利益与政体性质相关联，认为"凡照顾到公共利益的各种政体就都是正当或正宗的政体；而那些只照顾统治者们的利益的政体就都是错误的政体或正宗政体的变态（偏离）"[②]。正宗政体包括君主政体、贵族政体和共和政体，非正宗政体包括僭主政体、寡头政体和平民政体，两者之间区别主要是政体对待利益的态度。"善"的实现，要通过财产私有，利益的数量平等和质量平等，法治与人治相结合来实施政治统治。亚里士多德从利益出发划分政体性质的观点对西方政治思想影响颇深。

中世纪西方政治思想处于神学的笼罩之下。基督教经院哲学的集大成者圣托马斯·阿奎那从政治哲学、政治神学的双重视角来思考利益与政治的问题。阿奎那认为，人既有追求私人利益的自私性，又有追求公共幸福的意愿。实现个人利益和公共幸福，就必须要有共同的控制体制。区别于亚里士多德关于城邦形成的唯物主义观点，阿奎那认为，国家是上帝创造以保障人们过"有德性的生活"的。但世俗国家只能管理人的物质生活，精神生活的利益则必须通过教会生活来实现。因此，教会的教权要高于国家的世俗皇权。阿奎那的利益政治观念，充分呈现了中世纪政治神权对世俗政治的统领和约束，物质利益和精神利益的分割影响到中世纪直至文艺复兴时期世俗权力与宗教权力之间的冲突。

---

① 北京大学哲学系外国哲学史教研室编译：《西方哲学原著选读》（上卷），商务印书馆1981年版，第53页。
② ［古希腊］亚里士多德：《政治学》，吴寿彭译，商务印书馆1995年版，第144页。

"利益观念获得政治理论中的基础地位意味着,任何宗教、强权和思想都要服从于利益。"① 中世纪后,马基雅维利、康帕内拉和其后的霍布斯、斯宾诺莎、格劳修斯,以及卢梭、费希特、黑格尔等都已经用人的眼光来观察国家了。马基雅维利从人性的现实性出发,认为君主的统治不应受想象世界的驱动,而应面向现实统治环境的约束。马基雅维利确立了这样的基本认知:利益的实现不是靠消灭利益相关方来实现的,而是通过限制对方来实现的。由此,利益政治的问题实际上是通过外在确定性的约束来确保内在的可能性,也就将西方传统政治思想对伦理政治虚无缥缈的设想拉回到现实世界中。

19世纪之前,西方政治思想家对利益与政治问题的讨论,主要是从政治哲学的范畴思考国家共同体存在的合理性以及如何实现这一合理性的问题。霍布斯、斯宾诺莎、洛克、孟德斯鸠等人均从人性的现实性出发,提出利益是人们组成社会、成立国家的原因,国家和权力的合理性与合法性则在于对个人利益的满足。在此意义上,马基雅维利是现代利益观念的奠基人。② 爱尔维修对利益与社会生活的关系做了全面的讨论。他认为,"利益或对于幸福的欲求就是人的行动的唯一动力"③,"个人利益支配着个人的判断,公共利益支配着各个国家的判断"④。以亚当·斯密、詹姆斯·密尔为代表的经济自由主义思想家,将利益视作是"看不见的手",是社会内在机制的原理。在此意义上,政府管理的意义在于使限制个人欲望的约束机制有效运行。而以边沁为代表的功利主义理论家则将利益视作是行为掩盖下的偏好集合、人的快乐,并试图建立客观的功利标准。

至20世纪,随着行为主义的兴起,政治学研究者越来越关注现实政治现象中的利益与政治问题,采用实证研究方法,对政治行为主体的个人政治行为动机问题进行了系统性的研究。如哈罗德·D. 拉斯韦尔认

---

① 高鹏程:《政治利益分析》,社会科学文献出版社2009年版,第13页。
② Albert O. Hirschman, "The Concept of Interest: From Euphemism to Tautology", *Rival Views of Market Society*, 1986, pp. 35 – 55.
③ 周辅成:《西方伦理学名著选辑》,商务印书馆1987年版,第75页。
④ 北京大学哲学系外国哲学史教研室编译:《十八世纪法国哲学》,商务印书馆1979年版,第458页。

为，政治的根本问题实质上是关于"谁得到什么？何时和如何得到？"的问题，公民或利益集团可以通过各种形式的政治参与来表达利益，在决策过程中施加影响。戴维·伊斯顿认为，政治系统"包含着所有那些有助于把种种价值进行权威性分配的相互影响的因素"，"任何具体的政治体系的存在本身要求满足某些需要或履行某些基本职责"①，而在社会价值物的权威性分配过程中，"意向的表达"② 是分配的关键性环节。

随着"经济学帝国主义"的影响，包括政治学在内的各个社会科学开始使用经济学的"经济人"假设来开展研究，政治学的研究也进入后行为主义阶段，形成了理性选择主义理论。理性选择主义坚持方法论的个人主义，主要研究政治人基于利益的理性计算而形成个人对政策产品的偏好选择。具体而言，又分为社会选择理论、公共选择理论和集体行动理论。

社会选择理论以阿罗为代表，主要讨论如何将个人偏好加总形成社会整体的偏好，亦即形成集体理性的过程。阿罗总结，无论用什么方法将人们的偏好加总在一起都必然会产生矛盾，难以形成稳定的多数和均衡政治态势，也就是所谓的"阿罗不可能定理"③。对选举投票的动机考量是行为主义政治学以利益为视角研究公共政治活动中人们的动机的重要内容。如布莱克研究了直接投票的问题，发现当投票人的偏好是单峰时，多数票规则会产生均衡结果，这就是中位数投票人的偏好。科尔曼对互投赞成票的问题进行了研究④，赖克、勃拉姆斯提出了消除互投赞同票的改革方法。⑤ 安东尼·唐斯根据理性经济人的假设，形成了代议制民主中的政党和选民的动机理论。他认为，"政党是为了赢得选举而制定政

---

① [美] 戴维·伊斯顿：《政治体系——政治学状况研究》，马清槐译，商务印书馆1993年版，第298页。
② [美] 戴维·伊斯顿：《政治生活的系统分析》，王浦劬等译，华夏出版社1989年版，第41页．
③ Kenneth J. Arrow, *Social Choice and Individual Values*, New Haven: Yale University Press, 1968.
④ Coleman I. S., *The Possibility of A Social Welfare Function*, American Economic Review, 1966, 56, pp. 1105 – 1122.
⑤ Riker W. H., Brams S., *The Paradox of Vote Trading*, American Political Science Review, 1973, 67, pp. 1235 – 1247.

策，而不是为制定政策而去赢得选举"①，进而提出"投票的空间理论"中的政党竞争模型。尼斯坎南基于经济人的假设，对官僚机构和利益集团及其成员的行为动机进行分析，认为官僚机构是为了自身预算最大化的目标而不是基于规范性和公民需求来实施公共政策。

公共选择理论的代表人物是塔洛克、布坎南等人。塔洛克首次提出了"寻租"的概念，并分析了租金的形成机制和寻租行为的特征、方法。公共选择理论的集大成者是詹姆斯·布坎南。他对公共选择理论的理性人假设、方法论的个人主义和宪政秩序进行了系统的阐述。从方法论的个人主义出发，布坎南认为"个人的行为天生要使效用最大化"②，"个体之所以会参与集体行动和公共选择，也正是因为个体判断参与集体行动预期会增加自己的效益"③。因此，政治的功能就是要建立宪法秩序以提供基本的法律制度规则，允许个人根据自己利益来自由选择。

集体行动理论的代表人物是奥尔森。奥尔森对个人参与集体行动的动机进行了考察，他认为个人参与集体行动是基于成本收益的考量的观点并不准确。他发现，只要当个体认为他人的集体行动行为会带来收益，个体仍然有可能不参与集体行动。"除非一个集团中人数很少，或者除非存在强制或者其他一些特殊手段以使个人按照他们的共同利益行事，有理性的、寻求自我利益的个人不会采取行动以实现他们共同的或集团的利益。"④ 因此，在公共决策的过程中，"搭便车"的现象就在所难免。"效用体现的是消费或参与活动给人们带来的满足；负效用体现的是消费或参与活动不仅没有带来满足，反而造成了损失或不满。"⑤ 对于公共选择理论的利益效用逻辑，赫希曼认为，效用仍然是一种主观感受，个体

---

① [美]安东尼·唐斯：《民主的经济理论》，姚洋、邢予青、赖平耀译，上海世纪出版集团 2005 年版，第 25 页。

② [美]詹姆斯·M. 布坎南：《自由、市场和国家》，吴良健、桑伍、曾获译，北京经济学院出版社 1988 年版，第 23 页。

③ Stefan Voigt, *Explaining Constitutional Change: A Positive Economics Approach*, Cheltenham: Edward Elgar Publishing, 1999, p. 38.

④ [美]曼瑟尔·奥尔森：《集体行动的逻辑》，陈郁等译，上海三联书店 1995 年版，第 2 页。

⑤ [美]艾伯特·O. 赫希曼：《转变参与：私人利益与公共行动》，李增刚译，上海人民出版社 2015 年版，第 4 页。

参与集体行动的动机不仅是成本收益分析的思维所决定的,"失望"是在效用之外的重要原因。不过,或许是"经济学帝国主义"主流的效用理论的力量过于强大,或许失望的主观性并不符合20世纪科学主义的研究方法论主旋律,赫希曼用失望来解释人们参与或退出公共事务的观点并未产生重大影响。

我们大致可以将西方政治理论对利益与政治问题的研究总结如下:

第一,文艺复兴前阶段,西方政治思想家主要是从伦理、道德层面,以整体主义的立场思考政治(尤指国家)存在的必要性。如亚里士多德主张的"凡照顾到公共利益的各种政体就都是正当或正宗的政体"①。第二,文艺复兴以来,马基雅维利从现实人性的角度和世俗政治层面提出,政治统治应面向现实统治环境的约束来获得利益,奠定了现代利益观念的基础。霍布斯、洛克、卢梭、孟德斯鸠等自由主义政治思想家,基于不同的自然状态假设所提出的国家存在的必要性在于解决个人利益矛盾冲突的观点是对马基雅维利的继承,并对后世西方政治思想影响深远。第三,边沁为代表的功利主义政治思想家所提出"最大多数人的最大化幸福"虽然延续了自由主义对利益与政治基本关系的立场,但其对利益测量的探索在某种程度上影响到了19世纪中叶以后的政治思想。第四,20世纪以来,行为主义的兴起,拉斯韦尔、戴维·伊斯顿、阿尔蒙德、达尔等从国家整体主义转向个人行为动机,从而形成了从个人利益立场分析其参与公共政策行为动机的研究视角,但这一时期依然保持着以公共政治为主的研究立场。第五,20世纪的后行为主义阶段,阿罗、奥尔森、塔洛克、布坎南等采用经济学方法论的个人主义来分析个体参与公共政策决策的行为动机,并以此提出"阿罗不可能定理""集体行动逻辑""同意的计算"等一系列假设。

西方政治思想由道德伦理向世俗政治、由整体主义向个人主义的转换为我们研究当下的公共政治问题提供了诸多的启示:一是公共政治活动必定要符合相应的伦理准则,这构成了人们集体行动共同应对生存危机、发展问题的集体行动力;二是个体和群体基于利益考量所形成的判断是其是否参与集体行动、参与到何种程度的关键影响因素;三是道德

---

① [古希腊]亚里士多德:《政治学》,吴寿彭译,商务印书馆1996年版,第144页。

对集体行动约束作用与利益成本收益分析在现实层面的行为动机功能,均非常重要,缺一不可。

四 改革开放以来中国政治学对利益政治问题的研究

利益分析法是政治学研究的基本方法,得到了历代中国政治学者的坚持和传承。改革开放后,中国政治学研究在方法层面的重要转向便是由阶级分析法为主转向包括利益分析法在内的多种研究方法的综合运用。研究者们围绕邓小平提出的"社会主义现代化建设是我们当前最大的政治,因为它代表着人民的最大的利益,最根本的利益"[1]的政治观,对政治学研究过程中的指导思想进行了反思。"政治学者也都肯定,以前有些人把政治和阶级斗争等同起来,把政治仅仅看作阶级斗争的观念是对政治概念的曲解。"[2]"以阶级斗争为纲"的革命政治理论范式,逐步转变为协调政治、治理政治、和谐政治的理论范式。[3] 在中国政治发展和政治学重建的背景下,政治学的研究从关注哲学思辨、关注制度的形而上研究,转向对人和制度的研究,在具体方法上形成了规范研究、实证研究的多种方法。利益分析法正是在这一时期回到政治学研究领域中。

对于利益政治相关的研究,我们大致可以总结以下三重指向:

(一)社会利益格局变迁对中国政治发展影响的宏观研究

社会政治发展的现实性问题是政治学研究的源泉。伴随改革开放后中国社会利益结构的变迁,利益与政治之间的互动关系成为了研究者们关注的重点。

第一,提出了中国政治发展的人民根本利益至上的价值主张。政治的实质是协调和处理不同利益之间的关系,中国政治发展核心主题就是旗帜鲜明地维护人民的根本利益。政治发展的任务,是通过改革加强民

---

[1] 《邓小平文选》第2卷,人民出版社1994年版,第194页。

[2] 王沪宁:《中国政治学研究的发展新趋向(1980—1986)》,《政治学研究》1987年第2期。

[3] 王浦劬:《从阶级斗争到人民共和——我国政治学研究的逻辑转换论析》,《北京大学学报》(哲学社会科学版)2009年第1期。

主法治建设、转变政府职能,正确处理社会利益关系。① 政治组织和政治制度围绕着政治利益展开,中国特色社会主义政治要集中体现人民的根本利益,而中国共产党的领导是中国政治的根本特征和根本保证。②

第二,关注社会利益关系的变迁对政治稳定、政治发展的影响。市场经济体制下,交易关系在积极面上会促进个人主体性的觉醒,推动政治发展过程中权力、制度等对个人利益的重视,有助于推进真实有效的民主建设,但对政治生态往往会产生消极的影响。③ 伴随社会阶层分化、利益实现的非均衡性问题日益突出,利益的分化对政治稳定、社会和谐的消极影响就凸显出来。李景鹏先生撰文提出,从马克思主义政治学的视角看,和谐社会是众多社会单元、要素组合而成的复杂系统。利益博弈是要素和单元之间的基本作用机制。利益关系是基础性关系,利益结构是社会政治系统的深层结构,构成社会和政治发展的动力。④ 这一判断,丰富了马克思主义利益政治学的理论。在利益政治学的理论视角下,利益关系与社会和谐存在着内在关联。和谐社会的首要特征是利益的和谐,权力共享和利益分享是和谐社会的两个前提,具备政治理性和加强社会自治是实现权力共享、利益分享的主要路径。⑤ 与此同时,21 世纪的第一个十年内,群体性突发事件增多,利益矛盾与政治稳定之间的问题凸显。"断裂社会"⑥"抗争性政治"⑦"利益相关者"⑧"无直接利益相关者"⑨等概念被提出,促成政治学、社会学对利益政治问题研究的一次高潮。

---

① 朱光磊、杜鸿林:《"代表最广大人民群众根本利益"与当代中国政治的主题》,《天津社会科学》2001 年第 2 期。
② 刘士尧:《中国人民的政治利益与历史性选择》,《政治学研究》2001 年第 4 期。
③ 李景鹏:《再论社会利益结构的变化与政治发展》,《天津社会科学》1999 年第 1 期。
④ 李景鹏:《中国社会利益结构变迁的特点》,《北京行政学院学报》2006 年第 1 期。
⑤ 任剑涛、龙国智:《权力共享与利益分享:和谐社会的两个前提》,《学术研究》2005 年第 5 期。
⑥ 孙立平:《断裂——20 世纪 90 年代以来的中国社会》,社会科学文献出版社 2003 年版。
⑦ 于建嵘:《抗争性政治:中国政治社会学基本问题》,人民出版社 2010 年版。
⑧ 许玉镇、王颖:《民生政策形成中利益相关者有序参与问题研究——基于协商民主的视角》,《政治学研究》2015 年第 1 期。
⑨ 郭星华:《"无直接利益相关者"新解》,《人民论坛》2009 年第 16 期;童星、张海波:《群体性突发事件及其治理——社会风险与公共危机综合分析框架下的再考量》,《学术界》2008 年第 2 期。

(二) 利益群体对政治发展和公共政策的影响的中观研究

受西方利益集团理论的启发，2000 年前后中国学者开始关注利益集团对中国政治发展的影响和中国公共政策决策过程中的利益因素。

第一，从执政党建设立场出发，否定利益集团的价值，尤其是对党内既得利益集团全面否定。党史党建的研究者普遍认为，党内如果形成利益集团，是对党的宗旨的背叛，是党走向衰败的标志。[①] 部分研究者从政治腐败的角度来探究利益集团与腐败之间的关联。[②] 在地方层面上，地方政府在地方发展中的重要性使得地方政府官员成为利益集团的俘获对象，政府官员借机寻租的同时也为地方政府争取运行经费。在此过程中利益集团与地方政府合谋导致了腐败行为和高昂的行政成本，对政府形象产生消极影响，也在根本上影响到地方经济社会的发展。[③]

第二，从政治学的理论立场出发，辩证地分析利益集团的生成机制及其对中国政治发展的影响。利益集团一定意义上是政治现代化的产物。[④] 但是，利益集团对中国政治的影响是双重的，从积极层面看，利益集团在政治过程中有积极的利益表达作用。但从消极层面看，中国目前的利益集团大致可以分为民间资本、部门垄断资本、国际资本三类，[⑤] 这些利益集团都属于强势利益群体，弱势群体并没有形成组织化的利益集团。"强势利益集团通过与官僚权贵结成非正式利益同盟、要挟中央政府以及形成抵制改革的心理预期等方式造成改革的低效率路径依赖。"[⑥] 强势利益集团通过舆论、政治程序、社会资源渗透公共决策，"表达结构的不均衡导致非均衡性的利益分配，因此需要国家的矫正"[⑦]。"基本思路

[①] 刘彦昌：《提高认识，防止形成"既得利益集团"》，《理论前沿》2002 年第 6 期。
[②] 王尘子：《权力政治视角下的特殊利益集团腐败研究》，《浙江社会科学》2017 年第 12 期。
[③] 李琼、徐彬：《利益集团的政府俘获、行政腐败与高行政成本》，《四川师范大学学报》（社会科学版）2011 年第 3 期。
[④] 陈尧：《政治生活中利益集团的成因分析》，《上海交通大学学报》（哲学社会科学版）2006 年第 1 期。
[⑤] 杨帆：《中国利益集团分析》，《探索》2010 年第 2 期。
[⑥] 郭忠华：《利益集团锁定下改革的困境与出路》，《岭南学刊》2008 年第 3 期。
[⑦] 杨光斌、李月军：《中国政治过程中的利益集团及其治理》，《学海》2008 年第 2 期。

是，保证利益集团的体制内倾向，避免其成为社会主义制度的对立面；政府要保持超越性和公正性，避免陷入利益集团纷争；要充分考虑时间和空间因素，引导利益集团发展"①。

第三，在公共政策决策和执行过程中，探究利益集团或利益群体的行为影响因素。对中国利益集团的理解不能生搬硬套西方利益集团理论。在一定意义上，利益群体集成的正式或非正式的组织，即可视作是利益集团。例如，在环境政策执行过程中，中央政府、地方政府、环保部门、社会公众、企业之间形成了复杂的博弈格局。② 政策目标的实现取决于执行方和利益相关者之间的调适和互动，利益群体以公共权力领域、市场领域、公共舆论领域为平台，通过各种方式对政策执行方开展互动，施加压力。③ 因此，公共政策的决策和执行过程中，利益群体的多领域、多方式参与增加了政策决策和执行的复杂性，也影响着政策的效率。

（三）对具体政治过程中利益主体的利益行为的微观研究

我们大致可以从利益主体的方面将研究者们的关注焦点总结为以下方面：

第一，对政府利益认识的深入以及政府利益对公共政治过程的影响的研究。在较长的时期内，政府利益一直被等同于人民利益、公共利益或无产阶级的利益。随着理性选择理论等西方政治经济学理论的译介，中国政治学者对政府利益的认识逐渐加深。政府利益是客观存在的，④ 是政府行为的动力，实际上应当与公共利益保持一致。政府利益超越公共利益，表现为政府权限或功能限度，就会产生本位主义、部门主义等问题。⑤ 因此，需要通过制度限制政府和公共行政人的权力，使政府利益、公共利益、公共行政人的利益三者内在统一相

---

① 郭道久：《利益集团显性化引发的问题及对策思考》，《学习与探索》2006年第6期。
② 钱忠好、任慧莉：《不同利益集团间环境行为选择博弈分析》，《江苏社会科学》2015年第4期。
③ 龚宏龄：《利益集团影响政策执行的行为研究：基于互动的视角》，《思想战线》2016年第1期。
④ 陈友青：《政府是否有自身的利益》，《理论与改革》2001年第3期。
⑤ 臧乃康：《政府利益论》，《理论探讨》1999年第1期。

互促进。① 政府的利益是多元的，主体也是多元的。纵向层面存在中央政府和地方政府利益，横向存在着不同部门、不同区域政府之间的利益。中央与地方政府利益主要是全国层面的公共利益与区域性公共利益之间的关系问题。② 而纵向和横向政府之间的利益聚焦于垂直激励的地方竞争合作机制中，现有内外激励的不兼容，平等博弈制度的缺失，造成政府之间竞争多于合作③，处理政府间利益分歧的关键点在于理顺央地权力关系和横向政府利益博弈框架，形成涵盖利益分配、协调、补偿、让渡的横向激励机制。

第二，基于国家与社会关系视角，分析公共利益、权力主体利益与社会利益之间的利益互动问题。具有代表性的是城市化建设过程中日益突出的失地农民的表达问题。在社会转型阶段，利益分化和冲突以及基层政府的行为失范，造成乡村权威结构失衡，地方政治权威体系外产生了"代言人"，造成了对抗地方权威的事件集中爆发且影响巨大。④ 基层"权力—利益的结构之网"⑤，弱势利益群体的利益表达渠道并不畅通，利益表达难以健康和体制化成长，而"以法抗争"等非正式利益表达方式造成国家与社会之间稳定处于"刚性稳定"。近些年来，原先弱势群体的利益表达进一步发展为"中产阶级的权利抗争"⑥，社会矛盾主体已经发生了迁移，这对公共政治系统是新的挑战。围绕各种类型的群体性事件的发生和应对，利益问题成为了研究者们的重要关切。学界普遍认为，利益分配不均衡、政府回应不足是群体性突发事件发生的主要原因，且参与者"从利益相关者向无直接利益者的转变"造成政府应急管理工作

---

① 任剑涛、王炜：《政府与公共利益：代表还是代替》，《学术研究》2007 年第 10 期。

② 刘华：《中国地方政府职能的理性归位——中央与地方利益关系的视角》，《武汉大学学报》（哲学社会科学版）2009 年第 4 期。

③ 杨爱平：《从垂直激励到平行激励：地方政府合作的利益激励机制创新》，《学术研究》2011 年第 5 期。

④ 于建嵘：《利益、权威和秩序——对村民对抗基层政府的群体性事件的分析》，《中国农村观察》2000 年第 4 期。

⑤ 吴毅：《"权力—利益的结构之网"与农民群体性利益的表达困境——对一起石场纠纷案例的分析》，《社会学研究》2007 年第 5 期。

⑥ 朱力、杜伟泉：《从底层群体利益抗争到中产阶级权益抗争——社会矛盾主体迁移及治理思路》，《河海大学学报》（哲学社会科学版）2018 年第 3 期。

的难度增加。① 对于各类环境类突发公共事件，政府对 GDP 的单一追求和补偿性的基础设施建设、企业对利润的片面追求、社会公众对生态利益的觉醒构成了城市环境公共事件发生机理的三重维度。② 对于突发公共事件的应对，必须以政府创新和发展公民社会、市场机制来激发动力，关键是要建立起有序的协调的利益关系。

（四）利益政治学理论体系的建构

中国政治学学者以马克思主义利益政治思想为指导，兼而吸收中国古代政治思想中的利益政治思想和西方政治学说中的利益政治观念，形成了利益政治学的基本理论，并成为中国政治学的主流理论范式。代表性的学者有李景鹏、刘德厚、王浦劬、燕继荣、张江河、陈振明、高鹏程、刘舒扬等。其中，王浦劬教授的《政治学基础》③ 这本被全国政治学专业广泛采用的教材，对利益政治学的基本理论进行了体系化的建构。该书运用了马克思主义利益分析方法，从人类社会关系的基本构成单元——利益出发，通过对利益的内在基本矛盾，即利益实现要求的自主性和实现途径的社会性的分析，引出了对利益关系的分析，从对于利益关系的分析进入到政治权力和政治权利的分析。利益关系、政治权力和政治权利关系，构成政治关系的三层递进关系。由此，该书展开了政治关系的外部衍化物即社会政治的行为方面、组织和制度体系方面及文化方面的分析，并在此基础上论述了政治关系发展的基本方式和历史目标。王浦劬教授领衔的北京大学政治学学科团队，将政治研究从阶级斗争为纲的理论逻辑转向利益政治的理论逻辑，是利益政治学理论的集大成者，北京大学也因此成为利益政治学的研究重镇。

通过对现有研究的梳理，我们大致可以看出，改革开放以来有关利益政治问题研究的一般性趋势：第一，对利益政治问题的关注是伴随中国改革开放全面改革的过程而开始、发展、深入的，对现实问题的关切

---

① 贾鼎：《基于多源流理论视角的群体性突发事件与公共政策产生机制》，《河北师范大学学报》（哲学社会科学版）2014 年第 2 期。
② 金文哲、柏维春：《城市环境公共事件危机管理：发生机理与治理之策》，《求索》2014 年第 7 期。
③ 王浦劬：《政治学基础》（第四版），北京大学出版社 2018 年版。

是理论研究的核心线索。第二，从20世纪90年代开始，整体研究从宏观的社会利益结构分析，转向中观利益群体与政治发展的研究，并在近十年来越发聚焦于具体领域的利益博弈问题。第三，在数十年的研究历程中，中国政治学者不仅建构了利益政治学的理论框架，且以这一理论为指导分析了中国政治发展的现实性问题，理论与实践的互促推动了利益政治学理论体系的持续性完善。

第二节 利益政治学的基本逻辑

从利益政治学的基本逻辑出发，利益的主体性和利益实现的社会性的内在矛盾，导致利益主体、利益客体以及利益主体—客体之间关系矛盾统一的利益关系的形成。各个主体之间为了确保自身利益的实现，就会寻求使用政治权威将利益关系控制在"秩序"范围内，由此产生了政治关系。政治关系具体表现为政治权力关系、政治权利关系，并以治理效能作为各类利益实现程度的体现。因此，治理失效的根源是利益内在的矛盾，动因是治理主体的利益关系的失调，内在机理是政治关系的失衡失序，而实现治理效能需要在根本上重塑利益秩序，优化政治关系，构建利益关系协调的治理共同体。

从利益政治的基本理论框架（图1-1）出发，我们可以发现以下规律：第一，利益的内在矛盾决定了社会利益关系矛盾的普遍存在，也决定了政治关系中矛盾的普遍存在的客观性。第二，政治价值是利益的实现，但"实现谁的利益"是决定社会政治关系有序或无序的根源。政治关系的失衡失序源于实现的个人或群体性的利益且社会公共政治权威无法为其提供合法性依据；政治关系的有序主要得益于社会公共政治的权威性与各个主体间利益实现的权利性之间的互恰。因此，从这一理论框架出发研究过渡型社区治理的现实问题，就是要探究现实性的各类矛盾问题背后的利益关系和政治关系，只有利益关系和政治关系是协调互恰的，过渡型社区的治理效能才能彰显，社区善治才能实现。

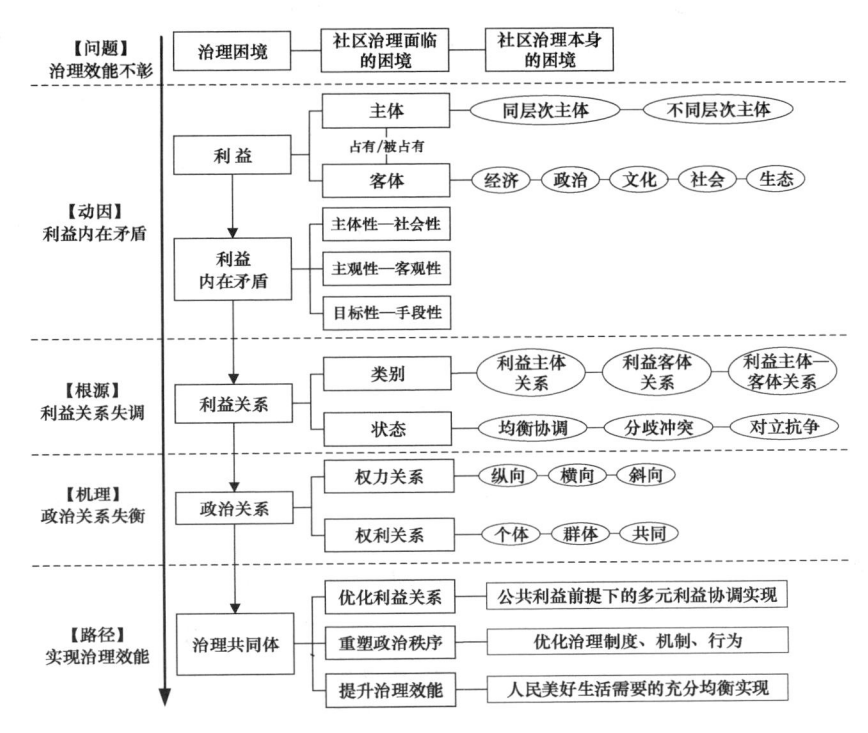

图 1-1 过渡型社区治理的利益政治分析框架

一 利益是影响治理效能的根本动因

利益是人类社会活动的根本动因，利益关系是社会关系的本质。按照马克思主义唯物史观，人类的生存、生产和发展都离不开需要的满足。治理效能的实现，从根本意义上来看就是人的利益充分而均衡的实现。利益是现实的人的需要，包含了"谁的需要""什么需要""如何满足需要"三个层面的问题。

第一，"谁的需要"是关于利益主体的问题。"利益主体就是在一定社会关系下从事生产活动或其他社会活动，以便直接或间接地追求自身社会需要满足的人（个人或群体），即利益的追求者、承担者、生产者、实现者、消费者和归属者。"[①] 简言之，利益的主体性就是利益主体必然是"现实的个人"以及"现实的个人"组成的群体、组织。按照利益主

---

① 王伟光：《利益论》，人民出版社 2001 年版，第 90 页。

体的数量可以分为利益个体和利益群体，而根据群体的性质和类别，又可以分为家庭/家族利益、地方利益、群体利益、国家利益、公共利益等。进一步细分，利益主体包括两个方面：一是同一层次上的不同主体。如不同管辖区域的地方政府、同一政府内的不同职能部门、社区里的各类居民社团或各类社会组织、小区内的各个业主等主体，在同一制度框架或社会定位标准下是处于同一层次的，身份性质上是平等的。二是个人与群体、不同层次的利益群体、群体与社会整体。例如，居民个人或部分居民相对于整个社区居民，地方政府代表的区域公共利益相对于中央政府所代表的国家利益和全国性公共利益等。

第二，"什么需要"是有关利益客体的问题。主体所指向的、所需要的、所追求的客观对象就是利益的客体。同一利益主体有着多重的需求，不同主体的需要也存在着差异性。人的需要不仅包括基本的物质生活需要，还包括精神情感需要、文化认同需要、社会交往需要、政治参与需要和更绿色的生态环境需要等。在马克思主义利益学说中，利益与物质利益基本是等同的，物质利益成为认识马克思主义唯物史观的核心要件。在中国特色社会主义理论体系中，有关利益概念的认知也经历了一个不断深化、不断丰富的过程：在毛泽东思想中，对物质利益的基本态度是整体限制、适当安排；在邓小平时代，围绕以经济建设为中心的治国纲领，强调人民群众富裕小康的物质利益满足；在"三个代表"重要思想体系中，强调物质文明与精神文明"两手抓"；党的十六大后，医疗、卫生、养老、教育等社会利益问题逐渐凸显并在社会建设的大政方针中得到优化；新时代以来，形成以"人民群众美好生活需要"为统领，以获得感、安全感和幸福感"民生三感"为关键，以经济利益、政治利益、文化利益、社会利益和生态利益"五位一体"为具体内容的利益内容体系。因此，新时代的基层社区治理就是要围绕满足人民群众的美好生活需要的治理目标，充分而均衡地实现多元主体的经济、政治、文化、社会、生态利益，提升人民群众的获得感、幸福感、安全感。

第三，"如何满足需要"是利益实现的方式问题。利益是人类需要的社会性表达。在社会生产过程人们可以通过直接生产、交换、合作等方式来实现利益，并在此过程中形成所有制关系及所有制基础上的社会关系、分配关系、消费关系等。所谓的利益主体需要的"社会性展开"可以从三个层面来理解：首先是利益主体对利益客体的生产、占有、追求、消费等社会生产和交换活动，这些利益行动也可以表现为纯个体的行为（如原始人类捡拾山果）；其次利益主体通过社会生产和交换获得利益。如个人之间的物物交换、服务购买与消费，区域和国家之间的贸易等。最后利益主体之间通过抢夺、侵占、战争等非常规方式获得利益。暴力者发动侵略战争获得国家利益，如日本侵华战争；相对温和者通过盗窃获得私利；隐蔽者通过行贿获得非法利益。

二 利益关系失调是治理失效的内在根源

利益具有内在的矛盾，这些矛盾是利益关系形成的基本原因，同时也暗含了治理失效的根本动因。

一是利益的主体性与社会性之间的内在矛盾。利益的主体性和利益实现的社会性之间的内在矛盾推动了利益关系的形成。利益是利益主体的需要，但利益主体之间的需要并不总是统一的。如城市住宅小区中，少数居民不缴、拖缴物业费，影响到物业公司的服务质量，进而造成更多的居民对物业服务不满意而加入不缴物业费的队伍中；对一些民生事业、热点问题的处置，政府部门相互"踢皮球"，推诿扯皮；新冠疫情期间，云南大理卫生部门截留重庆和浙江慈溪采购的抗疫物资；武汉某基层环保部门对参加雷神山医院建设的渣土车的依法执法行为在互联网上备受责难；等等。利益实现的社会性，是指利益必须在社会中通过社会生产交换关系才能够实现，而在生产实践过程中就形成了各种类型的关系。横向上同一层次的不同主体与纵向上不同层次的不同主体之间的利益需求可能呈现为统一的、分歧的、对抗的等多种状态。在此意义上，过渡型社区治理主体间利益需求的统一和差异，决定了主体之间的或统一或协调或对抗的利益关系。

二是利益的主观性和客观性之间的矛盾。利益是社会生产实践的过程中所形成的经济、政治、文化、社会、生态利益。利益不一定表现为物质形式，也可表现为一定的制度、情感、氛围、机制等。一方面，利益的内容整体上是与社会实践水平相适应的，是特定社会生产水平、社会关系条件下的产物，因而具有客观性。另一方面，利益是源于利益主体的需要，需要的满足不仅具有客观性，更具有主观性，侧重于主观意识、心理状态。因此，利益不仅是"五位一体"的具体利益形式，更是利益主体对需要满足后的获得感、幸福感、安全感的主观感受，这种主观的感受不仅包括相对于过去的满足感提升，还包括横向比较的满足感状况。因此，就会出现客观上的利益供给已经达到特定社会和社会关系的最大能力范围，但主体的主观感受并不满意。例如，尽管城乡居民的生活水平有着显著的提高，但部分居民对比社会富裕阶层后满意度反而降低；尽管基层政府已经为拆迁安置社区居民提供了廉价优质的物业服务，但动迁农民始终认为自己是改革开放、城市化建设中的牺牲群体。

三是利益的目标性与手段性之间的矛盾。利益的目标性是指人们的社会生活都是围绕着利益展开，特别是社会政治关系就是捍卫特定群体、阶级的利益而形成的。与此同时，制度、机制又是通过利益来激发、建立和完善的，利益同时也是推动社会生产实践进步发展的动力。因此，利益关系的失调是政治关系失衡、治理效能不彰的内在原因，而重塑协调的利益关系又是建立有序的政治关系、提升治理效能的基本路径。

基于利益主体和利益客体之间的区分，利益关系可以划分为三种类别：一是利益主客体关系，亦即作为利益主体的现实的个人与其所指向、追求、消费的利益客体之间的对象性关系；二是利益主体间的关系，即作为利益主体的不同形式的"现实的个人"之间的关系，既表现为纵向上社会整体利益、国家利益、集团利益、集体利益、个人利益不同层次的利益的关系，又表现为同一层次的不同国家、不同利益集团、不同利益集体、不同利益个体之间的利益关系；三是利益客体之间的关系，表现为经济利益与政治利益、精神利益之间的关系等问题。

进一步分析，又可以将利益关系的具体状态总结为：协调的、分歧的和对抗的三类。协调的利益关系是指各个利益主体的利益客体都能够充分均衡地实现；分歧的利益关系是指各个利益主体或各个利益客体之间不能协调均衡地实现，而是存在竞争和分歧，存在重要性或紧急性的差异；对抗的利益关系，是指利益主体和客体之间的分歧已经达到了对抗的程度，从而形成了失序、无序的状态。

从现实治理实践看，治理效能的不彰，原因大致是制度机制不畅、治理主体间关系不顺、治理主体的治理能力存在问题。进一步探究则会发现，治理机制的不顺主要是利益关系的不顺，治理能力缺失主要是利益主体的动机不足。以过渡型社区治理为例，社区治理过程中，共同利益、群体利益和个人利益相互交织，经济、政治、文化、社会、生态等各种利益相互交织，利益关系存在着高度复杂性，进而对权力主体关系、权利主体关系以及两者之间的关系形成复合式影响。过渡型社区治理的过程，是基层党组织、政府等权力主体与社会组织、企业、媒体、城乡居民等权利主体的利益互动过程。当主体内部、之间的利益动机不足、利益关系失调，主体间的权力关系、权利关系的秩序就难以建立，社区治理的协同机制无法形成，治理效能也就无法彰显。

三　政治关系失衡是治理失效的发生机理

利益关系是社会政治关系的基础，也是社会活动的基础。利益关系内在矛盾的对立统一，促成了社会生产实践中政治关系的形成。利益行动是利益实现的中介，为了解决差异化的利益的社会性实现的矛盾，人们通过政治组织、制度、机制、文化来确保某个或某些群体利益的实现。在此意义上，利益是政治行为的动因，是政治组织、制度的基础，是利益主体从事政治活动的根本动因。

利益关系是政治关系中政治权力和政治权利形成的基础条件。共同利益是人类政治联合的基础，政治联合之后所形成的特殊的、超过其他政治力量的政治力量，就是以共同利益实现目标为基础的政治权力。在此意义上，政府应以社会共同利益为自身的利益追求。政治权力同时也是应对处理不同群体间利益矛盾的权威性力量。与此同时，特定社会群体的共同利益是该群体政治权利形成的基础，横向的利益矛盾推动利益群体以政治权利捍卫自身的利益，纵向的利益矛盾则推动成员以政治权利来应对不同层级的主体之间的利益冲突。进一步分析可以发现，基于利益主体性和社会性之间的矛盾所形成的利益关系，促成了政治关系中政治权力关系、政治权利关系为主的政治关系的形成。

在治理现代化的视野下，治理体系的现代化是其前提条件。而治理体系的核心内容便是政治权力主体、政治权利主体之间的主体关系格局和相互之间领导与被领导、主导与协同、引领与参与等各种制度性、机制性的关系。治理现代化面临的几乎所有的困境都可以归结为这三类主体关系之间的失调、失序、无序表象。

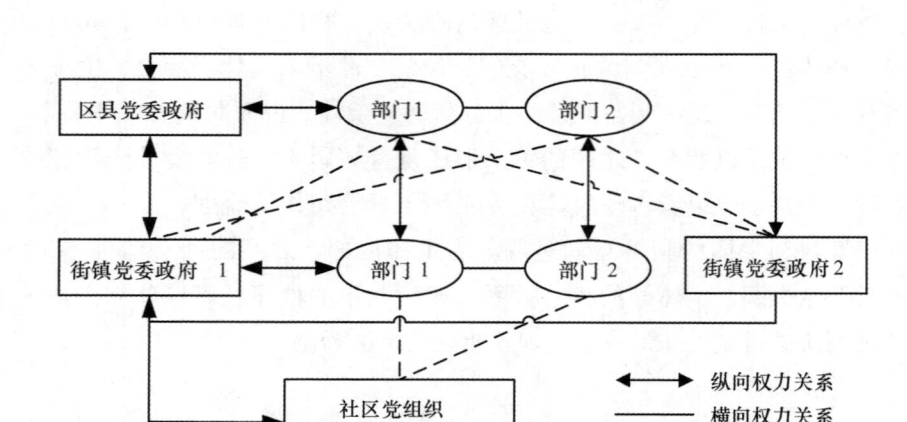

图 1-2 基层政治权力关系示意

从政治权力关系看，主要可分为横向、纵向、斜向三重关系。中国公共权力系统从上至下形成了"条条""块块""条块"三重关系（如图1-2所示）。"条条"是各级政府按"职责同构"的原则设置内部的职能部门之间的纵向权力关系；"块块"是指一级政府内部各个职能部门以及同一地区的各个下级政府之间的横向权力关系。"条块"则主要是指上级政府职能部门与下级政府之间的关系，也就是斜向权力关系。纵向上的权力关系失调一般表现为上级政府与下级政府之间的分歧与冲突，如各地大力举债、卖地、以污染环境为代价来实现脱贫与中央层面脱贫攻坚战以人民利益为本的价值导向的冲突。横向上的权力关系失调，是横向区域政府之间和部门之间的冲突。如太湖蓝藻事件，污染源头在于太湖流域的各个地区，但因水文原因在无锡区域内暴发蓝藻。

政治权利关系的失调，主要表现为权利主体间的利益诉求的多元化差异，且利益的多元形成了冲突，而利益的表达机制、协调机制、补偿机制的不畅又加剧了利益分歧和冲突，促成利益表达无序、利益协调无序、主体协同无序、矛盾化解不到位等系列问题。①

---

① 吴新星、叶继红：《基层应急管理如何提高效能——基于利益政治学的分析框架》，《探索与争鸣》2020年第4期。

此外，还存在政治权力—权利关系的"主体逆序"问题。权力主体的合法性来自于权利主体的委托，合法性的持续以权利主体利益的满足为基础。但相对于政治权力的自主性、强制性，权利主体相对弱势，这就造成权力主体利益优先于权利主体利益的"逆序"问题。

四 利益协调的治理共同体是实现治理效能的路径

从利益政治学的理论视角看，政治发展的衰败、治理现代化的梗阻、治理效能的低下，根源在于利益的内在矛盾，形成机理源于治理主体间利益关系的失调或无序，并呈现在政治权力关系、政治权利关系的政治关系层面上。实现治理的现代化的根本路径在于，建立协调的利益关系，重塑有序的政治关系，不断提升治理的效能。

首先，重塑协调的利益关系。基于马克思主义利益政治学说，中国古代义利之辩中的政治伦理和中国共产党治国理政思想的基本立场，重塑协调的利益关系秩序包含着四重主旨：第一，最广大人民的根本利益是治理现代化的根本前提。在主体利益层次上，最广大人民的根本利益是多元利益主体之间最大的利益共识，是具有广泛意义和普遍意义的公共利益，也是中国共产党执政兴国的宗旨所在。第二，统筹处理好不同利益个体、群体、组织的利益实现。要妥善地通过制度、机制和行动框架来约束和消解利益主体之间的分歧和冲突，增进和解和共识，在公共治理的共建共治中实现利益的均衡共享。第三，统筹处理好不同利益主体的"五位一体"的利益实现。利益是具体有限性和发展的无限性的辩证统一，随着经济社会的发展，不同群体对五方面利益的具体需求是不一致的，因此，需要统筹处理好不同主体的不同需求的充分而均衡的满足。第四，注重利益主体的利益获得的主观感受。具体而言就是利益主体获得感、安全感和幸福感的纵向比较和横向对比后的主观满意度都能够得到提升。

其次，建立有序的政治关系。由于利益主体性、客体性和主体性与社会性之间对立统一的矛盾性，利益主体间的利益行为表现为合作、竞争和对抗。在利益行动的过程中，社会公共政治制度、组织、程序、机制等发挥着推进利益实现的功能。关于有序的政治关系，中国革命和建设发展的实践已经证明了以下几点：第一，中国共产党是有序的政治关系的核心。只有坚持中国共产党的领导，全面从严治党，提升党的引领作用和执政能力，才能够实现国家治理的现代化。第二，治理的现代化，需要就具体治理领域推进治理权力、权利之间的制度、机制、行为、方法等优化完善，从而构建党建引领下的多元主体协同参与的有序政治关系，形成治理的制度优势。第三，治理的现代化，治理效能的彰显，必须发挥人民的主体性，服务人民、依靠人民，构建共建共治共享的治理新格局。

最后，提升治理的实际效能。协调的利益秩序、良好的政治关系是提升政治治理效能的内在和外在的保证，治理效能的提升还有赖于利益主体动力机制、有序的协同治理机制、治理主体的治理经验和治理能力，并以人民美好生活需要的实现程度作为治理效能的衡量标准。

本章小结

本章对利益政治学的理论溯源和实践溯源进行了分析。在理论方面，利益政治学主要源于由马克思主义政治学中的利益政治学说。在某种意义上，本书所采用的利益政治学理论视角，就是马克思主义利益政治的理论立场。中国政治思想中对待利益和仁义问题的态度和主张，将有助于我们研究过渡型社区中不同群体对社区治理的态度、行为和行为的结果。西方政治学说，尤其是20世纪行为主义的理论观点为我们分析过渡型社区治理过程中的主体观念和行为提供了新的视角。

过渡型社区治理问题，是中国特色城镇化建设过程中产生的独特问题。过渡型社区的生成、治理和发展的全过程，都是在中国特色社会主义建设的宏观理论和实践背景下进行的。中国共产党的治国理政理论体系，坚守了马克思主义利益政治思想的基本主张，充分吸纳了中国传统政治思想和西方政治学说中有关利益政治的有益思想，形成了体系化的中国特色的利益政治学理论，这也是本书研究过渡型社区治理问题的基本理论框架。简要概括，该体系包括以下方面：第一，利益问题是政治现象背后的核心问题，这是符合历史唯物主义客观规律的，也是被中国特色社会主义事业建设实践所证明的。第二，坚持以人民为中心，实现最广大人民的根本利益是治国理政实践的根本目标和价值导向。第三，人民群众的利益是整体性的，包括经济、政治、文化、社会、生态等利益客体，包括获得感、幸福感、安全感等利益满足的主观体验，还包括了不同群体、不同阶层的美好生活需要。第四，由于人民利益的整体性，满足人民利益的内容应是全方面的。第五，人民利益实现路径的核心是要推进国家治理的现代化，其中最为核心的是推进权力关系、权利关系、权力—权利关系的优化重塑。

第 二 章

过渡型社区的类型学分析

正如托克维尔对美国民主政治的考察、帕特南对意大利街区社会资本的研究所表明的，社会科学研究的逻辑起点是对研究对象的精准确认，继而以合适的理论视角进行规范或实证的研究，在此基础上形成新的理论和观点。

利益政治学理论视角下的过渡型社区治理问题的研究，首先要对"过渡型社区"这一研究对象进行精准的概括。但从现有研究成果看，相关的概念建构并未完成。原因在于：第一，过渡型社区的具体社区有城中村、拆迁安置社区、城乡接合部社区、转型社区、农民集中居住区等多种形态，各种具体形态的过渡型社区具有相同的要素特征，同时又呈现出较大的异质性，这增加了"转型社区""过渡型社区"等普适性概念建构的难度；第二，在快速城镇化进程中，过渡型社区的过渡性在不同地区、不同阶段呈现出复杂性、多样性和多变性。在实践中，总是先有具体社区类型和形态，再有普适性过渡型社区概念的建构。

"类型学，或称作分类学，指研究者结合两个或两个以上单一维度的简单概念，然后由简单的概念的交叉形成新的概念。"[1] 在研究过渡型社区治理中的利益政治问题之前，笔者将利用类型学的研究思路，对过渡型社区形态、要素进行系统性的分析，尝试建构更具普遍解释力的"过渡型社区"概念。

---

[1] 曹堂哲：《公共管理研究方法的回顾与前瞻——以问题类型学为基础的新体系》，《北京行政学院学报》2013 年第 5 期。

第一节 类型学在政治学研究中的应用

"类型化是构建社会科学理论的一种基本方法,它帮助研究者对社会事物、现象和行为进行归类,对核心概念进行操作化,并通过抽象概念与经验事实的匹配进行理论框架的构思。"[1] 政治学学者运用类型学的研究方法,旨在通过对社会政治现象的类型化分析,探索其背后的历史演变规律。在此意义上,对具体的经验性政治现象的研究便具有"管中窥豹"的普适性意义。这也正是本书采取类型学研究方法,对纷繁复杂的具体社区形态进行研究,建构普适性的"过渡型社区"概念的科学性和合理性所在。

一 类型学研究的发展

类型学作为一项基本的研究思路,并非社区研究所独享。类型学被广泛用于政治学、社会学、建筑学、语言学、法学等学科的研究。但有意思的是,尽管类型学散见于多个学科,但却鲜有"类型学"本身的理论梳理。

在经验世界中,事物和现象极少是单一的,更多的是复杂的、多元的、多样的、冲突的。为了更清晰地把握事物和现象的本质,人类在认识自然和社会的过程中形成了与生俱来的本能性分类思维方式。

类型学源于人类分类的思维和行为,但"类型"与"分类"还是存在着不小的差别。对事物和现象进行区分研究是自然科学研究和人文社会科学研究都会采用的基本研究方法。自然科学的研究,是基于自然万物的自然属性进行的分类,有属、目等明确的分类界限;但人文社会科学的目标是追求共同体的善。由于人类生活的社会性,社会现象和社会问题的区分往往并没有非此即彼的质的差异,相互之间往往存在着模糊性、变通性和过渡性。[2] 因此,一般而言,自然科学称之为"分类学",

---

[1] 刘丰:《类型化方法与国际关系研究设计》,《世界经济与政治》2017 年第 8 期。
[2] 吴放:《拉菲尔·莫内欧的类型学思想浅析》,《建筑师》2004 年第 1 期。

人文社会科学则成为"类型学"。① 与"类型"相关的还有"模式"。模式是在经验实践中形成的能够重复再现的事物和现象。"类型"则并不一定意味着复制的完美度,更多的是人们的根据理论、价值、观念、思维所勾画出来的,"与原本事物具有统一性,但形式上毫不相干的种种其他现象与事务","'模式'充其量是僵化的'复制品',而'类型'则是以隐喻的方式来阐释人类社会独有的理性与观念"②。

19世纪末到20世纪初,受C. S. 皮尔士等语言学和逻辑学研究者的影响,抽象的和一般的类型理论开始产生,并在生物学、心理学、语言学、社会学的研究中逐渐形成了系统的学问,亦即"类型学"理论。③ 类型学研究的聚焦点是研究对象"形态的可变性"与"目标的过渡性"相统一的"流变统一性"或谓"类型流变性"。类型学的研究,在学科视角上是模糊的、交叉的。类型学作为方法论所具备的跨学科性特点,使得人文社会科学各个学科使用这一研究方法成为可能。

在类型学的发展历史上,西方马克思主义学者佩里·安德森将类型学的应用领域从自然科学拓展到了人文社会科学。安德森开创了包含历史学维度和社会学维度的类型学唯物史观。在类型学唯物史观的思维范式下,政治现象是融历时性与共时性、时间性与空间性于一体的。④ 安德森的类型学唯物史观破除了历史学与社会学研究方法相互矛盾的观点,推进了历史学和社会学两个学科研究方法的交融。⑤ 类型学唯物史观同时开创了一个新的比较研究法,历史的比较和社会的比较成为分析社会现象的新思维方式,促进经验主义分析和理性主义建构的融合。安德森的

---

① Kenneth D. Bailey, *Typologies and Taxonomies: An Introduction to Classification Techniques*, Thousand Oaks: Sage Publications, Inc., 1994, p. 3; John Gerring, "Mere Description", *British Journal of Political Science*, 2012, (4), p. 727.

② G. C. Argon, "On the Typology of Architecture", in Kate Nesbitt, *Theorizing A New Agenda for Architecture An Anthology of Architectural Theory* 1965 - 1995, ed, New York: Princeton Architectural Press, 1996, p. 243.

③ 汪丽君:《建筑类型学》,天津大学出版社2005年版。

④ 李瑞艳、乔瑞金:《安德森"类型学"唯物史观思维范式探析》,《山西大学学报》(哲学社会科学版)2013年第3期。

⑤ [英]彼得·伯克:《历史学与社会理论》,姚朋等译,上海人民出版社2010年版,第2页。

贡献证实了经验主义和理性主义、历史主义与结构主义、人道主义与科学主义是并行不悖、相辅相成、相得益彰的，这一点也在政治学等学科的研究中得到了验证。

二 政治学研究中的类型学分析逻辑

尽管类型学理论是在 1900 年前后才逐渐形成的，但类型化的研究方法在西方政治学理论形成之初便已使用，并广泛地运用于"法"的区分、权力的区分和政体的类型化研究之中。比如，柏拉图按照"法治""非法治"的标准对城邦类型进行了分类，并认为这两类城邦之间并非绝对不变的，而是存在流变的可能性，以至于出现组合型的"混合政体"[①]。亚里士多德按照统治者人数的多少和统治者的德性，区分了政体性质的好坏——君主政体、贵族政体、共和政体是好的政体，而僭主政体、寡头政体和民主政体是坏的政体。阿奎那将法分为永恒法、自然法、人法、神法，并确立四种法之间的服从关系。西方政治思想中的自然法观念以及神法与人法之间的纠葛，又影响到了文艺复兴和启蒙运动中的多种政治思想中的类型学方法应用。如洛克对权利的区分，孟德斯鸠对权力的区分，贡斯当对"古代人的自由"和"现代人的自由"的区分，等等。

至 20 世纪，大多数知名政治学学者在研究政治学的基本问题时，都会采用类型学的分析思路。如伯林区分了"积极自由"和"消极自由"[②]，本杰明·巴伯区分了"强势民主"与"弱势民主"[③]。阿尔蒙德和维巴在经验研究的基础上区分出"村落地域型""臣民依附型""积极参与型"三种政治文化，并强调三种文化之间并非相互隔离的，而是历史演进和累积的过程。在经验世界中，除了村落地域文化外，每一种文化都是一种复合体，而政治文化的变迁，也将带动政治结构的变化。只有"系统性混合"的公民文化才能产生温和稳妥的民主理论，政治系统才能处于免于崩溃的适当范围。[④] 尽管阿尔蒙德和维巴并未明确提出所采用的

[①] [古希腊] 柏拉图：《法律篇》，张智仁等译，上海人民出版社 2001 年版，第 91—94 页。
[②] [英] 以赛亚·伯林：《自由论》，胡传胜译，译林出版社 2011 年版。
[③] [美] 本杰明·巴伯：《强势民主》，彭斌等译，吉林人民出版社 2006 年版。
[④] [美] 加布里埃尔·A. 阿尔蒙德、[美] 西德尼·维巴：《公民文化——五个国家的政治态度和民主制》，徐湘林等译，东方出版社 2008 年版。

是类型学的研究思路,但从其对五个国家政治文化和政治制度的经验研究,以及所秉持的历史主义和结构主义相融合的研究视角看,两人的研究可谓是类型学研究方法运用于政治学研究的典范。

中国政治学者对类型化方法的使用是在不自觉中展开的,尤其是在新中国成立之后,研究者们秉持着马克思主义历史唯物主义的基本理论立场,根据生产力水平、经济基础、意识形态、阶级属性等标准对政治现象和政治理论进行了区分。如资本主义国家与社会主义国家,统治阶级与被统治阶级等。在几乎任何一本政治学基本理论的教材中,研究者们都会对国体、政体、权力、制度进行类型化的区分。自2010年以来,随着类型学话语的兴起,政治学学者开始借用该概念对具体的政治问题进行了研究。如,周义程对民主概念和类别进行了类型学的考量。[①] 曹堂哲试图建立公共管理问题类型学为基础的研究方法体系,以此破解大陆公共管理研究方法单一的问题。[②] 王衡细分了中国人对民主的程序性和实质性的看法,从"程序—实质"二分法出发,将民主细分为"实质型""偏实质复合型""偏程序复合型"和"无内容型"四种基本类型,他认为中国人主要秉持的是"复合型"民主观,这是中国民主政治发展的民意基础和心理支撑。[③] 陶庆和马方云从发生学和类型学两条研究思路分析了国家与社会关系的类型,总结了人类为实现"善的生活"而不断调整完善国家与社会关系认知的历史性影响因素。[④] 刘丰重新审视国际关系理论中类型化研究的典型问题,探索利用重构、细分和综合等更严格的类型化技术对之进行完善和创新。[⑤] 王猛从"控制—嵌入—规范"框架出发,总结出地方政府创新的中央主导型创新、地方回应型创新和地方自

---

① 周义程:《民主是什么——一项关于民主概念与类别的类型学考量》,《探索》2009年第3期。
② 曹堂哲:《公共管理研究方法的回顾与前瞻——以问题类型学为基础的新体系》,《北京行政学院学报》2013年第5期。
③ 王衡:《当我们谈论民主时,我们在谈论什么?——转型期中国公众民主观念的类型学分析》,《探索与争鸣》2017年第10期。
④ 陶庆、马方云:《发生学与类型学视域下的国家与社会关系——从"黑猩猩的政治"说起》,《学术月刊》2018年第8期。
⑤ 刘丰:《类型化方法与国际关系研究设计》,《世界经济与政治》2017年第8期。

发型创新三种模式。① 整体上，我们可以总结出，中国政治学者对于类型学研究方法的运用已经从具体的分类方法使用，转向对类型学理论和政治学类型学研究范式的研究。

接下来需要探讨的问题是，类型学的研究方法在政治学的研究中是如何展开的？产生了什么样的功效？除了阿尔蒙德和维巴之外，理查德·冈瑟和拉里·戴蒙德对政党类型和功能的类型学研究，为我们从类型学角度研究过渡型社区治理过程中的利益政治问题提供了较好的示范。

冈瑟和戴蒙德力图建构一个能够涵盖所有政党模型的综合框架。该框架包括三条标准：一是政党正式组织规模以及履行功能的程度；二是政党在目标和行动上是包容多元的或是原始霸权主义的；三是政党特色化的纲领和意识形态。基于此框架，冈瑟和戴蒙德区分了政党的七项功能：候选人提名、选举动员、议题构造、社会代表、利益整合、形成和支持政府、政策的落实。根据标准和具体的功能，两人区分了15种政党"种"和5个政党"属"。其中政党"属"包含精英型政党、大众型政党、种族主义政党、选举型政党、运动型政党。

除了对政党的结构—功能进行类型化的分析，冈瑟和戴蒙德还对5类政党进行了历时性和共时性的分析（图2-1）。他们的目标在于，从历史事件和社会结构双重维度，总结政党组织形式、选举策略、纲领性目标以及意识形态定位变化背后的因果因素和规律，从而把握政党在起源、功能和演进轨迹上的规律。

以冈瑟和戴蒙德的研究为案例，我们大致可以分析出政治学研究中类型学研究的基本分析逻辑（图2-2）：第一，政治学中类型学研究视角或方法的运用，是基于某一政治问题或现象展开的。第二，根据政治问题和现象的基本要素确立类型学研究的标准。这一标准应是历时性和共时性相结合的。第三，根据类型化的标准对政治问题和现象进行分类，并总结每一类型的在不同要素上的特征。第四，在类型区分的基础上历时性和结构性、经验性和规范性相结合的研究，总结政治现象发生规律。第五，凝练出政治问题和政治现象的基本内涵，完成概念建构。

---

① 王猛:《中国地方政府创新的类型学：基于"控制—嵌入—规范"框架的分析》,《求实》2020年第3期。

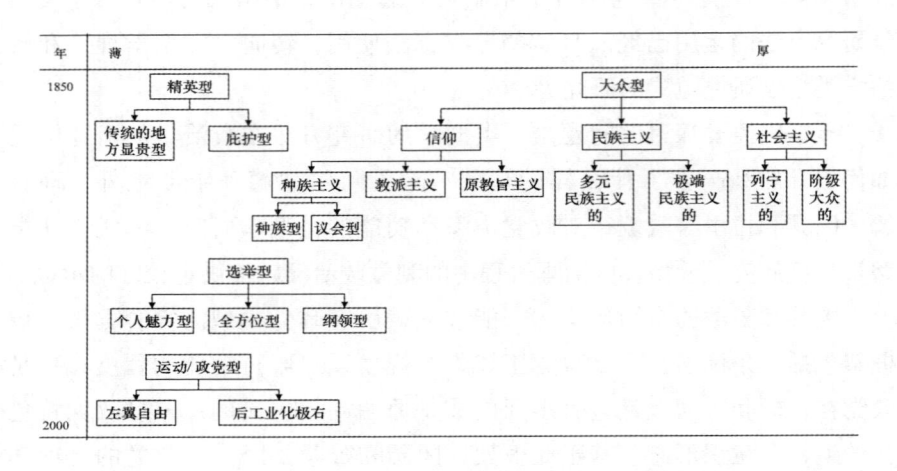

图 2-1 理查德·冈瑟、拉里·戴蒙德政党类型学分析①

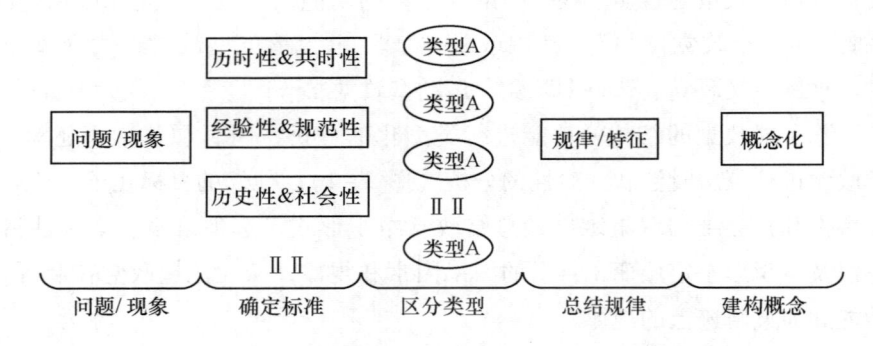

图 2-2 政治学研究中类型学研究的基本理路

回到过渡型社区的研究领域，笔者将遵循"三步走"的逻辑：第一，确立类型化分析的依据，即总结过渡型社区作为城镇化进程中具有特殊意义的社区形态的基本要素。第二，根据过渡型社区的基本要素，分维度对过渡型社区进行类型化分析。第三，在类型化分析的基础上，总结不同具体形态的过渡型社区的共同特征和区别于其他社区形态的特殊属性。通过"三步走"的研究逻辑，笔者力图建构更具普适性和接受度的

---

① ［美］理查德·冈瑟、［美］拉里·戴蒙德：《政党类型与功能》，载拉里·戴蒙德、理查德·冈瑟等著《政党与民主》，徐琳译，上海人民出版社2017年版，第14页。

"过渡型社区"概念。

第二节 过渡型社区的具体类型

遵循类型学研究范式的基本逻辑,过渡型社区基本要素确立了过渡型社区分类的基本依据。下一阶段的研究任务是对过渡型社区的多种具体形态进行归类分析,总结过渡型社区的核心特征,从而进一步确立从利益政治学理论视角研究过渡型社区的逻辑基础。从类型学对过渡型社区的类型和特征进行探索,本章以过渡型社区的社区要素为横向比较维度,以过渡型社区的过渡阶段作为纵向区分指标,从而形成兼顾过渡型社区的时间和空间双重维度"过渡性"的类型学分析理路。

一 过渡型社区的基本要素

按照类型学研究的基本逻辑,确定区分研究对象或研究对象的内部要素是前提条件。建构具有普适性的过渡型社区概念,首要任务是对各个具体的过渡型社区形态的基本要素进行分析,建立统一的分析维度,为后续的历时性和共时性比较分析提供依据。

郑杭生先生认为社区的基本要素包含了地域环境因素、人的因素、文化要素、社会活动等。[①] 还有学者将社区的要素分为基本要素和一般要素。其中,基本要素包括人口和地域两个方面;一般要素包括经济、共同的文化与制度、居民的凝聚力与归属感、专业分工和相互依赖关系、社区服务的公共设施等。[②] 根据学界对社区基本概念的概括和社区要素的分析,可以将社区要素总结为地域要素、人口要素、生态要素、社会结构要素、社会文化要素、治理制度要素六个方面。过渡型社区是社区多种具体形态之一,社区的基本要素在过渡型社区都会有所体现。与此同时,过渡型社区是中国城市产业经济发展过程中的产物,社区居民的经济生活状况对社区的治理有着重要作用。因此,经济要素应是过渡型社

---

① 郑杭生主编:《社会学概论新修》,中国人民大学出版社1994年版,第357—364页。
② 王明美、程宇航:《社区建设:中国和江西的实践》,江西人民出版社2008年版,第8页。

区的基本要素之一。由此,我们可以将过渡型社区的基本要素划分为以下七个维度。

(一)地域区位要素

过渡型社区的地域要素包括过渡型社区的边界性和区位性两个层面。

过渡型社区的边界性,是社区的首要特征。广义的社区,大到一个城市,小到一个村庄、一个小区甚至是一个楼道都可以称为社区。狭义的社区,是以城市行政区划为基础、街区制管理体制之下的某一社区。如武汉百花亭社区等,在社区之下往往还有数个居民小区。无论是广义上的社区,还是狭义上的社区,地域范围总是有特定的"边界"。过渡型社区的边界,一般是在拆迁安置社区、城中村等过渡型社区物理性的围墙或行政区划范围之内,同时与社区外的街区、农田等相连接。地域边界的确定,有助于明确过渡型社区研究的物理空间范围,也有助于我们更好地理解诸如"社区外商铺的物业管理、环境管理是否属于社区居委会的职责范围?""临界或跨界问题的治理责任归谁"等过渡型社区治理过程中的具体问题。

过渡型社区的区位性,决定了社区治理过程中所呈现的治理问题的特殊性。比如,城市社区和农村社区便是按照社区所处区位进行的划分。城市和乡村地区之间往往存在着一些边缘地带。这些边缘地带是城市经济向乡村地区延伸和渗透的区域,又以不同区域所具有的城市或乡村经济社会特征的程度而分为"类城市社区"和"类农村社区"。这些社区内的社会结构上也呈现出类似城乡过渡的边缘、过渡和转型的特征。作为过渡型社区的另一表达形式的"边缘社区",正是因这类社区处于城市和乡村边缘地带的区位特征而得名。城市与乡村之间的过渡地带是城中村、拆迁安置社区、城乡接合部社区、边缘社区等具体形态的过渡型社区主要分布区位。进一步细分,这些具体形态的社区在区位上呈现微小的差异,大致分布规律是:沿城市边缘地带向农村边缘地带方向依次分布着城市拆迁安置社区、城中村/城乡接合部社区、农村拆迁安置社区、农民集中居住区。

(二)社区人口要素

社区是由一定区域内的人群组成的共同体。因此,人口的规模、人口的结构和人口在社区内的分布情况,是治理社区和研究社区必须要考量的因素。

区域之间、城乡之间在社区人口规模和结构方面呈现出显著的差异。传统经济环境下，政府（朝廷）通过户籍、税赋政策将人口与土地捆绑，严格限制人口流动，加之人们乡土观念较重，跨区域联系较少。因此，在稳定的社会秩序下，传统基层社会的人口规模处于稳中有升的稳定状态。改革开放四十多年，中国的经济结构发生了翻天覆地的变化，第二、第三产业的快速发展，引发了有史以来最大规模的迁徙潮。从早期的农民工进城务工，到近30年来大中专毕业生在城市各类制造业、服务业企业就业，全国人口向东部沿海地区集聚，向经济发达城市流动，城市社区人口规模越来越大。中西部省份的农村人口大量外流，当地青壮年人口越来越少，劳动力流失问题已经严重制约了这些地区的发展，留守儿童、留守老人的社会问题也影响着中西部地区的社会发展。

人口的分布折射出基层社区的经济结构和社会结构。传统农村社区，类似路遥小说《平凡的世界》中所描述的，田家和金家两个宗族分别聚居于田家圪崂和金家湾，形成了双水村内部的两大力量，并在社会政治大变迁中实现了双水村治理权力的更替：中华人民共和国成立前，金家是地主，生活富裕，是村中的权威；中华人民共和国成立后，田家因为成分都是贫下中农而开始执掌双水村的治理权，而金家成分不好，作为家族代表的金俊山只能作为村支部副书记。在城市之中，住宅价格已经成为区分富人、中产者、低收入群体、外来人口等的重要指标。如在城市之中，外来人员、城市中低收入者一般聚居于城市边缘地带的城中村、拆迁安置社区和城区的老旧小区。

过渡型社区的人口要素大致呈现出以下特征：人口规模整体稳中有升；外来流动人口大规模增加，甚至几倍于本地户籍人口的情况；过渡型社区中的本地人口以中老年居民居多，本地中青年人口逐渐外迁至更具现代化特征的商品住宅小区，同时大量外地中青年居民通过租房、购房的渠道入住到过渡型社区中。

（三）经济结构要素

在现有研究社区经济的成果中，城市社区的研究主要集中关注城市社区居民的职业情况分析，对农村社区的研究集中关注农村集体经济的发展以及集体经济对乡村治理的影响。对过渡型社区的研究，则存在两种面向：一是从过渡后的城市社区出发，主要考察动迁农民的就业状况、收入来源等方面的情况，对过渡型社区中的集体经济问题关注较少；二是从过渡前的农村社区出发，则会侧重调查过渡型社区的集体经济组织和社区产业经济结构。如早期项飚、张鹂、蓝宇蕴在"浙江村""羊村"的田野调查中，在社区中的作坊、商铺等经济组织和集体经济合作社、房租经济等方面着墨较多。

研究焦点的差异，反映出过渡型社区在不同过渡阶段的经济结构的变迁。在过渡早期，农村社区向城市社区转型，农村集体经济组织与村委会往往还未脱离，两者之间甚至是"一套班子两块牌子"实行合署办公。在过渡中后期，社区的管理体制机制已经改变，农村社区的村委会自治体制转变为城市社区的居委会自治体制，集体经济与社区居委会脱离并独立经营，一般情况下，仅在分配上与原来的村民（已上楼成为了市民、居民）保有联系。

社区居民的职业状况和收入情况，是过渡型社区经济要素的重要内容。主动或被动、市场化或行政化主导的过渡型社区建设和变迁，使得过渡型社区的动迁农民已经失去了"小农经济"的退路，上楼之后的生存和发展都将严重依赖于自身的职业状态。过渡型社区居民的职业状态整体上表现为两类：一是依然以从事农业生产为收入的主要来源，其中部分居民由原先依赖于自家责任田的"自耕农"，转变为土地流转集中经营后为集中承包人打工的"农民工"。二是在无地可种的客观性现实下，部分居民从事做生意、开饭馆、到工厂打工等非农生产活动，以此获得自身收入。

（四）空间生态要素

空间生态要素，主要涉及社区的地理环境因素、社区空间因素和社区内的设施资源配置。

地理环境条件包括社区的地貌、水文、气候等因素。这一维度上，过渡型社区与城市社区相比，并不存在明显的差异或特殊性，却与农村社区有较大差异。过渡型社区一般不再保有房前屋后的农田、灌溉系统等农村生产相关的地理环境要素。

社区的空间因素，主要是社区建筑所呈现出的具体形态。农村社区的空间形态多为独门独院式的建筑、散居式的住宅分布、房前屋后的自留地和包围着房屋的耕地、灌溉设施等等。目前，在中国绝大多数城市中，城市社区空间大多为多层、高层的住宅楼形态，社区通过围墙与外部世界隔离，社区内居民通过入户门确立里外之分。过渡型社区的空间因素呈现出多种形态，如城乡拆迁安置社区往往会采用城市社区的多层、高层住宅楼空间布局，农民集中居住区则主要是以宅院式民房、别墅等空间形态为主，城中村、城乡接合部则是在原农村住宅的空间格局基础上，由村民加建、自建而形成，与前两类社区相比缺乏规划、杂乱无序。

社区的设施资源条件，包括了社区周边与居民生活密切相关的菜市场、超市、公园、商业街区、公交交通、道路、山水自然环境等基本设施；也包括了社区内部的绿化、健身、休闲等公共基础设施。处于城市边缘地带的过渡型社区，在基础设施配置方面一般不如城市社区，但又优于农村社区，整体上也呈现出"过渡性"的特征。一般而言，统一规划的拆迁安置社区、集中居住区等形态的过渡型社区的基础设施，要明显优于自发形成的城中村、移民村。

（五）社会结构要素

社区是由人组成的共同体。社区的社会结构要素是指社区内的各类主体及其之间在社会交往过程中所建立起来的社会关系。社区内的主体包括社区内的居民、社区管理者、社会组织、驻区单位、社区建设和发展的利益相关者、志愿者、物业公司等。社区内各类主体之间的社会关系包括了合作与冲突、管理与被管理、购买与出售、服务与被服务等各种关系。这些社会关系中，有基于市场规则的权利间关系，有基于党政职责体系的权力间关系，有基于治理制度体系的权力与权利间关系。

过渡型社区内不同主体之间所形成的多元的、异质性的社会关系，构成了社区的社会结构。从权利主体间的关系看，纵向上有社会分层的问题，如富裕家庭与低收入家庭对周边生活服务的内容、价格、质量的需求是不一样的，容易产生冲突；横向上群体之间的冲突和对抗关系，如本地居民与外来居民之间也存在着分歧和冲突。从权力主体间的关系来看，基于科层制的制度性规定在实践中往往很难形成基层治理的集体行动。从权力与权利之间的关系看，居民之间信任缺失问题已经成为基层社会治理共建共治共享格局形成的重大阻碍。在此意义上，中共十九届四中全会决定提出要建设基层社会治理共同体，实质上旨在重塑基层社会的结构。而前些年学界大力推介的社会资本概念，也是立足打破纵向阶层固化和横向社会隔阂，重新建构基于信任、网络、互惠性规范的融合性的社区。

概括而言，过渡型社区的社会结构要素主要表现为三个层面：一是过渡型社区内居民社会结构的整体性特征，指向社区居民间横向的社会交往和交往过程中社会资本的存量、增量。所谓的熟人社会、陌生社会大致是这一指向的概括。二是过渡型社区居民纵向的社会分层，包括过渡型社区居民在全体居民中所属的社会阶层和在过渡型社区内部的社会阶层。三是过渡型社区中本地人口和外来人口之间社会关系，相对于城市社区和农村社区，过渡型社区中的这一问题异常凸显，因此有必要单独列出进行研究。

（六）社会文化要素

过渡型社区的文化因素，主要是社区内不同主体之间的文化适应、融合和冲突关系，是居民在社会交往的过程中的心理和行为的感受、体验和判断。伴随城市化的进程，大量农民工的进城，移民文化与本土文化之间的冲突和融合问题，外来移民亚型社会文化问题，原先的乡村风俗习惯、文化传统与城市文化传统之间的衔接和冲突问题，不同代际之间的文化差异问题，都是过渡型社区在社会文化要素维度的具体表征。

由文化差异和冲突、文化认同而来的是居民的心理体验和实践行动。心理层面的感受会影响到行为层面的行动，如拆迁安置社区中的农民对"市民"身份的认知，需要在较长时间内才能建立，社会交往和社区生活还保留着农村的生活习惯，如铲除草坪种植葱蒜。"人的城市化"严重滞后于社区空间的城市化。心理感受还会影响到居民对社区的归属感。普遍现状是，现代城市封闭式小区居民的社区归属感要远弱于农民对农村社区的认同、归属、依赖。群体同质性强的社区，内部的治理结构、居民社会关系也相对比较融洽，居民的社区归属感会相对较高。而群体异质性比较强的，居民的归属感则相对要弱一些。社会心理维度的分歧、冲突，是过渡型社区治理效能无法提升的重要影响因素之一。

（七）治理制度要素

过渡型社区的过渡性，除了社区空间形态层面由乡村向城市过渡之外，社区治理制度的转型过渡也是其主要的特征要素。过渡前，村级党组织领导下的村民自治制度是农村社区治理的基本制度。这一制度以村集体经济为基础,以村民自治大会和村民自治委员会为组织载体。在城中村等处于早期过渡阶段的过渡型社区中,这一治理制度依然在延续,并维护着过渡型社区中的社区秩序。随着村转居社区、拆迁安置社区等集中安置居住的过渡型社区的兴建,新的城市社区居民自治制度逐渐建立,并在解决过渡型社区各类现实问题的过程中得以完善和发展。

当然,由于制度的路径依赖特点,过渡型社区并未完全建立城市社区居民自治制度和基于市场规则的物业管理制度。更多的过渡型社区村居杂糅的治理制度,带有显著的过渡性特征,呈现出显著的"城不城、村不村"的状态。从积极面看,过渡型社区在一定程度上保留了农村社区熟人社会的优势,老支书、老教师等"乡贤"等发挥着重要的治理功能,同时更为规范的社区居委会制度、更具现代化特色的社区治理工具逐渐建立并不断发展。

二 过渡型社区的类型学横向分析

按照过渡型社区的七大基本要素,我们可以总结出过渡型社区的基本类型(见表2-1)。相较于现有研究,笔者对过渡型社区的类型学分析或许显得过于细致和琐碎。需要说明的是,本章划分过渡型社区的类型,目的并非总结出到底有多少种类型的过渡型社区,而是旨在通过类型学的研究,深度分析过渡型社区相较于其他形态的社区的本质性差异,从而明确过渡型社区的内涵和外延,为研究过渡型社区治理过程中的利益政治问题确定清晰的研究对象。

表2-1　　　　基于过渡型社区基本要素的横向类型化分析

基本要素	细分维度	过渡型社区类型
地域区位要素	地域边界	边界清晰社区
		边界模糊社区
	区位分布	近城市边缘社区
		近乡村边缘社区

续表

基本要素	细分维度	过渡型社区类型
社区人口要素	人口规模	人口增长型社区
		人口稳定型社区
		人口减少型社区
	人口结构	陌生社区
		熟人社区
经济基础因素	集体经济	政经分离社区
		政经结合社区
	职业结构	"脱农"社区
		"业农"社区
空间生态因素	空间格局	乡村格局社区
		城市格局社区
	设施资源	资源丰富型社区
		资源缺失型社区
社会结构要素	横向关系	包容型社区
		冲突型社区
	纵向分层	隔离型社区
		贯通型社区
社会文化要素	文化结构	异质性社区
		同质性社区
	认同归属	强认同社区
		弱认同社区
治理制度要素	组织体制	村治社区
		城治社区
		混合治社区

第一，地域区位要素维度，可从地域边界和区位分布两个方面进行分类。首先，按照过渡型社区与外部环境边界的清晰程度可分为边界清晰社区和边界模糊社区。边界清晰社区，指社区与外部环境之间通过围墙、道路等物质条件进行隔离，社区管理主体与外部管理方有明确的行

政区划和清晰的职责关系，常见于封闭式住宅社区。边界模糊社区，指社区与外部环境之间无明显的物理隔离，行政区划、管辖范围、职责关系之间存在交织，多见于城中村社区、城乡接合部社区等。其次，从过渡型社区在城市与乡村区域内的区位分布情况，可以分为近城市边缘社区和近乡村边缘社区两类。近城市边缘社区，一般处于城市与乡村过渡地带靠近城市边缘的社区，或处于城市内边缘地带的社区，多见于城市更新拆迁安置社区、城中村社区、产业园区建设过程中形成的拆迁安置社区。近乡村边缘社区同样处于城市与乡村过渡地带，处于小城镇或经济开发区的外部边缘地带，但更靠近乡村区域，一般为农村拆迁安置社区或农民集中居住区。近城市边缘社区和近乡村边缘社区的区位分布在现实中也存在着交织性和动态性。随着城市的扩张，近乡村边缘社区逐渐变为近城市边缘社区。

第二，社区人口要素维度，主要从人口规模和人口结构两个方面进行分类。首先，从人口规模层面看，过渡型社区可分为人口增长型、稳定型和减少型三类。过渡型社区的人口规模随着社区融入城市生活程度的加深而增长，在社区人口进入饱和状态后趋向稳定。因此，过渡型社区人口规模的增减状态，与其所处的阶段密切相关。例如，随着城市经济的发展，城市边缘地带的城中村、城乡接合部地区的人口会高速增长，但随着城中村的改造和城乡接合部地区的拆迁，人口在短期内外迁；而统一规划的安置小区、农民集中居住区在居民、租户入住之后，人口规模相对稳定。其次，人口结构维度，可以从户籍、年龄等人口学基本要素进行分析。从户籍情况看，过渡型社区中居住着大量的外来人口，部分社区外来人口甚至远多于本地户籍人口。如至 2020 年年底，S 市 G 区 F 街道七个拆迁安置社区户籍人口 7.6 万人，流动人口 14.6 万人[①]。与城市拆迁安置社区不同，位于农村或城乡边缘地带的农民集中居住区的本地户籍人口所占比例较高。从年龄结构看，在拆迁安置的早期，过渡型社区中的老中青少人口与原先农村社区相差不大。随着时间推移，部分中青年居民迁出购买基础设施、公共服务更优质的商业住宅小区，过渡

---

① 数据来源：F 街道政务服务网，http://hqfq.jszwfw.gov.cn/，查询时间：2021 年 7 月 23 日。

型社区的人口逐渐由老年人和外来中青年为主。从社区居民间的熟悉程度看，部分过渡型社区人口流动性大、外来人口多、人口异质性高、居民相互不熟悉，可称为"陌生社区"。另一部分本地户籍人口多、人口规模适中、建成时间较长的社区，居民之间的熟悉程度较高，可称之为熟人社区。社会学的众多研究成果已经说明，居民之间越熟悉，社区的社会资本越发达，居民群体间的利益更容易整合，有助于社区治理共同体的形成。

第三，经济基础要素维度，主要从集体经济的存续状态和居民的职业结构进行分类。集体经济是过渡型社区建成前或过渡前期，原先农村社区的基本要素之一。村集体经济组织与农村社区治理制度之间紧密相连，因此，集体经济是否转制直接关系到过渡型社区治理过程中的利益关系和权力、权利秩序。集体经济组织脱离了村、居独立运营、自主发展的社区，可称为政经分离型过渡型社区；集体经济组织未实行独立化经营的社区即为政经结合型过渡型社区，如蓝宇蕴调研的"珠江村"，李培林调研的"羊城村"。从居民的职业结构看，如居民仍以农业为主要收入来源，即为"业农"社区；如居民已不再从事农业生产，则称之为"脱农"社区。居民收入的来源，是居民利益关系的核心内容，在一定意义上决定了过渡型社区治理的目标、内容和方式。

第四，空间生态要素维度，大致可从空间格局和公共设施配置两方面来分析。首先，在空间格局层面可以将现有过渡型社区分为乡村格局社区和城市格局社区。乡村格局社区一般是在未经统一建设规划、以院落社区为主要空间特征的城中村或城乡接合部社区的基础上扩建形成的。按照乡村院落空间格局规划建设的集中居住区也属于乡村格局社区。其次，在基础设施资源方面，可以分为公共设施资源丰富型社区和公共设施资源缺失型社区。在空间政治意义上，社区居住物理空间折射并影响着社区居民间经济利益关系、社会关系。资源丰富型社区，一般邻近城市区域，居民的空间权益可以得到较好保证；资源缺失型社区多为新建安置社区、待拆城中村社区等，公共设施缺失已经成为社区治理面临的突出矛盾。

第五，社会结构要素维度，可以从居民横向的社会关系和纵向社会阶层两方面进行分析。横向层面，如居民之间权利平等、机会均等、利益共享的过渡型社区则是包容型社区；如居民之间由于户籍、职业、资源等各方面的限制而在权利、机会、利益等方面呈现出不平等、不均衡的现象，笔者称之为冲突型社区。纵向层面，大致可按照社区居民从事职业、收入水平、社会影响力等各种因素进行社会阶层分析，如居民阶层间能够实现纵向上升则为贯通型过渡社区，如阶层之间是固化而割裂的，则为隔离型社区。

第六，社会文化要素维度，按照居民所属的文化结构可以分为异质性社区和同质性社区，从心理归属感方面可以分为强认同社区和弱认同社区。同质性社区中居民的文化心理基本一致，相互之间的交往文化、风俗习惯等较为统一，这有助于化解社区生活中的利益分歧，一般常见于以户籍人口为主的安置社区、集中居住区或以某一地区外来人口为主的移民社区，如"浙江村"等。这类社区中，居民对社区的归属感、认同感也比较高。而文化归属不同的社区，居民心理归属感也会较难产生，因此就形成了异质性的弱认同社区。

第七，治理制度要素维度，分类依据是过渡型社区实际采用的社区治理体制。由村党委/党支部—村民委员会为治理组织的社区即为村治社区，以社区党委/党支部—居民委员会为治理体制的社区即为城治社区。在现实中，经常会出现村委会、居委会"一套人马、两块牌子"的情况，属于村治和城治的混合治理阶段。社区治理组织制度的类型差异，反映的是基层社区过渡阶段利益格局的变化和政治关系的变迁。处于过渡阶段的利益主体、权力主体、权利主体所扮演的角色以及相互之间的关系也在动态调整中，在改革的过程中不断向城市社区治理体制发展。

三 过渡型社区的类型学纵向分析

提出"过渡型社区"概念的早期研究者们的普遍共识是，过渡型社区的"过渡性"，是指过渡型社区"或脱胎于城中村，或脱胎于传统村落，但其未来都是走向普通城市社区"[①]。尽管"普通城市社区"并不意

---

① 张晨：《城市化进程中的"过渡型社区"：空间生成、社会整合与治理转型》，广东人民出版社2014年版，第32页。

味着治理体制、机制、行为都能处于高效能的状态，但研究者基于现实的城乡二元格局对过渡型社区由农村向城市过渡的判断依然是值得肯定的。相对于20年前早期研究者们观察到的过渡型社区，当下从时间脉络来分析过渡型社区阶段性特征有着更为有利的条件。在中国城镇化进程中，拆迁安置社区、城中村、移民社区、城乡接合部社区等过渡型社区已经历了早期改制、重建阶段，相关的治理体制、机制、对象、问题在社区治理过程中得以不断完善。如早期研究者所关注的"浙江村""羊城村"早已拆迁改造，莲花新村等拆迁安置小区也日益趋同于城市住宅小区。过渡型社区由村向城的完整过渡，为从时间维度的纵向类型化研究提供了现实性依据。

按照时间脉络，我们可以将过渡型社区的过渡阶段分为过渡前阶段、前过渡阶段、过渡中阶段、后过渡阶段、过渡后阶段五个阶段。在这五个阶段，过渡型社区的具体形态、基本要素、治理制度和治理面临的问题有较为明显的差异（见表2-2）。

过渡前阶段，是过渡型社区改制之前的阶段，社区具体形态大多呈现为处于城市外部边缘的农村社区。一方面是"规划的变迁"。随着城市规模的扩大，城乡边缘区域被纳入到城市规划建设版图中，原先的农村社区被征地拆迁，失去住宅的农民被安置到按照城市社区空间格局建设的楼房型小区中，并逐渐脱离农业生产。另一方面是"脱农式变迁"。城市经济扩展发展过程中，农民的主动"脱农""去农"，开始从事"非农"产业。如李培林先生所言，城中村的变迁过程就是"村落非农化、工业化、去工业化到城市化和村落终结的变迁逻辑"[①]。

在城市化、工业化建设过程中，传统乡村的空间格局和社会格局均被打破。空间格局方面，在各类招商引资、开发区建设过程中，农村的宅基地、耕地等被征用，农民被集中安置到新的农民集中居住区或城市外边缘的拆迁安置社区；部分农民则在外来流动人口租房需求的激励下，不断扩建、加盖住宅，形成了"握手楼""一线天"式的城中村空间格局。社会格局维度，本地人和外地人的身份差别开始出现，本地人因房

---

① 李培林：《村落的终结——羊城村的故事》，商务印书馆2004年版，第415页。

租经济、职业结构、权力大小等因素而逐渐出现纵向的阶层差别,居民之间的陌生感开始出现。而在社区的管理组织制度方面,村党支部领导下的村民自治制度逐步向城市社区党组织领导下的社区基层自治制度转型。

表2-2　基于时间脉络的过渡型社区纵向类型化分析

阶段		过渡前阶段	前过渡阶段	过渡中阶段	后过渡阶段	过渡后阶段
社区基本要素	地域区位	处于城乡边缘地带或农村地区。社区内外边界模糊	处于城乡边缘地带。部分拆迁安置社区边界清晰,部分社区边界模糊	处于城乡边缘地带。拆迁安置社区建制,社区行政区划和职责边界清晰化	逐步成为城市内边缘甚至中心区。社区行政区划和职责边界相对清晰	融入城市空间,社区行政区划和职责完全按城市社区进行管理
	社区人口	外来人口涌入,人口规模开始增加,但仍是本地人口居多的熟人社区	人口规模快速增长并趋向饱和,外来人口增加,形成陌生人社区	人口规模趋向稳定,外来人口常多于本地人口,居民流动性强	人口规模趋向稳定,部分外来人口获得户籍,但居民流动性依然较强	人口规模趋向稳定,部分中青年流出,同时新移民迁入,并形成常态
	经济基础	村集体经济,居民以农为主,兼有其他副业、经商、务工收入	集体经济探索转制,居民以非农职业为主,房租成为居民重要收入来源	集体经济与社区组织脱离,居民主要从事非农职业	集体经济与社区组织脱离,居民主要从事非农职业	动迁农民依然参与集体经济分红,居民以非农职业为生,全部脱农

续表

阶段	过渡前阶段	前过渡阶段	过渡中阶段	后过渡阶段	过渡后阶段
空间生态	宅院式乡村空间住宅格局。社区内外基本公共设施配置不足	农村住宅不断扩建、加建；类城市社区空间布局的安置小区大量建成	宅院式住宅完成拆迁，安置小区建成，基础设施逐渐完善	与城市老旧社区相差不大，基本设施进一步完善，同时出现新问题	社区配套设施日趋完善，同时出现城市老旧小区的新问题
社会结构	居民阶层差距不明显，横向交往较为密切，随着外来人口流入而"陌生化"	受拆迁补偿、再就业等因素影响，阶层出现分化；居民间交往逐渐隔离	阶层分化较为显著，横向交往较少，社会资本缺失	阶层分化较为显著，横向交往逐渐增加，群体性的交往较多	阶层分化较为显著，部分中小规模社区居民交往密切
社会文化	文化根源基本相同，居民社区归属感强，但文化异质性问题开始显现	文化异质性冲突出现，社区归属感降低	文化异质性冲突出现，基于相同文化的群体形成。居民社区归属感不高	群体间文化逐渐融合，居民的社区认同感、归属感增强	形成新的社区文化，社区居民的认同感、归属感都得到加强
治理制度	村党组织领导下村民委员会自治制度	村治、城治、混合治均有	街居制为代表的城市社区自治制度基本建立	城市基层党组织领导的社区居民自治制度	城市基层党组织领导的社区居民自治制度
典型社区形态	城郊传统农村社区	城中村、初建安置社区、农民集中居住区等	拆迁安置小区（村改居社区）等	建成时间较长的拆迁安置小区、村改居社区等	完全转制安置社区、村改居社区、集中居住区

空间格局天翻地覆的变化，社会格局的消解与重构，治理组织制度的艰难转型是过渡型社区前过渡阶段面临的普遍问题，并外显为居民生存、发展的利益矛盾纠纷现象。过渡型社区的过渡性通过空间重建、社会重构、制度转型等方式，空间、社会、制度由消解到失衡失调再到秩序重建的过程。随着城乡基层党组织、政府、社会和公众在这三方面的探索，处于过渡中期阶段的过渡型社区日趋秩序化，原先的拆迁补偿、群体冲突、生存危机、就业问题等各类拆迁安置社区的典型问题逐渐被解决，而城市社区中所常见的物业问题、停车问题、设施老化、社区服务不到位等问题更多地出现。这也表明过渡型社区已经进入了新的社区建设循环期，而这一时期将以城市社区的形态出现。

第三节 过渡型社区的基本内涵

中国的城镇化进程是以数十年的时间完成西方国家数百年的城市化进程。因此，在具体类型上，过渡型社区既表现为有着不同的空间形态、区域位置的社区类型差异性，又表现为社区人口结构、社会资本等社会结构层面的异质性。这无疑增加了过渡型社区类型学分析的难度。正是基于这样的原因，在研究过渡型社区治理中的利益政治问题前，首要任务是明确过渡型社区的概念内涵和基本特征。

一 类型学视角下的社区概念

从社区的概念诞生之日起，有关社区地域性和社会性的区分便已产生，并促成了最初的社区类型化区分。

（一）作为社会基础单元的"社区"

社区是社会最基础的单元，是基层治理、社会治理的末梢环节。社区的概念源于滕尼斯1887年发表的《社区与社会》（又译作《共同体与社会》，英语版为 *Community and Society*）。滕尼斯的著作旨在说明社会变迁过程中的社区（共同体）与社会的差异，首次系统地描述了社区的基本特点。"人们对本社区的强烈认同感、情感主义、传统主义和对社区内其他成员的全面的概念。"[1] 作为首位提出"社区"概念的社会学家，滕尼斯对社区概念界定的影响较大，伴随美国社会学家罗密斯对《社区与社会》的译介，从人文性、社会性的角度理解社区的思路被广泛传播于英语为主体语言的欧美社会学界。在滕尼斯的基础上，西方社会学界形成了关注基础社会单元中的社会关系、社会结构等问题的研究传统。此后逐渐形成了以帕克、伯吉斯等为代表的"人文区位理论"，以齐美尔为代表的"社会失落论"，以刘易斯为代表的"社区存续论"，以费尔曼为代表的"社区解放论"等理论。

中国学者对社区问题的关注，始于民国时期以吴文藻、费孝通、林耀华等人开创的"社区研究"。吴文藻受到燕京大学社会学系创始人约翰·伯吉斯和芝加哥学派的罗伯特·帕克等人的影响较大。伯吉斯在燕京大学社会学系课程中开设了社区组织和社会调查两门课程，帕克以"社会—文明"划分城市社会，这都影响到吴文藻习惯从文化层面来思考基层社区的发展问题。吴文藻认为社区指对一地人民的实际生活而言，至少要包括人民、人民所居的地域和人民生活的方式或文化三方面的要素。[2]吴文藻又深深影响了后来社会学研究的燕京学派。如费孝通1933年在翻译帕克的论文集时首次将community译为"社区"。

从滕尼斯到后来社区研究的多个学派，以及中国学者对社区问题的研究发展看，社区的意义已经不再局限于滕尼斯社会关系层面的共同体观念。地域性开始成为社区概念的必备要件。从帕克开始，到伯吉斯的同心圆理论、霍伊特的扇形理论和厄尔曼的多核心理论，都强调从社会关系和地域空间的互动关系来研究城市社区和社会发展。韦尔曼也批评，将个人网络当作社区的观念，"忽略了人们在其居住与社会空间中必须面对的生态学设置"[3]。费孝通也认为，"一个亲密的团体，日常的合作、会

---

[1] ［德］斐迪南·滕尼斯：《共同体与社会——纯粹社会学的基本概念》，林荣远译，商务印书馆1999年版，第20页。

[2] 吴文藻：《中国社区研究计划的商榷》，《社会学刊》1936年第2期，载吴文藻《论社会学中国化》，商务印书馆2010年版，第462—478页。

[3] Barry Wellman and S. D. Berkowitz. , *Social Structure: A Network Approach*, Cambridge: Cambridge University Press, 1988, p. 22.

面、生活的配合还是受地域限制的"。① 1968 年，伯纳德和桑德斯在《国际社会科学百科全书》中总结出三类社区的定义：社区是居住于特定地区范围内的人口；社区是以地域为界并具有整合功能的社会系统；社区是具有地方性的自治自决的行动单位。② 邓伟志主编的《社会学辞典》认为，"社区是指在一定地域内按照一定的社会制度和社会关系组织起来的，具有共同人口特征的地域生活共同体"③。

因此，尽管政治学、社会学学者对社区的内涵有一定的分歧，但整体上仍然可以总结为两大类：一是结构—功能主义的，强调社区是有着共同目标和关联利益关系的人组成的社会共同体；二是地域主义的，认为社区是一个地区内共同生活的有组织的人群。社会学和生态学的双重维度的理解，奠定了社区概念类型化的基础。地域空间性的社区概念和社会结构性的社区概念构成了中国学者对社区最基本的类型化理解。中国官方也基本采纳类似的社区内涵。在 2000 年的中办、国办印发的《民政部关于在全国推进城市社区建设的意见》中，如社区被界定为"聚集在一定地域范围内的人们所组成的社会生活共同体"。

根据社区的内涵、要素、功能以及社区内的社会关系、地理范围、居民生活方式等各类分类标准，社区的类型被研究者按照不同的指标进行了区分。例如，滕尼斯根据社区内社会关系特征，认为社区可分为地域社区、精神社区（主要指宗教团体）、血缘社区（家族等）。④ 桑德斯进一步剖析社区概念：地域维度将社区视为一个居住的地方；生态学角度将社区视为一个空间单位；人类学维度将社区视为一种生活方式；社会学维度将社区视为一种社会互动。桑德斯对社区定义的总结实际上已经区分了社区的四种类型。⑤ 郑杭生先生从横向和纵向两个维度对社区类型进行了区分。从横向方面，根据社区空间的特征区分了法定的社区、自然的社区和专能的社区等；从纵向方面，根据社区的生产力发展水平

---

① 费孝通：《乡土中国：生育制度》，北京大学出版社 2005 年版，第 171 页。
② 夏建中：《现代西方城市社区研究的主要理论与方法》，《燕山大学学报》（哲学社会科学版）2000 年第 2 期。
③ 邓伟志主编：《社会学辞典》，上海辞书出版社 2009 年版，第 19 页。
④ 张国芳：《滕尼斯"共同体/社会"分类的类型学意义》，《学术月刊》2019 年第 2 期。
⑤ [美] 桑德斯：《社区论》，徐震译，黎明文化事业公司 1982 年版。

区分了传统社区、发展中社区和现代社区三种类型。

从上述社区的地域空间性和社会性，可以将社区分为一群人集中居住的地域空间和一群人共同组成的共同体两种类型。从地域空间维度，在城市化的发展过程中，人类集中聚居的地区均发生了翻天覆地的变化，乡村与城市在地域空间和社会结构方面已经日趋分野，形成了农村社区、集镇社区、城市社区三大类型。而从社区具体功能的维度看，社区可分为经济型社区、文化型社区、旅游型社区等等。

中国的城市化建设是快速的、增长的，也是复杂的、多元的。如李培林将城中村分为三种类型：处于繁华市区、已经完全没有农用地的村落；处于市区周边还有少量农用地的村落；处于远郊还有较多农用地的村落。[①] 进一步分析处于乡村和社区之间的第三种社区形态——亦即本书所言的过渡型社区，从经验实践的层面看，有"浙江村"等移民村、超级村庄、边缘社区、拆迁安置社区、农民集中居住区等多种具体的社区形态；从理论建构层面看，城中村、拆迁安置社区、边缘社区、农民集中居住区等概念既有自身特有的内涵，同时共享着从农村社区向城市社区过渡的共性特征。相关的分类，如宋辉将这类社区分为传统型城市边缘社区（超级村庄、城乡接合部、城中村等），主动型城市边缘社区（"浙江村"等以进城务工人员为主体的外来人员聚居的社区），被动型城市边缘社区（政府干预和推动下的拆迁安置社区）。[②]

二 过渡型社区的内涵特质

现有研究者认为，过渡型社区是城中村改造后形成的介于城市社区与农村社区之间的，既不同于城中村也不同于城市社区的兼具城乡双重特性的新型社区形态。[③] 也有研究者认为，过渡型社区指城镇化进程中农民拆迁安置社区，这类社区在空间形态、居民身份、社会关系、治理主

---

① 李培林：《巨变：村落的终结——都市里的村庄研究》，《中国社会科学》2002年第1期。

② 宋辉：《城市边缘社区组织建设研究》，人民出版社2018年版，第25—26页。

③ 周晨虹：《城乡一体化进程中的"过渡型社区"研究》，《济南大学学报》（社会科学版）2011年第1期。

体和治理体制等社区要素上呈现过渡性。① 这些概括存着以下问题：一是，过渡型社区与"城中村""边缘社区""拆迁安置社区""城乡接合部社区"等具体社区形态之间有关系，但显然过渡型社区的所呈现的具体社区形态并非其中某一种或某几种社区。二是，过渡型社区的过渡目标是"成熟的城市社区"，这里不仅牵涉农村社区与城市社区优劣的价值判断问题，还涉及城市社区的成熟标准是什么的问题。

所谓过渡型社区，是随着城镇化的建设和城市经济的发展，位于城市和农村边缘地带的传统社区，通过自主改造或地方规划改造农村社区空间格局，推动经济关系、社会结构、文化心理、治理制度等全方位的消解、转型、重构，处于农村社区治理失调向城市社区治理秩序化的过渡过程中的社区形态。

有研究者认为，过渡型社区存在着社区生成行政化、社区景观城市化、社区居民非农化、社区人员构成复杂化、社区文化异质化、社区治安环境恶化七大特点。这一概括广被引用。在笔者看来，这七大特征主要是过渡型社区的过渡前期（包括过渡前阶段）所呈现出的特征。从更完整的过渡周期看，对过渡型社区内涵的把握，应注意以下几点问题：

第一，过渡型社区形成的背景是中国快速城市化建设和城市经济的发展。随着城市经济的发展，城市的范围不断外扩并占用农村社区的耕地、宅基地等土地资源。靠近城市边缘的传统社区逐渐被纳入到城市经济版图之中，成为城市中的形态特殊的基层社区。

第二，过渡型社区建设的主导者包括地方政府和社区居民。吴莹将"村改居"社区分为城市扩张型、新城开发型、产业升级型和土地流转型四类，依据是"村改居"社区建设的城市化开发和土地整理背景。② 张晨则认为过渡型社区就是地方政府主导的"规划的变迁"。两者总结的其实都是拆迁安置社区的生成原因。但应注意的是，因城市经济发展和农村土地流转，邻近城市边缘的农村社区居民也会自发地扩建、加盖自家住

---

① 张晨：《城市化进程中的"过渡型社区"：空间生成、结构属性与演进前景》，《苏州大学学报》（哲学社会科学版）2011年第6期。

② 吴莹：《上楼之后：村改居社区的组织再造与秩序重建》，社会科学文献出版社2018年版，第42—43页。

宅，以供日益增多的外来移民居住并获得租金。这类社区的生成主要是基于市场的调节而非政府行政主导的规划。

第三，过渡型社区的过渡性表现在经济、社会、文化、生态、治理制度全方面，是城镇化进程中基层社区物理结构和社会格局全面消解和重建的过程。过渡阶段会伴随政治、经济、社会、文化、生态利益关系的失调和秩序重构，是基层社区利益关系由无序过渡到有序的过程。

第四，过渡型社区是基层社区利益关系由失衡向有序的过渡，也是社区经济基础、社会关系、文化心理、空间生态、治理制度等要素维度由农村社区向城市成熟社区过渡的过程。换言之，农村社区是过渡型社区过渡前的形态，过渡型社区的过渡目标是成为治理关系协调、治理效能彰显的城市成熟社区。

总而言之，过渡型社区形成于城镇化建设的背景，形成动力是地方权力的主导或社区居民的自主发展，在经济、社会、文化、生态、治理制度等方面均呈现出秩序消解、治理失调、秩序重构的过渡性特征，过渡型社区治理的目标就是推动社区利益关系有失调转向协调，政治关系由混乱转向秩序，治理效能由失效转向有效，成为成熟的、秩序的、充满活力的城市社区。

本章小结

类型学有助于研究者更精准地把握研究对象在历时性与共时性、规范性与经验性等不同层面的内在特征，有助于政治问题和政治现象的具象化和内涵建构，是政治学研究者普遍采用的分析范式。政治学研究的类型学思路大致遵循明确具体对象—确定标准—确定类型—总结规律—建构概念的研究思路。

过渡型社区在具体形态上呈现出复杂性。重建具有普遍共识的过渡型社区概念是本书研究的首要任务。过渡型社区内涵的确定需要在社区具体形态的类型化分析基础上，总结其内在的基本特征。从横向上看，过渡型社区的具体形态在七大基本要素维度上呈现出不同的特征，但整体上均表现出由农转城的过渡性特征；从纵向上看，处于不同阶段的过渡型社区在七大基本要素维度上也呈现出不同的变化和阶段性的特点。

通过与城市社区、农村社区的比较研究和过渡型社区具体社区形态的类型学分析，过渡型社区的概念也基本确定：过渡型社区是随着城镇化建设和城市经济的发展，位于城市和农村边缘地带的传统社区，通过自主改造或地方规划推动农村社区空间格局的改变，同时伴随经济关系、社会结构、文化心理、治理制度等方面的消解、转型、重构，处于农村社区治理秩序消解向城市社区治理秩序构建的过渡过程中的社区形态。

第 三 章

过渡型社区治理的效能困境

中国传统基层社会是依靠宗法制度和半行政组织的简约治理模式。在现代化建设的过程中，中国社会的利益主体多元分化，人们社会交往范围不断扩大且处于流动状态，社会组织结构呈现复杂多变的特征。为了应对现代社会的非线性、高风险性、多不确定性所带来的风险，国家权力不断深入到基层社会单元中决定了基层社会组织的"复杂治理"模式。

过渡型社区的复杂治理，包括了多种治理要素："一核多元""三治合一""七维一体"等治理体制，"横向到边、纵向到底"的治理制度，"大数据+网格化+铁脚板""街巷吹哨、部门报到""网格化管理、组团式服务"等治理机制。这些治理的体制、制度、机制，内在的逻辑是，"借助各种繁杂的正式制度和庞杂的科层组织体系，依靠各种复杂组织网络、制度体系和工作流程提供公共产品和公共服务的一种基层社会治理模式"[1]。客观而言，复杂治理模式对推动基层矛盾化解，推动和支持国家权力向基层治理单元的深入，不断提高过渡型社区的公共治理和公共服务有一定的作用。但是，在"行政发包"的体制下，上级政府的考核问责造成基层组织治理工作的疲态化、形式化，复杂治理模式中纵向贯彻难和横向协同难的问题普遍存在，重复建设、重复投资、社会发展内在动力不足等问题也干扰着治理的实际效果。因此，过渡型社区复杂治理模式的制度优势未能充分地转化为治理效能。在复杂的社会利益格局

---

[1] 唐皇凤、王豪：《可控的韧性治理：新时代基层治理现代化的模式选择》，《探索与争鸣》2019年第12期。

下,过渡型社区治理在更充分均衡地实现社区居民多元利益方面仍有很长的路要走。

第一节 过渡型社区治理效能的提出

过渡型社区治理效能的提出,是两方面因素共同作用的结果:一是执政党治国理政思想中提出了制度优势转向治理效能的明确要求;二是过渡型社区治理实践中客观存在的效能不彰问题,引发了社区治理主体和研究人员对治理效能的关注。

一 将"制度优势"转化为"治理效能"

党的十九届四中全会《决定》明确了13个方面的中国特色社会主义制度优势,提出"把我国制度优势更好转化为国家治理效能",这也是中国共产党十八届三中全会提出国家治理能力现代化之后对制度执行效果的又一次强调。

从治国理政的实践看,中国特色社会主义制度的优势包括坚持党的领导、保证人民当家作主、坚持全面依法治国、实行民主集中制四个方面。主要资源国家所有和多种所有制下不同经济主体市场化竞争的经济制度、中国共产党全面领导的制度体系、单一制的中央集权的行政体制,这三项制度的综合效应,为"中国之治"的优势提供了保障。[1]从理论层面看,制度优势的核心是制度内在蕴含着创造性转化的空间和可能。虞崇胜将之概括为"制度秉性"[2],包括静态的制度优势和制度在动态过程中不断与时俱进的动态发展品质。

"治理效能,是治理主体围绕实现治理目标所展现出来的治理能力及所取得的治理效率与效益的综合反映。"[3] 制度的生命在于执行,制度在执行的过程中所呈现出来的结果就是制度效能,也就是制度的绩效,即

---

[1] 燕继荣:《制度、政策与效能:国家治理探源——兼论中国制度优势及效能转化》,《政治学研究》2020年第2期。

[2] 虞崇胜:《提升中国特色社会主义制度秉赋:超越制度优势的国家治理现代化目标》,《探索》2020年第2期。

[3] 何祖坤:《论国家制度优势与国家治理效能》,《云南社会科学》2020年第1期。

制度履行其功能、实现设计初衷和制度目标的能力①。在此意义上，制度的效能和治理的效能是从治理依据和治理行为两个维度对治理结果的概括。

制度优势与治理效能之间是一种辩证的关系，制度优势是前提，治理效能是制度实现的结果。因此，两者从不同角度表现出社会组织结构及其所具有的系统功能之间的关系，组织结构的制度性优化和治理机制的功能性优化相结合便能呈现出相应的制度优势。② 治理效能则确定了国家治理体系和治理能力现代化的衡量标准，明确了推进国家治理现代化的关键在于坚持和完善中国特色社会主义制度。③

但制度优势并不能直接转化为治理效能。尽管中国特色社会主义国家制度和法律制度被证明是一套行得通、真管用、有效率的制度体系，是科学的、先进的、是符合国情的、有效管用的、得到人民拥护的具有强大生命力和巨大优越性的制度体系。④ 但相较于制度优势而言，一些领域、地方、部门和单位的治理效能并未实现，具体治理工作和制度优势脱节的情况仍然客观存在。⑤ 在经济社会高速发展转向高质量发展的重要阶段，制度优势在向治理效能转化的过程中出现了明显的短板和弱项——制度体系不完整、结构不合理、操作性缺失，制度规范建设和执行严重滞后于经济社会发展的需求，制度在执行中失灵和失效。

二 过渡型社区的治理能力

治理能力是治理体系和治理效能的中介环节。在治理体系中，治理主体发挥治理的能力，并在协同互动过程中推动社区治理目标的实现，从而产生一定的治理绩效。因此，治理能力反映出治理体系中治理主体治理行为的执行能力，也影响到了治理的效能。

---

① 张明军、易承志：《制度绩效：提升中国特色社会主义制度自信的核心要素》，《当代世界与社会主义》2013 年第 6 期。

② 欧阳康、杨国斌：《将制度优势更好地转化为治理效能——访华中科技大学国家治理研究院院长欧阳康教授》，《马克思主义理论学科研究》2020 年第 1 期。

③ 何祖坤：《论国家制度优势与国家治理效能》，《云南社会科学》2020 年第 1 期。

④ 习近平：《坚持、完善和发展中国特色社会主义国家制度和法律制度》，《奋斗》2019 年第 23 期。

⑤ 李景治：《积极促进我国制度优势转化为治理效能》，《理论与改革》2020 年第 1 期。

对社区能力的研究大致呈现出两种指向：一种是资源导向，将社区治理能力视作组织和个体所具有的资源、技术和关系网络等能力；另一种是从过程视角出发，将社区治理能力视作为解决社区治理过程中实际问题时所采取的集体行动的能力。[1] 如有研究者认为，社区治理能力并非某一主体的能力，也不是多个主体能力的简单叠加，而是多个主体在社区治理过程中，协同互动所形成的整体合力。[2] 还有研究者直接指出了治理能力的具体维度和治理的目标——"社区治理能力是指政府、企业、非营利组织、公众等在社区治理互动过程中，改变治理结构、解决社区问题、提升资源利用，进而实现公共利益的总能力"[3]。

拉维瑞克结合两种指向尝试建立了社区治理能力的指标体系。他将社区治理能力分解为具体的九个维度：利益相关者参与社区的能力、评估问题的能力、培育社区领袖的能力、建立或改进组织结构的能力、调动资源的能力、与其他组织和居民建立关系的能力、批判性自省能力、项目战略管理能力以及联结外部机构的能力。[4] 有研究者据此分析了深圳的城市能力情况，研究发现中国城市社区存在着社区参与疲劳、权力控制及组织协调性差等问题。[5] 拉维瑞克建立的社区能力指标更倾向于测量社区内的社会排斥等社会能力情况，与社区治理能力有一定的差别。国内也有学者结合治理的结构和过程双重维度，从主体能力维度、社会资本维度、领导能力维度、公正感维度、治理绩效维度五个方面来建立社区治理能力测评体系。[6]

社区治理能力可以看作是在社区治理过程中治理主体所展现出来的

---

[1] 徐延辉、兰林火：《社区能力、社区效能感与城市居民的幸福感——社区社会工作介入的可能路径研究》，《吉林大学社会科学学报》2014年第6期。

[2] 马建珍、陈华等：《社区治理能力现代化指标体系研究——基于南京的调查》，《中共南京市委党校学报》2016年第6期。

[3] 孙锋、王峰：《城市社区治理能力：分析框架与产生过程》，《中国行政管理》2019年第2期。

[4] Labonte R. and Laverack G., *Capacity Building in Health Promotion*, Critical Public Health, 2001, Vol. 11, No. 2, pp. 111–127.

[5] 黄云凌、武艳华、徐延辉：《社区能力及其测量——以深圳市为例》，《城市问题》2013年第3期。

[6] 陈诚：《社区治理能力评估指标体系研究》，经济日报出版社2017年版，第73—110页。

一种综合力量。在过渡型社区治理的题域中，我们可以将过渡型社区治理能力理解为：在过渡型社区治理过程中，基层党组织的领导下，基层政府、社区自治组织、社会组织、社区居民和志愿者等主体，在共同开展社区公共治理，提供公共服务的过程中所表现出来的整体合力。

这一定义包含了主体、过程、结构三个维度的内涵：一是过渡型社区治理能力是各个治理主体的能力的综合，包括过渡型社区治理过程中基层党组织的领导能力、基层政府的主导能力、社区自治组织的自治能力、社会组织的社会服务能力、社区居民和其他社会主体的参与共治能力。二是过渡型社区治理能力是在社区治理过程的各类要素所展现出来的全过程的系统性能力，包括过渡型社区治理体系的制度供给能力、治理过程的集体行动能力、治理评价的绩效管理能力等；三是过渡型社区治理能力是治理主体间协同治理机制所呈现的协同化的整体性能力，包括过渡型社区利益相关者的治理能力，治理主体间的协同治理能力等。

三　过渡型社区的治理效能

治理效能包含治理绩效和治理能力两个方面。中国语境的治理并非西方基于多中心主义的治理，而是基于国家职能的政治统治和政治管理的有机组成，是政治统治之"治"和政治管理之"理"的有机结合。[①]对绩效内涵的普遍共识是"4E"，即经济性（Economy）、效率性（Efficiency）、效果性（Effectiveness）和公平性（Equity）。治理能力则如上所言，表现为治理过程中治理主体在治理协同互动过程中所展现出来的综合力。因此，治理效能可以界定为治理主体实施绩效管理和能力建设所实现的效果，具体表现为三个维度、十个方面的效果：权力制约（制度建设、政务公开、行政审批改革、规范行政行为）、能力建设（转变工作作风、加强行政队伍建设、信息技术支持、组织建设）和激励问责（绩效评估和民主监督）。[②]

[①] 王浦劬：《国家治理、政府治理和社会治理的基本含义及其相互关系辨析》，《社会学评论》2014年第3期。

[②] 吴建南、马亮、杨宇谦：《比较视角下的效能建设：绩效改进、创新与服务型政府》，《中国行政管理》2011年第3期。

过渡型社区的治理效能包括过渡型社区的治理绩效和过渡型社区治理主体的治理能力两个方面。过渡型社区的治理绩效是社区治理体系现代化目标的实现程度，表现为过渡型社区内的社会秩序、人际关系、居民福祉等公共利益实现的总体效果，涵盖过渡型社区治理过程中的法治化水平、居民参与度、邻里关系、社交程度、居民信任感、公平感、幸福感、安全感、公共服务满意度等具体内容。[1] 过渡型社区治理的能力，是治理主体履行职责、协同行动、促进社区居民利益满足、提升居民"民生三感"（获得感、幸福感、安全感）的综合能力。

由此，我们可以将过渡型社区治理效能界定为：在过渡型社区中的多元治理主体在基层党组织的领导下，建立社区治理制度、机制以形成具有稳定性的协同治理格局，社区经济民生、社区民主治理、社区文化建设、民生需求满足和社区生态空间等方面所呈现出来治理结果和治理目标实现程度。

从过渡型社区治理效能的概念出发，我们可以总结出其内涵的基本要素：一是效能实现的主体是社区治理主体，包括负有领导责任的基层党组织，承担治理主导和社会整合职责的基层政府，参与社区治理的社会组织和居民、公众；二是社区治理的过程是多主体基于自身角色功能所构建出来的治理制度、机制和协同治理行动的整体效果；三是过渡型社区治理的治理效能不仅表现为制度执行对经济发展、技术创新、国家竞争力提升、人民权益保障、社会福利普及、依法治国、社会信任促进的积极作用，还表现为制度的适应性、复杂性、自主性和内聚力，更重要是对"公害事务"的防范、纠偏，对公共危机的有效处置。[2] 概而言之，过渡型社区的治理效能集中表现为居民获得公共利益的数量和质量，以及对风险的防范和规避效能。

过渡型社区的治理效能具有复合性、积极性和动态性的特征。首先，过渡型社区的治理效能是涵盖治理的效率、效果、公平、经济等多方面的，是过渡型社区治理过程中的经济、政治、文化、社会、生态利益实

---

[1] 陈光普：《社区治理绩效：评估指标体系与实证分析》，《宁夏社会科学》2020年第1期。

[2] 燕继荣：《现代国家治理与制度建设》，《中国行政管理》2014年第5期。

现程度的结果。其次，过渡型社区的治理效能指向的是积极的结果，既表现为对社区利益的整体促进，也表现为应对风险过程中对社区利益的维护。最后，过渡型社区的治理效能反映的是动态的治理行动。治理制度、机制的开放性、创新性为治理过程中的主体互动建立了基础，同时治理主体也在治理行动中不断互动并调整自身的行动策略。

四 过渡型社区治理效能的影响因素

党的十九大充分吸收了党的十六大以来关于社会建设、社会治理的思想精华，提出了"党委领导、政府负责、民主协商、社会协同、公众参与、法治保障、科技支撑"的"七维一体"社会治理体系。党的十九届四中全会提出健全党组织领导的自治、法治、德治合一的城乡基层治理体制，健全社区管理和服务机制，推动社会治理和服务重心向基层下移，把更多资源下沉到基层，更好地提供精准化、精细化服务，构建基层社会治理共同体。2016年中共中央、国务院出台的《关于加强和完善城乡社区治理的意见》，对至2020年之前的城乡社区治理的社区治理体系完善、社区治理水平提升、社区治理短板补齐、社区治理组织保障等方面做出了制度性的安排。从制度层面看，过渡型社区治理所依赖的制度基础不可谓不具优势。但过渡型社区面临的内外形势又直接影响到制度优势能否顺利发挥出来，换而言之制度优势在向治理效能转化的过程中，往往会发生损耗、断裂，治理效能并不会顺利实现。

第一，过渡型社区治理效能与社区治理主体所处的治理生态密切相关。一般而言，如果外部治理风险不太严峻，即使社区治理的制度化水平不高，一般不会产生大的社会冲突，不会冲击社区治理的既有秩序。例如，城市商品住宅小区、传统农村社区大多处于这样的治理环境。低风险、低制度化的基层社会的运转主要是靠社会自我运转，社会公共权力在基层社会的组织性建构并不充分，虽然在整体上基层治理和公共服务的水平并不高，居民的利益实现存在着或多或少的问题，但对于国家政权而言并不会产生系统性的风险。

在此意义上，过渡型社区治理过程中所面对的外部生态是充满了利益分化和冲突的，社会的风险性比较高，试图用强社会的市民社会理论来解决过渡型社区空间生产和社区治理过程中的诸多群体性事件完全是天方夜谭。过渡型社区治理所面临的外部生态是高风险的，如果治理的制度化水平不高、治理能力较弱，社区的治理效能就无法实现，也会对国家基层治理体系产生较大的冲突。如果在高风险的情况下，制度化程度较高，那就足以应对过渡型社区的治理风险。因此，过渡型社区的外部治理风险是倒逼内部治理制度化和治理能力提升的重要因素。

第二，过渡型社区治理效能受治理制度化水平的影响。面对社区治理外部生态的高风险，过渡型社区治理的制度化程度不高则无以应对社区内外的复杂环境；制度化水平太高，也有可能会造成治理成本较高。治理的制度化水平体现为以下方面：一是治理制度的内在价值、治理原则等属性是否具有优越性；二是治理体系内部的结构和功能的合理程度；三是治理机制运行的健全程度。[①] 只有内在属性优越、内部结构和功能合理、运行机制健全的治理体系才能够确保治理的水平。因此，转型中国的基层党组织和基层政府不断地进行着"治理创新锦标赛"，以求通过基层治理的制度化建构来应对日益复杂的治理风险。

对照制度化水平的三项指标，首先，过渡型社区的治理制度、机制，秉承着坚持中国共产党的领导、坚持以人民为中心、坚持依法治国等治理价值，充分体现了中国特色社会主义根本制度、基本制度、重要制度的内在属性，具有应对各种风险的治理弹性。这一点在 2020 年初的新冠疫情基层防控中得到了充分的体现。其次，过渡型社区治理制度机制的内在结构、功能的合理程度在不断地调整适应过程中。现实中客观存在着"属地管理"带来的治理权责不对等问题，也存在着横向间的协同困境。需要以辩证的思维看待这一问题，过渡型社区整体就处于动态过渡过程中，治理制度、机制不可能以静制动、以不变应万变，必然是在治理过程中随着治理外部生态环境的变化而不断进行内部调适。最后，过渡型社区的运行机制在不断创新过程中，呈现出了阶段性的治理效能，但又存在着区域性、阶段性的问题。

第三，过渡型社区治理效能受到主体治理能力的影响。制度效能的影响因素一是制度的有效供给，也就是制度化的水平；二是制度的执行，

---

① 吕普生：《我国制度优势转化为国家治理效能的理论逻辑与有效路径分析》，《新疆师范大学学报》（哲学社会科学版）2020 年第 3 期。

主要体现为治理主体的执行能力。过渡型社区的治理效能与治理主体的执行能力密切相关。过渡型社区的治理能力表现为对社区治理制度的规划设计,对社区治理运行机制的务实性创新,对社区治理效能实现所需要的各类资源的整合能力。可以说过渡型社区主体的治理能力是治理制度优势向治理效能转化的中介力量。

但需要注意的是,影响过渡型社区治理主体在治理过程中的行为表现的因素,除了其内在的能力因素,还有治理的动机问题。而影响治理主体的动机主要是主体的利益需求。治理主体的利益,表现为对社会公共利益的推进,部门利益和处于组织中的个人利益的实现程度。治理主体的利益与治理制度之间又形成了彼此影响的关系。一方面,治理主体需要通过治理制度来实现各个层次、各个方面的利益;另一方面,制度又对治理主体的利益行为进行引导约束,使之处于促进社会公共利益、规范个人利益的范畴中。因此,于过渡型社区治理效能的提升路径而言,应当从社区治理的利益根源出发,从治理制度机制的制度化建构和治理能力的提升等维度综合推进。

第二节 过渡型社区治理效能不彰的表征

有学者总结从征地拆迁开始到农民上楼,农民将面临物质性结构风险和文化、政治、社会类的非物质性风险。[1] 众多的学者也关注了过渡型社会拆迁安置中补偿问题,过渡型社区的治安问题,居民的养老、就业、教育以及治理制度转型过程中的组织再造、秩序重塑、权力秩序、治理结构优化等问题。这些总结都呈现了过渡型社区在具体治理领域满足居民利益的效能困境。结合学界现有的研究,和过渡型社区在不同过渡阶段所呈现的现象,笔者将过渡型社区治理效能不彰的困境总结为以下五个方面。

---

[1] 叶继红、孙崇明:《农民上楼:风险与治理——基于"结构—过程"的分析框架》,《浙江社会科学》2020年第3期。

一　产业转型与集体经济转制的困境

各地大力发展工商业经济，推进城镇化和工业化水平，是过渡型社区形成的根本动因。农村集体土地征收之后，集体经济也随之转制转型。各地产业结构由农转工、提质增效的发展状况，原先集体经济转制之后的经营状况和利益分享政策，影响到过渡型社区居民的生存和发展，关系到过渡型社区公共服务的供给水平和社区治理的效能。

（一）地方产业转型发展的双重影响

经济体制转型背景下中国产业结构的转型和发展构成了过渡型社区生成和治理的经济基础。整体上看，我们可以将产业发展与过渡型社区治理效能之间的辩证关系概括为两方面：一是过渡型社区是随着城市工业经济的发展而形成的，内在动力是产业发展，外在推力是公共权力主导的规划变迁。二是城市产业经济的发展将为过渡型社区的发展和治理奠定了良好的经济基础，同样缺乏产业经济发展支撑的过渡型社区的治理效能将难以实现。

第一，城市工商业发展过程中，城市空间不断外扩，城中村、城乡接合部社区等过渡型社区形成，同时产生了严重的社会治安问题。为了推动城市工业经济发展，作为城市经营者的地方政府启动大规模的拆迁行动。部分处于城市边缘的乡村地区被拆迁，各类产业园区在地方政府的主导下逐渐建成，大片的拆迁安置社区建成，农民"上楼"成为了过渡型社区的居民。部分农村社区逐渐被吸纳进入城市之中，形成了广布"握手楼"的城中村、城乡接合部社区。过渡型社区处于工业园区内或城市边缘地带，租金相对便宜且交通出行方便，由此成为了外来务工人员的集聚地。过渡型社区中人口杂乱，经济发展质量低下，聚集了城市社会的各类负面要素，出现了新的社会治安风险和社会分隔问题，在2000年前后甚至集中出现黄、赌、毒等突出问题。中国学术界最早对过渡型社区的关注，正是聚焦于社区中突出的治安问题。如，国内最早提出"边缘社区"概念的陈月统计，1993年各主要城市城乡接合部地区发生的案件中，暂住人口占该地区全部案犯的比例分别为：南京50%以上，上海70%以上，广州80%以上，深圳90%以上，而且呈现出暴力化、团伙化、智力化的趋势。①

　　第二，经济高速发展和新一轮的转型升级，使过渡型社区治理问题趋向复杂化。改革开放以来，各级政府逐渐形成了一种"唯经济主义"或"唯 GDP 论"的发展思维。以江苏省 S 市城西的 F 镇为例，2003 年 F 镇改制为 F 街道，下辖的农村社区整体转制为城市社区。在前后 20 多年间，该镇所有农村社区全部完成拆迁，动迁农民被安置到 7 个超大规模过渡型社区。如今，F 街道已经成为 S 市推进高质量发展先进地区。2020 年，尽管受新冠疫情影响，F 街道的地区生产总值仍达到了 337.67 亿元，完成一般公共预算收入 37.08 亿元。经济快速发展的同时，企业生产安全、制造业企业的污染排放、动迁居民的安置融入、外来人口的管理、城市公共服务的供给等现代化社会问题也都逐渐暴露，成为 F 街道基层治理者在相当长的时间内仍无法解决的难题。近些年来，在新时代产业高质量发展的号角下，各地推动了经济结构的转型，转型的阵痛又在过渡型社区中集中爆发。如 S 市近两年大力度推进的"退二优二"政策，对产能落后、不符合安全生产要求、不符合环保和节能减排要求的低效利用工业用地企业进行清退。2018 年，F 街道全年关停和转移问题隐患企业 381 家。但关停、转移企业涉及的补偿问题、原企业员工的遣散安置，新产业企业人才的医疗、教育、住房等民生需求满足等问题，在"属地管理""源头治理""社会治理重心下沉"的责任机制下全部转移到 F 街道 7 个过渡型社区两委工作人员身上。过渡型社区的传统问题和新的转型负效应相互交织，严重考验着社区治理者的治理能力。

　　第四，基于政绩逻辑而无产业发展支撑的城镇化建设，造成过渡型社区居民的生存危机，形成严重的基层社会风险。部分地区圈地之后，产业发展未能跟进，过渡型社区中的居民失去土地后没能及时获得新的职业，或新的职业不足以满足自己的生计和发展。少数地区基于政绩逻辑而非基于产业发展、忽视规律的过渡型社区建设，引发了严重的社会危机。如，2020 年上半年，山东撤村合居政策几乎受到学界、实践界一边倒的批评。贺雪峰教授数年前分析了山东撤村并居政策的内在逻

---

① 陈月：《"边缘社区"的犯罪问题及其社会控制》，《郑州大学学报》（哲学社会科学版）1997 年第 1 期。

辑——"无论农民对撤村并居后上楼是否满意，地方政府的目标都是为了获得新增城市建设用地指标，既然是为了获得新增城市建设用地指标，地方政府撤村并居农民上楼，就不是要考虑农民的利益"。①"农民宁愿烧死也不愿搬迁，是因为合村并点的社区住房质量差，生活不方便，生产更不方便，还要自己出钱买房。"② 吕德文教授痛批山东撤村合居政策"像是一场人祸，它来势汹汹，不讲人情，它对农民的心理冲击，怕是会伴随终身"③。山东撤村合居政策几乎成了一场闹剧——农民只知道要拆，但对"拆迁的补偿标准是什么？""补偿的方式是什么？""安置地点在哪里？"等具体情况都不知晓，过程中还充斥着"压实责任"等强硬执行措施和强拆行为。动迁农民的生存危机引发严重的社会矛盾，形成群体性社会事件的风险，基层抗争政治行动更容易发生。基层政府出于维稳的压力，一方面以"属地管理"的原则将责任传导到社区党组织和村（居）委会，造成基层社区不堪重负；另一方面又不得不用有限的财政资源来贴补动迁农民，进而造成地方财政的不堪重负。由此就形成了现实的悖论，基层政府和社区两委一方面疲于维稳、不堪重负，另一方面又在不断制造新的社会风险，过渡型社区就成为了社会矛盾的集聚点，社区治理效能更是无从谈起。

（二）集体经济转制转型困难引发新难题

20 世纪 90 年代以来，农村集体经济开始以经济合作社等特殊类型的股份制经济组织形式出现。特别是在过渡型社区形成过程中，为了解决城市化过程中村庄集体经济资源与利益归属、合理化配置问题，农村集体经济股份制得到了推广。农村股份制主要是为了解决农村城市化中农民"去与留"矛盾尖锐化的问题，是农村城市化"逼"出来的制度创新。④ 农村集体经济的发展以"守护型经济"的特殊形式，成为"都市

---

① 贺雪峰：《城市化的中国道路》，东方出版社 2014 年版，第 87 页。
② 贺雪峰：《新冠疫情与中国城市化道路》，2020 年 7 月 24 日，搜狐网（https://www.sohu.com/a/401107789_732417）。
③ 吕德文：《山东"合村并居"的真实情况》，2020 年 7 月 24 日，观察网（https://user.guancha.cn/main/content?id=332546&s=fwzxhfbt）。
④ 曹鉴燎：《制度立区——城区公有制经济制度创新案例研究》，经济科学出版社 2001 年，第 32—35 页。

村社共同体的'粘合剂'"[1],为过渡型社区的建设和治理奠定了较好的经济基础。

随着城中村改造、农村社区拆迁安置的推进,集体经济组织与村委会之间管理体制之间的问题就开始凸显。在较长时间内,集体经济组织与村委会组织实行政经合一的管理体制,亦即村集体经济组织(合作社)与村党组织、村委会同为一套人马,并无独立性,缺乏符合市场规则的经营意识和经营能力,难以形成专业化、科学化的运营模式。[2] 而村党组织、村委会与村集体经济组织长期缺乏监管,"存在集体经济账目不清、公共财物被私用等问题。谁掌握了行政权,谁就掌握了经济权,导致一些地方出现贿选或宗族势力、黑势力操控村干部选举的现象"。[3] 村民的合法权益无法得到保障,流动人口也无法参与到社区治理之中。

在此背景下,广州南海、苏州枫桥、浙江温州等地区开始实施"政经分开"或"政经分离"的政策。政策的主要措施是,实施以土地资产为核心的农村集体产权登记,推进股份合作制改革,将村(居)党组织和村民自治组织与集体经济组织(合作社)分离。以苏州市枫桥街道为例,2006年,枫桥街道以村为单位,对集体资产进行清产核资,组建24个村股份合作社,将符合条件的4万多农民按农龄折股量化核定为股东,每年度按股分红。枫桥街道通过"农民自主入股—建设富民载体—年终按股分红"的方式,实现了动迁农民低风险、稳收益的投资收入,确保了搬迁进入过渡型社区中的居民生活水平不下降。"政经分离"的转制,较好地解决了过渡初期社区管理体制和经济基础之间的关系问题。

近些年来,因整体经济形势趋向下行,作为过渡型社区经济基础的集体经济进入了发展瓶颈期,甚至是衰落期。集体经济发展困难,降低了动迁农民的分红收入,削弱了过渡型社区治理的物质基础,影响到了过渡型社区内公共服务水平和社区治理的效能。

---

[1] 蓝宇蕴:《都市里的村庄:一个"新村社共同体"的实地研究》,生活·读书·新知三联书店2005年版,第137页。

[2] 李晓燕、岳经纶:《超越地方团主义——以N区"政经分离"改革为例》,《学术研究》2015年第7期。

[3] 邓永超、张兴杰:《政经分离增强村民自治活力的路径优化》,《农村经济》2013年第7期。

第一，在经济转型背景下，集体经济资产持续性增值的压力较大。各地集体经济普遍存在经营方式单一、运营成本大、投融资能力弱、专业人才匮乏等问题。[①] 近些年各地不断推进经济结构转型升级，农民工公寓、社区配套商业综合体的租金收入增长空间减少，加之集体经济组织的经营管理人员缺乏先进的管理观念和经营意识，集体经济发展已然进入了瓶颈期。在此困局下，集体经济不仅失去了反哺过渡型社区公共服务的能力，在面对居民越来越高的分红期待时，不得不靠基层政府想办法通过税收优惠、差额兜底、财政支持等方式予以补贴。

第二，集体经济组织管理体制转型不彻底，管理主体职责依然不清晰。尽管"政经分离"改革强调"经济的归经济组织、行政服务归基层组织"，但在集体经济的发展中，集体经济组织依然离不开乡镇、街道的人、财、物等各方面支持。制度规范层面的分离，并未能在执行层面使集体经济组织保有自主性、独立性地位，原村两委人员在合作社中无法完成发展企业、实现盈利的经营任务，外部人员又无法进入合作社中担任职业经理人，集体经济组织的经营管理水平较低。这些体制改革的遗留问题，使过渡型社区两委组织（党组织和居委会）不得不面对管理职权上众多交叉不清的问题，还要想方设法地满足居民越来越高的股权分红期待。

第三，集体经济的共建共治共享机制仍不完善。按照股份合作社管理机制，股东和股东代表可参与监管村合作社的经营情况，合作社也应当对经营的收入、支出、净利润等予以定期公布。现实的情况是，即使合作社公布了经营情况，居民对合作社的经营管理并不热心，股东代表与股东之间联系不上。居民、合作社、基层社区组织、政府之间的信任关系非常脆弱，居民价值认同上的个人化、利益化，不利于合作社的经营发展，也容易引发自身对基层政府的不满。如果股红收入不足，一旦居民认为目前的收入低于拆迁前的收入水平，便会直接质疑政府当前的公共政策和公共服务能力，对政府不信任，甚而是提出补偿性的利益诉求，引发新的社会矛盾风险点。

---

① 叶继红、汪宇：《基层治理的行动结构与路径选择——以 S 街道"政经分离"改革为例》，《观察与思考》2018 年第 11 期。

二　空间生产和配置中的利益博弈

城市空间的生产、形塑和演变，在时间和空间双重维度上充满了人类的政治性加工、形塑和制造。权力主体以空间作为控制的工具和手段来改造社会关系，形成新的空间性的社会关系，这就是空间的政治化。快速城镇化进程中，社会公共权力在城乡空间规划领域不断渗透牟利，权利主体在空间生产和资源分配中或得利或失利，出现了"空间平等性被剥夺""城市空间侵占和挤压乡村空间""城市公共空间过度资本化""城市空间碎片化"[①] 等空间非正义问题。这些问题在过渡型社区中集中呈现。整体而言，过渡型社区治理效能在空间生产和配置方面存在的问题，集中于两个方面：一是在空间生产的拆迁过程中超限度、脱轨的利益博弈困局；二是社区内外基础设施的空间资源配置和空间权利的不公正问题。

（一）空间生产中的利益博弈

在过渡型社区空间生产过程中，拆迁矛盾错综复杂，呈现出高发、暴力化、涉及主体多元化、敏感、利益单一性和连锁型等特征。[②] 根据国家信访局的统计，拆迁安置问题占涉农信访案件的比例达八成；2018 年国家信访局首次进行信访事项督查的 14 件信访事项，大多涉及拆迁补偿不到位、安置房久不开工、无法办理房产证等问题。[③] 而从征地拆迁相关的上访事项来看，涉及反对征地拆迁的上访（如坚持农业生产的老人）、拆迁过程中因征地面积、补偿标准、房屋和附着物估价、村集体资产分配方案等方面的争议而上访，拆迁后对政府拆迁行政行为、后期履职不到位、生活不适应、补偿标准不一致不满而上访。[④] 这表明，过渡型社区空间生产过程中的治理困境是全过程、全方面的。

[①] 张荣军：《当代中国城市空间生产与空间正义》，《学术探索》2015 年第 8 期。

[②] 朱力、李琼英：《现阶段我国城市拆迁矛盾的特征、趋势及对策》，《华东经济管理》2014 年第 12 期。

[③] 《国家信访局公开今年首次信访事项督查情况　聚焦拆迁安置等民生领域》，2020 年 4 月 28 日，新华网（http://news.cnr.cn/native/gd/20180429/t20180429_524216566.shtml）。

[④] 陈柏峰：《征地拆迁上访的类型与机理》，《华中科技大学学报》（社会科学版）2016 年第 1 期。

过渡型社区空间生产过程中，居民会以诉苦、"种房"、搞关系、软磨硬泡、泄愤等方式来获取实利，基层政府则通过信息沟通、额外奖励、预防闹大和合谋行动等策略来完成拆迁任务。① 长期以来，学界和公众对拆迁安置过程中的抗争事件、钉子户问题存在着一种"同情"倾向，即认为被拆迁户抗争的主要原因是拆迁补偿过少，利益受损，并且相对于政府而言被拆迁户处于弱势地位，缺乏法定的、正当的、畅通的渠道维护自身利益，所以不得不以"弱者的武器"② 等非常规甚至是暴力行为进行抗争。但随着研究的深入，这一解释并不能概括出"缠闹政治"③ 现象背后，许多居民对拆迁的期盼和"钉子户"一夜暴富的幻想。对于补偿问题，2011 年国务院《国有土地上房屋征收与补偿条例》等文件实施后，补偿标准过低的问题已经得到了较大程度的解决。因此，当前征地拆迁过程中的利益问题，主要是被拆迁户想多要补偿、拆迁者只能按标准补偿之间的利益博弈。

（二）空间资源配置的不均衡

过渡型社区的空间资源配置，主要包括社区居住空间和社区景观的布置、社区内基础设施的配置度和社区外部临近区域的基础公共服务设施的配置情况。

笔者曾在 2016—2018 年对江苏省苏南、苏中、苏北三个区域过渡型社区的空间资源配置情况进行了调研。④ 从笔者的调研结果看，目前过渡型社区空间资源配置效能不足的核心在于不平衡问题：过渡型社区居民未能享有相对于城市社区的基础设施资源，社区内部居民群体间所享有的空间资源存在显著差异。

第一，过渡型社区周边的城市基础设施资源配置水平远低于城市社

---

① 罗兴佐、吴静：《拆迁中政府与农民关系的博弈机制与调适策略》，《长白学刊》2016 年第 3 期。
② 叶竹盛：《"钉子户"：弱者的博弈》，《南风窗》2012 年第 12 期。
③ 施从美、宋虎：《"缠闹政治"：征地拆迁中官民互动与博弈的现实图景——兼论枢纽型乡村治理结构的构建》，《江汉论坛》2014 年第 4 期。
④ 本次调查面向江苏 13 个地级市开展问卷调查，其中苏南 5 市（苏州、无锡、常州、镇江、南京），苏中 3 市（南通、扬州、泰州），苏北 5 市（淮安、宿迁、盐城、连云港、徐州）。课题组采用入户调查法，每个城市随机选取 2 个拆迁安置社区，发放 100 份。全省共发放 1300 份问卷，回收 1099 份有效问卷，有效率为 84.5%。

区，具有显著的边缘性。"占绝对优势的支配性权力组织主导权力规则的制定，往往漠视边缘性权力组织的正当利益，甚至强制边缘性权力组织接纳自己的看法或意见，不断将自身利益最大化，被边缘化的其他权力组织则处于附庸地位。"[1] 城市中心区大量生产要素和资源集中，过渡型社区所处的城乡边缘地带的生产要素、资源配置相对处于弱势。受制于地方财力，现阶段过渡型社区规划建设的定位不高，无论是在区位、外观、配套设施还是建筑质量等方面，都与成熟的城市社区存在较大差距。城市中心区的配套设施齐全、便利，房价不断高攀，而过渡型社区周边的教育、医疗、交通、环保等各类基础设施和公共服务配置薄弱，加之人口结构复杂，成为城市治理的问题区域、灰色地带。笔者的问卷调查结果显示，被调查者对于居住方面的不满意主要集中在小区配套服务（50.0%）、卫生环境（41.4%）、房屋建筑质量（31.3%）、地理位置（15.8%）、户型设计（16.7%）等方面，其中对于配套服务的不满意排在第一位。空间资源配置的差异造成社会阶层的进一步分化，城市社区居民因房价不断上涨实现"身价陡升"，过渡型社区居民，除了一部分拥有多套安置房的居民外，相当一部分的居民在失去了原有的农业收入后还面临着找工作的生计问题。

第二，相较于农村地区，过渡型社区居民的空间权利得到增长，但"上楼"之后空间的巨大改变使居民很长时间内难以适应。相对于农村社区而言，过渡型社区的空间资源配置水平有了非常大的改善，这是居民空间获得感提升的主要原因。相关生活配套设施，如出行、就医等公共服务设施的配置相对于过去的农村有了显著的提升。正如笔者调研时受访者所言，"购物倒是比以前方便很多，欧尚、大润发都不远。""社区的便利店较多，附近也有超市，买菜、买生活用品还是十分方便的。"[2] 在过渡型社区的居住空间布局上，动迁农民的居住空间从原先的院落格局转变为多层、高层城市小区住宅。居住面积相对原先农村生活有所减少，开放式的生活空间变为封闭式的城市社区居家生活。"要说好，我还是喜欢以前的老房子，虽然现在这种房子（安置房）住惯了也就这样了，慢

---

[1] 袁方成、汪婷婷：《空间正义视角下的社区治理》，《探索》2017 年第 1 期。
[2] 访谈记录：LTSQZL2018112201，LTSQZL2018112202。

慢习惯了觉得也挺好的。但是老房子到底宽敞，现在的房子感觉太矮太小。现在有时候房子里闷得不舒服。还有就是现在这个楼太高了，我们住在13楼，虽然有电梯，但是住这么高还是有点怕的。"[1] 空间格局变化带来的局促感，使很多动迁农民在一定时间内难以适应，尤其是部分老年人产生"楼上门一关，跟坐牢一样。房子像个棺材，住进去，死得快"[2] 的想法，宁愿住在一楼车库，坚决不上楼居住。

第三，受制于各地的经济发展水平，过渡型社区的基础设施配置水平存在显著差异。笔者的调研发现，苏南地区的过渡型社区的楼层数、配套设施完备度、装修情况等比苏中、苏北地区更好。这也从侧面说明，地区产业经济的发展对过渡型社区的居民生活和社区治理有着至关重要的影响。近几年，江苏省在全省范围内加大了党群服务中心的建设，全省范围内城乡社区基础设施和公共服务资源得到了较大规模的改善。其中，苏北地区开启了新一轮的集中居住区建设，这类过渡型社区以多层、小高层楼房为主，社区基础设施兼顾了农民农村生活习惯和城镇社区的规范化建设，硬件设施配置水平甚至比苏南地区的过渡型社区更好。但在社区公共服务资源的配置上，苏南地区的过渡型社区已经进入了新的层次，苏中、苏北地区还处于较低阶段。以社区养老为例，笔者走访的S市多个社区日间照料中心，设施、服务、管理机制等各方面都比较完备，各类综合性的养老服务都已顺利开展。但笔者在泰州市姜堰区、南通市如东县、徐州市沛县、淮安市清江浦区走访时发现，苏中、苏北地区的老年日间照料中心大多是配齐、配全了硬件设施，但管理运营情况较差，较多地区只是有几位老人在此聊天、打牌，日间照料中心的保健康复、休闲娱乐、膳食供应等服务基本上没有提供。

第四，过渡型社区的硬件设施资源配置较充分，但涉及居民可持续发展的重要公共服务设施相对缺失。近95%的受访居民提出社区没有教育配套或配套学校不完善，居民子女就学不太方便。仅有4.3%的人表示社区的文化娱乐设施能够满足自身的需要。而医院等公共卫生资源的配置也显得捉襟见肘。例如，在S市W区的调研中，尽管一位社区负责人

---

[1] 访谈记录：LTSQZL2018112202。
[2] 访谈记录：NTSQZL2018080701。

向笔者表示:"现在小病可以在社区内的卫生服务中心就近就诊,也可以在街道的 YSH 医院治疗,不一定要去大医院。"① 但更多的居民则抱怨道,"这里社区医院不能挂水,只能配药,挂水还是要去大医院。那个医院没有服务人员,挂号费了劲呀。年纪轻的一张卡插进去就挂号了,我们老人也不会用那个机器,要排队排很久"②。

三 动迁农民生存发展和保障危机

动迁的农民在一定时期内能够逐渐适应城市社区空间格局,但作为"城里人"的生计和发展问题并不能在短时间内得到解决。目前看,过渡型社区居民的"人的城镇化"要远远滞后于空间的城镇化。③ 笔者 2016 年至 2018 年间对江苏省 13 个地级市过渡型社区的生活质量的调查数据,同样呈现了过渡型社区治理在居民促进就业、提升收入、社会保障等方面面临的现实性难题。

(一)过渡型社区居民的职业收入相对较低

第一,过渡型社区的居民收入水平受所在地区经济发展水平的影响,同时略高于当地农村社区居民,显著低于城市社区居民。江苏省内过渡型社区居民的可支配收入水平呈现出由南往北递减的趋势(图3-1)。苏南地区过渡型社区居民收入水平大多在 2000 元/月以上,5000 元/月以上的人口占比也明显高于苏北地区。苏北地区过渡型社区居民的收入水平在 2000 元/月以下的人口显著多于苏南地区。进一步与该地区城乡居民的收入水平对比分析,江苏省各地过渡型社区的居民收入水平区域差别,与整个地区经济发展水平保持一致,与各地区间农村居民收入水平和整体的居民收入平均水平、人均 GDP 水平的情况更为贴近。从过渡型社区居民与其他群体的平均收入水平的比较分析可以看出,拆迁安置后,过渡型社区居民的收入水平有一定的提高,但仍未达到城镇居民的收入水准。这种介于农民与市民之间收入水平的"过渡性"在一定程度上体现

---

① 访谈记录:YSHSQFW2019071301。
② 访谈记录:YSHSQFW2019071302。
③ 涂丽、乐章:《靠政府还是靠集体:"村改居"社区居民的市民化问题研究》,《财政研究》2018 年第 9 期。

了过渡型社区居民身份上的尴尬:"数字"上看似摆脱了农民收入水平低的普遍困境,但却因自身观念与城市的隔阂、生存和发展技能的缺失而未能成功融入城市经济生活,未能获得与城市居民同等的职业机会。

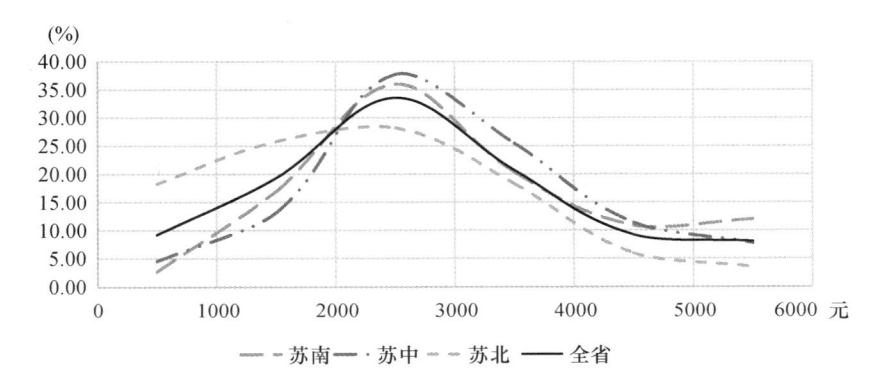

图 3-1　江苏各区域过渡型社区居民收入水平(2016 年)

第二,过渡型社区内居民职业状态整体不稳定,在经济发展水平相对较弱的地区更为突出。本次调查中,被调查者的职业分布情况是:临时工占 18.9%、工厂工人占 22.2%、一般办事人员占 18.1%,这三类职业占比 59.2%;管理人员和技术人员相对较少,合计为 12.4%,个体户和私营企业主合计为 12.4%,此外,还有 5.6% 的人属于自由职业等其他情况。总体看,过渡型社区中居民从事的职业类型多为技术含量不高、体力劳动为主的职业,职业岗位竞争力较弱、替代性很强。从就业稳定性来看,受访者中有"稳定工作"的占总体的 54.7%,有"临时工作"的占 32.2%,合计为 86.9%,而"没有工作"的只占总体的 13.1%。可见,过渡型社区中八成多的被调查者实现了就业,说明居民就业状况总体尚可。而从不同地区被调查者的就业情况来看,苏南地区过渡型社区的居民就业机会和工作稳定性上都好于苏中、苏北地区。苏中与苏南地区的差距相对较小,而苏北与苏南、苏中地区差距较大。这也意味着地区经济发展状况良好,第一、第二、第三产业结构合理、均衡发展,将能够带来充分的就业机会。这些地区过渡型社区中拥有稳定工作或临时工作的居民数也相对较多,社区居民的收入能够得到保障。

第三,过渡型社区居民不稳定的就业状态,造成居民的收入水平和生活满意度相对较低。在江苏的调研发现,有稳定工作的居民的月收入普遍在 2000—5000 元,有临时工作的居民月收入普遍在 1000—4000 元(图 3-2)。排除地区差异等因素,在江苏全省范围之内,居民有无工作、工作的稳定性直接影响到了过渡型社区居民的收入水平和生活满意度。有稳定工作的居民对工作、收入、消费、社保、闲暇、整体生活质量的满意值普遍高于临时工作和没有工作的居民,尤其是没有工作的居民对工作状况、收入状况的满意度水平要远低于有稳定工作的居民。

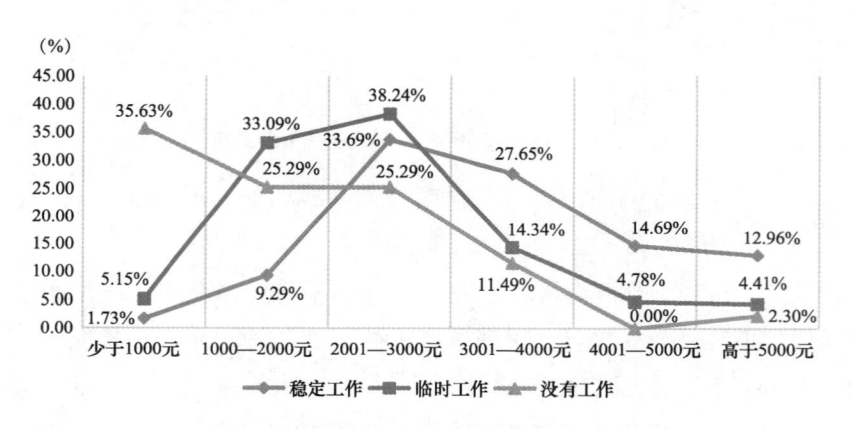

图 3-2　不同职业状态居民的收入水平情况

(二)过渡型社区居民社会保障水平相对较低

对于搬迁到过渡型社区的居民而言,拆迁改变了他们的生产生活基础,带来了新的挑战。在我们的调研中,工作问题、生存问题、医疗问题、养老问题是动迁农民最主要的顾虑。这就需要基层政府在过渡型社区居民的就业、医疗、养老等公共服务方面有所作为。

第一,过渡型社区居民的社会保障水平相对较低。2003 年以来,中国的新型农村医疗合作制度(简称新农合制度)为农民提供了一定程度的医疗保障。根据国家政策,动迁农民也被纳入新农合的保障范围中。部分地区进一步探索推进农保变城保,但目前看并未实现与城保的真正对接,动迁农民并未取得与城市居民同等的医疗保障待遇。在养老待遇方面,有研究者统计发现,中国城镇户籍居民的人均离退休金为农村居民的 21.7 倍①，这意味着城乡居民的养老收入极其不均。在养老金方面，动迁农民的养老金低于城乡最低生活保障水准。如 2018 年 S 市动迁农民的养老金标准（990 元）比当年 S 市城乡最低生活保障标准（945 元）高出 55 元，仅为 2018 年 S 市城镇企业退休人员养老金（3006 元）的 32.7%。这意味着过渡型社区居民在各种社保项目的参与、福利的享有上是被区别对待的。因此，在城市化推进的过程中，农村土地变成城市用地、农民成为市民都只是城乡变迁的表面现象，城乡二元化体制在实质上并没有改变。

第二，过渡型社区"土地换保障"政策无法起到有效的保障功能。以 S 市为例，2004 年，S 市政府出台文件，"在全市全面推行'土地换保障'的征地补偿和被征地农民基本生活保障制度，并有机纳入社会保障体系"。按此文件，男 60 周岁、女 55 周岁以上年龄段的便属于保养人员，按规定可以按月领取生活保障金（养老金）。基本生活保障基金主要来自：（1）被征耕地的不低于 70% 的土地补偿费和全部的安置补助费；（2）政府从土地出让金等土地有偿使用收益中提取的部分；（3）被征地农民基本生活保障基金的利息及其增值收入；（4）其他可用于被征地农民基本生活保障的资金。该政策存在两大问题：一是补偿的标准是对过去居民所拥有的财物的折价补偿，动迁农民未能享有土地增值收益。在拆迁安置的过程中，政府与居民的地位是非均衡的，且当前拆迁补偿依据是征用的土地、宅基地及其上的附着物的估价，农民失去的赖以生存或作为进城失败的退路的土地，在空间重新规划和生产的过程中已经实现了增值，动迁农民失去了生存和发展基础的同时也没能获得土地增值带来的新收益。二是动迁农民获得相应补偿后，大多处于"失地无业、隐性失业、就业转失业"的状态，资本、资源的投资应用能力较弱，"坐吃山空"的情况也并不少见。当有限的补偿款用掉，农民生计无着落又将会找政府，不断上访、闹访，进而成为基层社会的矛盾点。

---

① 岳希明、戚昌厚：《提升社保支出的收入再分配效应》，《中国社会科学报》2017 年 5 月 17 日第 4 版。

四 社会结构分化与多元文化冲突

从空间政治学的视角看,空间不仅是物质性的,更是社会性的。"社会行为与特定的空间形式是结合在一起的;而且一种空间形式产生出来之后,它就会在某些方面决定社会过程的变化与发展。"[1] 从社会结构看,过渡型社区物质空间生产和配置对居民社会空间的影响主要体现在社区居民纵向社会阶层的变化,居民间横向社会网络的变化,社区群体间的文化心理变迁三个方面。目前看,在过渡阶段,这三个层面都出现了治理的困境。相对于经济体制转型、治理组织制度、社会服务保障方面治理效能问题,社会文化层面的治理效能更难实现。

(一) 社会阶层的分化与流动

社会阶层是根据社会上不同利益群体对社会资源的占有情况,如权力、财富声望等,进行的纵向群体划分。社会分化是社会发展的条件和必然结果,不同的利益群体会形成不同的阶级、阶层。社会阶层的客观存在,表明社会矛盾存在的客观性。但当阶层之间的分歧演变为对抗时,社会的不稳定、不平等问题就会格外突出。

第一,过渡型社区中居民群体间的社会阶层分化是客观存在的。有研究者按照职业、收入水平、社会影响力三项标准,将温州城中村的居民划分为四类:上层精英阶层,拥有一般居民没有的社会网络资源和权力,主要是经济精英、权力精英。中上层包括,个体工商户、部分招工进厂的农民工和拥有大量房屋以租金为生的食利阶层。中下层包括,靠集体股份分红和房屋租金的村民,主要是老人或丧失劳动力的村民及少数好逸恶劳的"二世祖"类人物。最后城中村中还有占比1%—2%左右的极少数底层居民。[2] 另一项针对湖北荆门城郊农村研究也反映了社会分层的问题。在征地拆迁之前,荆门城郊农村可以划分为精英阶层、中上

---

[1] David Harvey, *Social Justice and the City*, London: Edward Arnold and St Martin's Press, 1973, p. 27.

[2] 王新、蔡文云:《城中村何去何从?——以温州市为例的城中村改造对策研究》,中国市场出版社2010年版,第69—70页。

阶层、中下阶层、贫弱阶层和灰色势力 6 类。① 精英阶层主要包括体制内精英、非体制内但接近体制内的精英和经济精英。中上阶层包括外出经商或在本地兼业比较成功的农户，一般具有比较丰厚的经济资源和社会资源。中等阶层主要是能够同时兼顾土地且偶尔外出打工，收入相对尚佳的阶层。中下阶层大多是举家外出务工的农户或半工半农的农户，拥有较少的经济社会资源，在生产、生活等各方面都依赖精英群体。贫弱阶层，是拥有耕地较少的缺乏技能和劳动力的居民群体。灰色势力，是不务正业，以暴力或欺骗手段为生的群体，往往欺软怕硬，与精英群体的关系格外暧昧，甚至会在拆迁中形成联盟。这两类阶层划分虽然具体层次上有一定的差异，但都基本概括出过渡初期过渡型社区的居民社会阶层的基本情况。

第二，拆迁安置后，居民群体间阶层分化易于引发新的利益冲突和社会矛盾。征地拆迁造成过渡型社区居民的社会阶层出现了流动：部分阶层通过拆迁补偿、再就业实现了阶层的向上流动；没有一技之长或社会资源不足的阶层则向下流动。与此同时，阶层之间的关系也发生了改变：精英阶层与灰色势力在拆迁过程中容易形成结盟，中上阶层因上访、"钉子户"等利益抗争行为与精英阶层逐渐对立，中等阶层整体生存状态较好，但也不能发挥社区内沟通联络、协调整合其他各阶层的功能，中下阶层因拆迁补偿利益大多受损与精英阶层的对抗越来越强。整体上而言，征地拆迁后的一段时间内，过渡型社区的社会阶层关系变得更为紧张和对抗，利益受损或利益相对增长不多的居民将攻击的矛头直指社区中精英阶层和基层政府、社区组织。

（二）社会结构的碎片化

李强教授认为，改革开放之后，原先的"整体型社会聚合体"逐渐消解，取而代之的是"碎片化"的社会群体。社会群体的碎片化，根源是群体内部利益的分化和个体化，表现的是每个人都追求个体利益，积极影响是大规模的、整体的社会冲突失去了社会基础，但也造成了"社

---

① 杨华：《征地拆迁对农村阶层分化的影响——基于湖北省荆门市城郊农村的调查》，《西北农林科技大学学报》（社会科学版）2015 年第 1 期。

区碎片化"的问题。①

过渡型社区社会结构的碎片化,避免了大规模政治抗争运动风险,但也对社区的社会结构产生了较多的负面影响:第一,社区之间的分化或碎片化造成社会关系的失衡。不同形态的社区折射出贫富差距、社会地位的差异。过渡型社区往往被贴上了"脏""乱""差"的标签,居住于其中的居民往往也遭受社会歧视,房价更是处于城市住宅小区的价格"洼地"。第二,过渡型社区内居民群体的碎片化,斩断了人们的交往,社区失去了共同体意义。过渡型社区内社会阶层的分化正是反映了这一问题,阶层分化、社会联系减少造成居民对社区缺乏认同感和归属感,居民间失去了达成共识的基础。第三,利益的碎片化加剧了过渡型社区内群体利益矛盾和冲突。按照户籍类别和社区嵌入度,过渡型社区的居民群体和利益诉求可以分为"村民—谋利型""村精英—经纪型""移民—谋生型""漂流族—落脚型"四种类型。② 四种利益类型之间相互冲突,交互影响,导致出租房符号化、工具化,环境污染、权力寻租等问题多有发生。

(三) 文化不适应与多元文化冲突

从滕尼斯提出"社区"的概念起,社区就内涵着"归属感"的文化意蕴。过渡型社区的文化问题主要涉及两个方面:一是动迁农民进城上楼之后的文化适应问题;二是社区内居民群体间多元文化的融合问题。前者是同一群体面对不同社区文化的自我处置,后者则是不同群体彼此相异的文化心理的冲突和融合。

文化适应,是指"由个体所组成且具有不同文化的两个群体之间,发生持续的、直接的文化接触,导致一方或双方原有文化模式发生变化的现象"③。过渡型社区动迁农民的文化适应,是指动迁农民在迁入过渡型社区后,在生产、生活、交往方式上以及思想、价值、观念上进行的一系列调整和适应。过渡型社区居民在短时间内需要应对从依赖土地向

---

① 李强:《当代中国社会分层》,生活·读书·新知三联书店2019年版,第127—129页。

② 叶继红、杨鹏程:《利益分化、差异共融与城中村治理》,《理论与改革》2019年第4期。

③ Redfield R., Linton R., Herskovits M., "Memorandum on the Study of Acculturation". *American Anthropologist*, 1936, Vol. 38, pp. 149–152.

脱离土地的转变,生活方式由农村生活方式转向现代城市生活方式,过去的乡村生活记忆短时间内难以消解,生活习惯依然保留(如社区中养鸡、种菜现象)。

按照芝加哥学派社会学家帕克的观点,文化适应包括了接触、竞争、调整、同化四个阶段。① 这大致勾勒出过渡型社区的新移民们进入新的社区文化环境必须经历的适应过程,即接触、冲突、反思、重构的过程。按照文化的物质性、社会性和观念性的特征,动迁农民在进入过渡型社区后需要对社区的物质环境、社会关系以及自身的价值观念进行调整,从而建构作为城市社区居民的主体性。从文化适应的具体方面可以看出,社区环境和配套设施、社会交往和社区参与、地区差异以及居民的身份认同对社区居民的文化适应有着关键性的影响。动迁农民的文化适应是涵盖技术、制度、观念的整体性适应,个体之间、地区之间的差异性较为明显,动迁农民是在动迁之后被动进入到新的文化环境并按其要求重塑自己的文化系统。② 整个的适应过程,就是动迁农民原先文化系统消解、挣脱,新的文化系统建立和新旧文化系统调整融合的过渡过程。

过渡型社区的居住群体包括本地区农村社区的动迁农民和大规模的外来人口。由于过渡型社区房租相对较低且交通等配套设施较为完备,大量的外来移民开始聚居于过渡型社区之中。东部经济发达地区的过渡型社区中,本地人口规模与外来流动人口规模甚至倒挂。与本地动迁农民不一样的是,外来流动人口除了要对社区内的物质空间、社会关系、价值观念进行适应外,还不得不面对自有文化系统与当地文化系统之间的差异和冲突。除了如饮食习惯等区域性的文化差异,外来人口的文化适应往往还会交织着利益关系,如房屋租赁关系、商品和服务购买关系,文化的冲突进而会发展为社会性歧视,如苏南居民认为苏北人都是来自穷地方,等等。外来移民时常会因文化观念上的巨大落差而产生不安。

无论是文化上的不适应,还是外来文化与本土文化的冲突,最终都将体现在社区居民对社区的归属感上。归属感是居民思想上、心理上对

---

① Park R. E. , *Race and Culture*. Glencoe, Illinois: The Free Press, 1950, p. 150.
② 叶继红:《农民集中居住与移民文化适应——基于江苏农民集中居住区的调查》,社会科学文献出版社2013年版,第321—329页。

居住地的认同、满意、依恋的状态。动迁农民进入新的社区环境后，往往会感受到社区空间变化带来的失落感、对生机和发展的忧虑感、生活方式转变的迷茫感、新的规则意识构建的焦虑感等。外来的移民也会体验到生活方式上的不适应、价值观念上的冲突、人际交往上的障碍等。新旧两套文化系统之间的冲突，加上社区居民间的阶层分化、社会结构碎片化，居民对社区的归属感就很难建立。而居民缺失归属感的过渡型社区将很难建立起社区共同体，社区治理效能也就无法保障。

五 治理主体的治理能力不强

过渡型社区治理者的治理能力，是治理效能的重要方面，关系到社区公共服务的效能和社区公共治理的效用实现。但从目前看，过渡型社区治理组织、治理机制，在基层应急管理、文明城市创建等全国性的运动治理过程中展现出高效的行动力，但在日常的社区公共服务供给、社区矛盾化解等方面的表现，与社区区民的期待存在较为明显的差距。

过渡型社区治理组织体系不仅有农村社区村委会治理体制的弊端，也存在城市街道—社区管理体制的问题，在新旧两种治理体制改革过渡的过程中又形成了系列杂糅式的问题。何艳玲教授提出，以社区自治为目标的社区建设运动是没有实际发展效益的变革，在现实中并没有有效地推进基层社区的自治，反而造成了结构科层化、功能行政化、成员职业化的内卷化问题。[1] 目前来看，过渡型社区基层党组织领导下的经济自治、行政自治、群众自治组织基本建立，但经济自治主体的独立性和能力建设严重不足，社区行政组织的主体定位和功能模糊，社会服务供给能力有限，群众自治组织发展不足。[2] 总而言之，过渡型社区治理主体治理能力不高的问题，主要表现为组织化的治理主体的治理能力不高和协同多元治理主体的治理机制的协同治理功能没有得到充分实现。

（一）治理组织的治理能力有限

第一，过渡型社区党组织建设严重不足。社区的离散性、碎片化，

---

[1] 何艳玲：《都市街区中的国家与社会：乐街调查》，社会科学文献出版社2007年版，第136—141页。

[2] 张蕾、范丹：《乡村振兴中的社区转型与治理研究——以Q市R镇为例》，《西南民族大学学报》（人文社科版）2019年第4期。

需要通过权威组织引领的服务整合和扎根来改变。过渡型社区的党组织建设面临的问题主要有：一是党组织的职能定位问题。过渡型社区党组织不仅承载着中国共产党执政根基、基层堡垒的建设职能，更需要处理与社区居民生产生活密切相关的现实性问题。过渡型社区党组织不能沿用村级党组织的角色定位、管理职责和管理模式，经济职能要逐渐脱离，社区管理和公共服务供给的职能则要加强。二是过渡型社区的党组织由农村社区党组织转制而来，工作模式行政化、缺乏城市社区党组织的工作经验。社区党组织对社区内的自治组织、下级支部、居民小组之间的领导关系存在泛化现象，管理范围过广、引领能力较低。三是党组织的能力建设不足。过渡型社区党组织掌握的资源较少，政治动员、综合协调、渗透力、影响力有限，部分社区党组织甚至出现了"空壳化""空心化"的问题。四是党员的教育和管理工作难度较大。过渡型社区党组织缺少协调组织驻区单位和"两新"组织党员参加社区治理的经验和机制，大多也不善于开展流动党员、退休党员的教育、管理、服务工作。[①] 五是党员的模范带头作用在发生重大事件时仍能够体现，但日常活动的参与度较低。如，在新冠疫情防控中，社区内部分党员主动排班参加社区防控工作，但在平时社区治理活动中，则很难见到党员的身影。

第二，社区居委会的角色、职责不清晰，行政化色彩过浓。在镇级党委和政府的管理幅度越来越大，经济、政治、文化、社会、生态、党建等各方面工作全面开展的情况下，基层街道和乡镇将治理层级和治理责任向社区延伸、转包。过渡型社区同时承载转制前后两类管理职责，社区居委会往往同时承担政务、居务，社工困于各类事务而无法深入社区居民中，社区也无法做好自我管理工作。居委会作为基层自治组织的"民主性""自治性"被"行政性""治理性"所吸纳，在事实上变成基层政府的派出机构。当"属地管理"责任被层层发包至居委会，不堪重负的居委会被迫采取选择性治理策略——在周评比、月通报、季考核、年评估等的考核压力之下，选择多报简单的、好处置的社会问题，少报瞒报诸如违章建筑、拆迁安置、环境污染等涉及多部门、多主体的复杂

[①] 杨贵华：《转型与创生："村改居"社区组织建设》，社会科学文献出版社2014年版，第141—142页。

问题。

第三，社区社会组织协同参与的地位和能力难以确保。就社区治理主体而言，社会组织的兴起和协同治理范围的扩大是近十年的巨大转变之一。一方面，社会组织承担了大量的社区服务外包任务，为基层街道、乡镇和社区的治理效能提升做出了重要的贡献；另一方面，社会组织的独立性较弱，专业化水平也有待提升。大量的社会组织是基层政府部门通过"一部门一组织""一社区一组织"工程培育孵化出来的。社会组织自我管理、自我发展方面存在严重缺陷，严重依赖于基层政府和社区。如明德司法社会工作服务中心承担了F街道社区矫正和帮教管制人员相关的服务工作，在江苏全省率先探索出社会组织参与帮教刑满释放人员工作的标准化分类流程管理机制，取得了较好的成效。但该组织在S市只承接了F街道一个项目，经费完全依赖街道支持，正如该街道司法所所长所言"如果今年我们街道不跟你们签约了，你们中心怎么生存？怎么发展？"[1]

第四，公众参与社区治理的意愿、机制、平台都相对缺失。由于社区公共性缺失、社会资本不足、参与机制不完善，上楼后的居民忙于生计，无暇关注社区的建设和治理。从"制度—结构—能力"分析框架出发，过渡型社区存在着基层自治制度悖论，正式制度下的居委会角色异化，居民集体意识淡薄，非正式制度下的社区参与严重不足等问题。[2] 社区居民有限的参与活动，集中于以上访、投诉甚至是集体性、对抗性的方式，表达在集体经济分红、社区设施配置、社区服务供给、拆迁补偿等方面的利益诉求。近些年来，社区在网格化治理、楼道长等治理机制之下，建立由党员、村民代表、村民小组长、积极分子组成的"次级治理支持网络"，但成员来源单一、年纪较大、缺乏民意基础等问题较为普遍，在社区治理过程中发挥的功能较为有限。

（二）过渡型社区治理机制的功能不彰

过渡型社区内有党支部、居委会、业委会、物业公司、社区警务站

---

[1] 访谈记录：FQSJSG2020073001。
[2] 王振坡、张安琪、王丽艳：《新时代我国转型社区治理模式创新研究》，《城市发展研究》2020年第1期。

等多元治理主体。部分处于早期阶段的过渡型社区甚至存在居委会、村委会"一地两府"的情况。社区管理政策规定政出多门，居委会成为低位协调部门，群众自治的功能无法实现，这就形成了过渡型社区治理组织的碎片化问题。为了应对治理组织体系的碎片化问题，各地探索了以"大数据+网格化管理+铁脚板"为代表的协同治理机制。这一轮的基层协同治理创新的基本逻辑是，以现代信息技术为基础，重新构造和完善基层政府业务流程，下沉基层管理力量和资源，整合和吸纳村居、楼道、社会组织等力量，力图实现对社区全局把控和社会矛盾的源头处置、预防预警。

客观而言，基层社区的网格化管理对优化治理流程、强化主体协同、摸清基层民情、化解社会矛盾方面有一定的作用。但目前过渡型社区的协同治理机制实际取得的成效与各地宣传的成效有一定的距离。

第一，社区网格化治理重管控轻管理服务，过渡型社区内的公共服务供给问题仍未得到解决。网格化治理细分了治理单元，通过人防与技防相结合对基层社会实施有效整合和管控。管控式治理为各级党委政府了解和分析基层社会单元内的不稳定因素提供了便利，但也造成社会空间被行政系统吸纳。管控式思维下，出于考评的压力，基层政府对部分难以解决的问题采取隐瞒不报、选择性上报的行为。管控式治理是社会矛盾爆发期的"战时管理""应因式治理"，并未从源头上推动社会矛盾的化解，反而容易造成基层政府和社区承担无限连带责任。特别在过渡型社区中，居民对周边公共基础设施配置，社区内养老、停车、托育等公共服务的需求，并没有得到较好的解决。

第二，巡办分离管控压力较大，治理主体之间的矛盾较多。一是网格员巡查任务重，但专业度不足。网格巡查发现的问题主要是社区内的小广告、垃圾倾倒、违章搭建、基础设施缺损问题等，对过渡型社区内存在的群体矛盾、消防安全、公共服务供给不足问题缺乏专业巡查能力。二是巡查主体和处置主体之间的矛盾凸显。部分社区工作人员认为网格员的巡查行为属于"挑刺""找茬"，是"鸡蛋里挑骨头"。特别是过渡型社区内常见的违建、设施老旧等部分复杂问题被巡查出来后社区无法处置，影响社区考评成绩和社区负责人的奖励性收入。三是巡办主体共谋隐瞒不报的情况开始出现。为了不影响考评，少数社区组织与本社区内的网格员共谋，对重大矛盾问题、社区难以处置的问题隐瞒不报，这既不利问题解决又增加了职务违纪违规的风险。

第三，基层协调处置机制缺失，低位协调难以解决现实问题。一是条线部门与基层社区的协同治理较难。城管、环保、安监、消防、公安部门管理职能专业性强，过渡型社区内外的生产安全、环保、违建等问题往往涉及多个条线部门和社区。条线部门与属地管理之间的协调机制并不顺畅，在很多时候需要通过党委政府主要领导亲自协调处理。二是基层社区综合处置能力和资源不足。"大事不出网、小事不出格"是社区网格化治理的目标。但"大事"的处置涉及部门较多、涉及利益相对复杂，社区在治理层级中的"低位"基本上无法协调政府各部门，更多是尽可能地安抚教育居民，问题得不到实质性解决。三是基层综合执法队伍和制度建设缺失。按照2021年4月28日中共中央和国务院发布的《关于加强基层治理体系和治理能力现代化的意见》，基层乡镇、街道将被赋予行政执法权，基层综合执法改革将进一步推进。但从目前部分地区的试点情况看，基层执法队伍中有执法资格的人员仅有数人，执法清单和职能范围过大，存在"上面放下来、下面接不住"[①]的现实性问题。

本章小结

治理效能状况投射出过渡型社区治理过程中的问题点。过渡型社区的治理效能，是过渡型社区治理主体的治理能力和社区公共服务、公共治理的效用的综合体现。显然，现实利益关系的复杂性，决定过渡型社区的治理效能并不能轻易实现。过渡型社区是中国特色城镇化的产物，是改革开放四十年社会利益变迁的聚焦点，汇集了快速城镇化进程中社会多元利益主体间的异质性利益需求之间的分歧、冲突、对抗。过渡型社区治理实践中，经济发展、产业结构转型、集体经济的转制，使广大农民被动地卷入到城镇化的洪流中，入住过渡型社区中，开始了从农民向市民角色的转变。拆迁过程中，动迁农民在过渡型社区空间生产过程中与地方政府、拆迁者进行着复杂的利益博弈，甚至是暴力对抗行为。

---

① 访谈记录：FQZHZF20200824。

"上楼之后"的农民,失去了土地经济的"退路"和集体经济的滋养,面临着生计发展的新问题,并在社区中承担着阶层分化、文化适应、群体冲突等方面造成的相对剥夺感。与此同时,组织化的社区治理主体并没有能够在强化社区硬件建设的同时,加强社区治理机制和治理能力的现代化建设。治理主体社区治理能力不强、社区协同治理机制功能不彰,成为过渡型社区治理效能不高的主要原因。

在对过渡型社区治理效能现实性困境的分析过程中,利益及利益关系始终是各种效能不彰问题背后的实质性因素,也是过渡型社区治理过程中政治秩序失调、治理能力不高的根源。过渡型社区产生于中国快速城镇化进程中利益关系复杂化的社会背景,是承载和谐、失衡、对抗等多种状态的社会利益关系的空间。过渡型社区治理的效能困境,在根本上是由于原有的利益关系格局被打破,新的利益格局未能顺利建立所造成的。

第四章

过渡型社区治理中的利益关系

过渡型社区是中国快速城市化进程中各种光怪陆离现象的一个缩影，拆房、建楼、上楼、迁入、迁出，各类群体的各种叙事在过渡型社区的"舞台"上展演。从20世纪90年代开始，社会学和人类学学者对发生在过渡型社区的各类群体、各种叙事进行了深入的描写。政治学视角的研究，不仅关注过渡型社区的各种群体和叙事，更关注是群体和叙事背后过渡型社区中的利益关系和治理秩序，并对过渡型社区治理效能困境的利益关系根源和治理秩序失衡问题进行深度剖析。

按照利益政治学理论逻辑，利益关系失调是治理失效的根本动因，是影响治理秩序的关键因素。本章将对影响过渡型社区治理效能的利益关系进行讨论，并为后续章节讨论过渡型社区的政治秩序问题铺垫理论基础。在理论层面，本章将努力完成过渡型社区治理中的利益关系内涵和结构的理论建构；在现实层面，本章将初步讨论过渡型社区在过渡过程中的利益关系失调问题。

第一节 过渡型社区治理中的利益主体与利益客体

利益关系是社会关系的本质。利益关系包含利益主客体间关系、利益主体间关系和利益客体间关系三类，并呈现协调、分歧、对抗等不同状态。利益主体和利益客体是利益关系形成的基础。

一　过渡型社区治理中的利益主体

利益主体是在社会生产和其他社会活动中的"现实的个人"或"现实的个人"组成的群体、组织。过渡型社区治理，是通过建立"一核多元"的治理主体格局和系统化的治理机制，解决过渡型社区过渡过程中利益矛盾引起的现实性治理问题，推动社区公共利益、群体利益、个人利益的均衡实现。在此意义上，过渡型社区治理过程中所涉及的利益相关者都是过渡型社区的利益主体。过渡型社区治理中的利益主体，包括基层党组织、基层政府、社区居委会、社区等直接责任主体，参与社区治理的社会组织和相关组织，和作为利益调整的对象的居民个体、群体及其组织。

（一）社区居民

过渡型社区中的居民，包括作为个体利益追求者的居民个体、作为群体利益追求者的居民群体和居民组织、作为整体利益追求者的居民和居民组织。

过渡型社区的居民个体，是过渡型社区治理行动中主要的利益个体。过渡型社区的居民是作为个体的形式单独存在的，是最小的利益单元，不能再往下分割。居民个体的利益需求不是形而上的建构，而是指向一个个活生生的人的具体需求满足。每个居民的利益需求是与其所处的生存状态、社会环境相关的，具有独特性。居民个体利益的实现依赖于其与社区内外其他利益主体的社会交往。

过渡型社区的居民群体，是由过渡型社区内有共同利益的居民结合而成的正式或非正式的利益群体。按照居民群体组织化的程度，可以分为正式性群体和非正式性群体。正式性居民利益群体，是有着一定的正式组织关系，成员基本稳定的利益集团或利益群体，如乒乓球协会、瑜伽协会、羽毛球协会、社区志愿者协会等居民社团。非正式性的居民利益群体，是指过渡型社区内在特定条件下具有相同的利益诉求，但内部组织化程度不高，组织稳定性较弱的利益群体，如某栋楼内的居民、一起上访的居民、外来人口等。

作为整体的社区居民，是以集体形式出现的过渡型社区居民的集合。这是过渡型社区内利益群体规模最大、利益层次较高的利益主体。作为整体的社区居民承载了基层民主自治的理想。鉴于过渡型社区的居民规模较大，作为整体的居民对社区事务的参与如果要通过个体的意见表达、利益行动来实现，社区自我管理、自我发展的效率就较低。社区中的群体，按照《中华人民共和国物权法》《中华人民共和国物业管理条例》和各省市有关城市社区物业管理文件的要求，召开业主大会或业主代表大会，选举产生业主委员会。业主委员会作为全体业主的利益代表参与过渡型社区的治理，具体职责包括："召集业主大会会议，报告物业管理的实施情况；代表业主与业主大会选聘的物业服务企业签订物业服务合同；及时了解业主、物业使用人的意见和建议，监督和协助物业服务企业履行物业服务合同；监督管理规约的实施；业主大会赋予的其他职责。"[《物业管理条例》（2018年3月19日修正版）第二章第十五条]

（二）基层党组织

在中国特色的基层治理体系中，基层党组织是执政党领导基层治理的坚强战斗堡垒。过渡型社区治理过程中涉及基层街道乡镇党（工）委、社区党委（支部）、社区党小组和相关单位的党组织。从中国共产党的性质出发，中国共产党代表着中国最广大人民的根本利益。这意味着过渡型社区居民的根本利益是基层党组织和党员所追求的利益。

从纵向上看，基层不同层级的党组织承担着不同的过渡型社区治理职责。街道、乡镇党（工）委要统筹协调辖区内各领域的党建工作，整合调动各类党建资源，抓好社区党建工作。社区党组织负责落实街道、乡镇党（工）委部署的各项任务。在社区党组织以下设立小区、楼道党支部、党小组，通过社区网格，将党支部、党小组建在网格上。由此，在过渡型社区中纵向形成了街道/乡镇党（工）委—社区党组织—小区/网格党支部—楼道党小组四级纵向基层党组织体系。

从横向上来看，过渡型社区的治理还涉及其他的单位党组织的协同参与。一般性的实践模式是，街道/乡镇和社区党组织主导建立开放性的互联互动纽带，通过签订共建协议、干部交叉任职、人才结对培养等方式加强组织共建，通过共同开展活动、加强党员教育等方式推进活动共联，通过整合盘活信息、阵地、文化、服务等实现资源共享。同时，街道/乡镇和社区推动区域党建、"两新组织"党建与社区党建的融合，形成区域化大党建的格局。

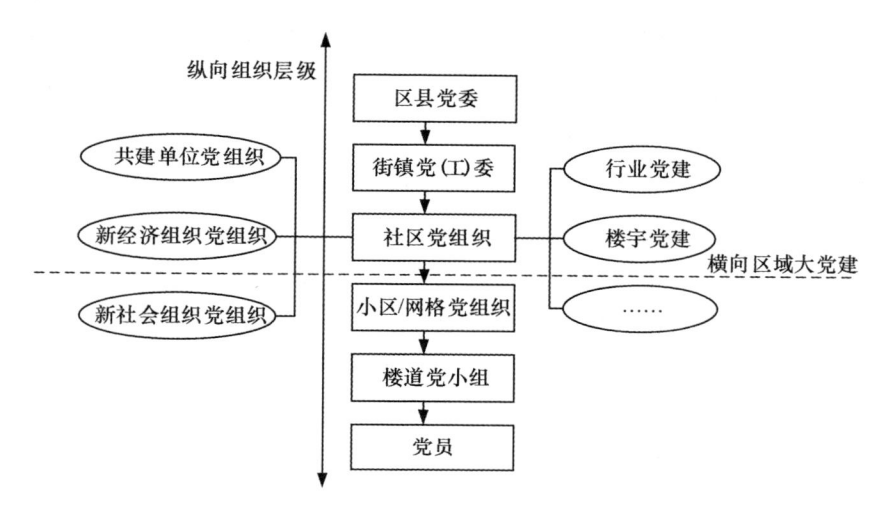

图 4-1　过渡型社区党组织工作格局

由此，在过渡型社区中就形成了以社区党组织为枢纽，纵向连贯上级党委和下级党支部、党小组，横向联系单位党建、行业党建、区域党建等基层党建资源（图4-1）。其中，社区党组织在过渡型社区治理中发挥着主导性功能：一是在拆迁安置的过程中，原先村党组织要做好自我角色、功能、组织体系的转型，率先转型为社区党组织。二是在拆迁安置过程中，社区党组织需要协助上级党委、政府做好拆迁安置工作。三是强化党的基层战斗堡垒建设，增强自身政治功能和战斗力，做好党员教育管理和发展工作。四是领导社区居民自治机制，整合党建、政务和社会服务的各项资源，不断提升过渡型社区治理水平和社会服务水平。五是组织党员和群众参加社区建设，联系群众、服务群众、宣传群众、教育群众，反映群众的意见和要求，化解社会矛盾，维护社会稳定。

（三）社区居委会/村委会

村民委员会或居民委员会是过渡型社区的基层居民自治组织。处于不同发展阶段的过渡型社区在自治组织设置上有所不同。

一般处于过渡初期的过渡型社区会继续保留村治模式，村民委员作为基层自治组织对社区进行自我管理、自我教育、自我服务，多见于城中村、城乡接合部社区、农民集中居住区。按照《村民委员会组织法》，村民委员会是在村级党组织的领导下负责"办理本村的公共事务和公益事业，调解民间纠纷，协助维护社会治安，向人民政府反映村民的意见、要求和提出建议"。村委会、村民会议、村民代表会议、村务监督小组共同组成了过渡型社区村治组织格局，党员、村民代表、村民小组、积极分子等是村治组织的支持网络（次级治理支持网络）。村委会的日常工作中会根据实际工作要求，设置人民调解委员会、治安保卫、计划生育、公共卫生的专门的工作委员会。除此之外，20世纪80年代乡镇企业异军突起，农村经济合作社、联合社等集体经济组织开始产生，村委会便承担起村集体经济经营和发展的职责。村治体制下，村委会需要负责推动集体经济组织的独立运营，完善集体经济利益分享机制，并代表村民对集体经济组织的运营情况进行监管等经济管理职能。因此，实施村治体制的过渡型社区，形成以村委会为核心的自我管理、自我发展组织结构（图4-2）。

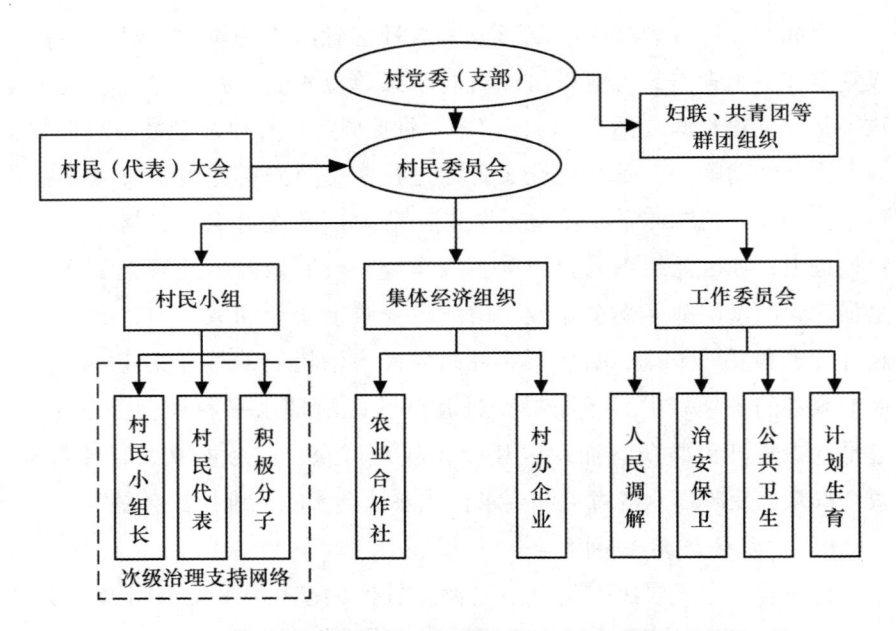

图4-2　村治体制下过渡型社区基层民主自治组织结构

过渡型社区是从村治体制下的农村社区向城市街居制下的城市社区的过渡。于绝大多数的过渡型社区而言，社区治理体制是城市基层社区党委领导下的居民自治组织体制。社区居民委员会是居民大会或居民代表大会选举产生的群众自治组织，是中国城市基层民主自治的重要组织制度。社区内居民大会和居民代表大会是社区内的最高决策机构，居委会是社区的日常办事机构，一般由主任、副主任、委员等组成。相较于转制前的村委会体制，过渡型社区居委会不再承担集体经济的经营、管理、监督等职责，注重社区内的自我管理、居民服务功能，一般下设综合治理、社会保障、计划生育、环境卫生等工作委员会。

（四）基层政府及工作人员

过渡型社区是地方政府行政主导的空间生产和社会整合的产物。作为利益主体的基层政府，应作以下三方面理解：

第一，在纵向上，过渡型社区治理主要涉及区（县）政府、乡镇政府和街道办事处两级政府。按照政府的管理权限，过渡型社区的空间生产是由区县级以上政府部门根据城市经济社会发展作出的规划，基层乡镇政府和街道办事处协助上级政府做好拆迁安置，并指导安置后的社区组织做好自我管理、自我服务、自我发展工作。作为一级政府或上级政府的派出机构，基层政府代表着辖区内居民的公共利益，以本地区的居民美好生活需要的满足为行政管理的价值导向。

第二，在横向上，过渡型社区治理涉及基层政府的职能部门。过渡型社区一般由乡镇或街道办事处的民政事务管理部门（如民政所、社会事务办公室）或专门的社区管理部门（如社区管理中心）管理。不过，由于社区是中国基层社会治理最基础的治理单元，基层党委、政府职能部门凡是涉及社区居民的事务都会下沉到基层社区，这就形成了过渡型社区"上面千根线，下面一根针"的治理责任机制。

第三，基层政府部门的工作人员是过渡型社区治理中不可忽视的利益群体和个体。政府的行政行为不仅是作为组织主体做出的，也是由政府部门的工作人员个体做出的。"公务员也要充当两种角色，即政策执行者的角色和私人的角色。"[1] 作为行政行为的实施者，政府部门工作人员理应贯彻落实各类公共政策。与此同时，这些政府工作人员有个人物质性、精神性、政治性、社会性的利益诉求。这意味着有可能发生"利益

---

[1] 王颖：《转型时期中国政府利益研究》，东北大学出版社2012年版，第97页。

吸附现象"——即由于人是有内在的需求、冲动和利益的,并相对于公共利益和群体利益有其独特性,因此,处于组织中的个人可能利用职权来满足自身利益。在过渡型社区治理过程中,少数党政部门工作人员和基层社区两委工作人员,会利用手中权力进行寻租,会为了避免责任而不作为,也会为了个人职务晋升、公共利益实现而积极履职。

(五) 非营利性社会服务组织

目前过渡型社区治理实践中,社会组织更多是以社区服务外包主体的角色出现的。因此,过渡型社区中的社会组织,更准确的表述应为"社会服务组织"。由于社区内的社会服务组织,还有如家政服务中心等营利性的组织,且按照《民办非企业单位登记管理暂行条例》的规定,"民办非企业单位,是企业事业单位、社会团体和其他社会力量以及公民个人利用非国有资产举办的,从事非营利性社会服务活动的社会组织",因此,笔者同意部分研究者所提出的将社区内民办的、为社区提供服务的社会组织称为"非营利性社区服务组织"[①]的观点。

非营利性社区服务组织主要是面向社区开展非营利性的社区服务。例如,面向老、幼、孤、残等特殊群体的专门服务机构。随着社区治理和社区服务供给方式的改变,非营利性的社区服务组织越来越被基层政府和社区所接受。部分非营利性组织,服务的内容较丰富,组织的价值文化、服务范围、运营体制、服务规范等各方面都逐渐趋向成熟。例如,成立于2008年广州市大同社会工作服务中心,是为广州民政局首家注册社工机构,服务范围包括了街道/乡镇社工服务站、禁毒管教服务、社区矫正和管制帮教服务、学校社工服务等。在组织体系上,该组织组建了"大同联盟",广州、深圳、北京、湖南、四川、福建等多地共有29家机构加盟。

(六) 物业服务企业

物业服务企业是按照与业主签订的物业服务,提供物业管理区域内的房屋及配套设施设备及相关场地的维修、养护、管理,维护物业管理区域内的环境卫生和相关秩序的企业组织。过渡型社区的物业管理大致

[①] 杨贵华:《转型与创生:"村改居"社区组织建设》,社会科学文献出版社2014年版,第178—179页。

上有"社区自管""商业物管""政府协管"三种模式。① 三种模式下的物业管理服务企业的性质、角色、组织机制等均有所不同。

社区自管，是过渡型社区（主要是城中村）的村委会成立集体经济性质的物业服务公司，或者直接招聘保安、保洁等人员负责社区的卫生清洁、治安等基本的物业管理服务。采用该模式大多是处于过渡初期农民集中居住区和拆迁安置社区，物业管理的费用一般由集体经济组织或基层财政承担，社区居民不需要支出物业管理费用。

商业物管，是通过市场机制聘用专业的物业服务公司。考虑到过渡型社区的特殊性，一般基层政府会限制物业费用的上限并给予相应的补贴。该模式的优点是能够为过渡型社区居民提供相对专业化的物业管理服务。实践中的困境是，过渡型社区居民大多不愿意交物业费，进而导致物业服务企业的经营难以为继。

政府协管，是由基层政府以一定政策和资金支持而成立的专门性的物业管理服务公司，社区居委会、村委会、居民共同参与管理。这些物业公司大多由街道或乡镇管辖的国有企业或集体经济组织组建，政府财政给予一定的财政补贴，并辅助以部分商铺出租、集体经济反哺等收入，部分地区从动迁农民的补偿款中预扣物业管理费用。该模式下，物业服务公司的运营管理费用基本得到了保证，社区居民的支出也未提高，但基层政府的财政补贴压力较大。

作为利益主体的物业服务企业是过渡型社区治理利益关系中的重要一元，但也是利益较难保障的主体之一。较为专业的商业物管模式，会因过渡型社区居民物业费缴纳率低而无法运营。大多数过渡型社区采用的是社区自管或政府协管模式。但是物业服务企业与基层政府、村（居）委会、集体经济组织牵连关系过多，承担了政府和社区的诸多公共治理和公共服务职能，公司的独立运营和持续发展受限较大，在补贴不到位情况下很难持续运营。

（七）驻区单位等其他组织

《城市居民委员会组织法》第十九条要求："机关、团体、部队、企

---

① 吴莹：《上楼之后：村改居社区的组织再造与秩序重建》，社会科学文献出版社2018年版，第221页。

业事业组织,不参加所在地的居民委员会,但是应当支持所在地的居民委员会的工作。"因此,在过渡型社区治理利益关系中,牵涉驻区单位、共建单位等各类组织。这些组织和群体对过渡型社区治理的作用主要表现为:一是作为过渡型社区治理实际问题的利益相关方,影响着过渡型社区的拆迁安置、治安维稳工作效能等。如拆迁安置过程中的灰色势力、租用社区门面房的商户等。二是作为过渡型社区治理的重要参与者,为社区管理提供社区居民提供相关的服务。如社区周边单位与社区共同开展健康问诊、法律援助、教育培训活动。

二 过渡型社区治理中的利益客体

利益主体的具体需要构成了利益客体。马克思主义经典作家提出了物质利益和精神利益的概念,并认为物质利益是利益的基础性内容。早期研究利益政治问题的张江河将利益客体分为经济利益(物质利益、价值利益、财产利益)和非经济利益(政治利益、精神利益、活动利益)两大类。① 王伟光对利益客体的区分更为精细。他认为利益客体包括物质型、精神型、经济型、政治型、广泛社会型、群体型、综合型、关系型等多种类别。② 洪远朋来总结新时期中国社会利益关系包括经济利益关系、政治利益关系、文化利益关系、保障利益关系、环境利益关系物种类型,③ 在这些利益关系中涉及经济、政治、文化、保障、环境等具体利益客体。

从中国特色社会主义建设实践看,中国共产党对利益客体的认识是有阶段性的。毛泽东思想中主要强调物质利益观;邓小平时代强调经济利益为中心;"三个代表"重要思想、科学发展观逐步形成了经济利益、精神利益、政治利益、社会利益的观念;党的十八大以来,中国共产党逐渐形成了以"人民美好生活需要"统领的经济、政治、文化、社会、生态"五位一体"的利益观念。过渡型社区治理的现代化,根本的衡量

---

① 张江河:《论利益与政治》,北京大学出版社2002年版,第112—118页。
② 王伟光:《利益论》,人民出版社2001年版,第98—99页。
③ 洪远朋等主编:《利益关系总论——新时期我国社会利益关系发展变化研究的总报告》,复旦大学出版社2011年版。

标准就是社区居民美好生活需要均衡而充分的满足。因此，过渡型社区治理过程中所涉及的利益客体，就是社区治理过程中利益主体所追求的经济利益、政治利益、文化利益、社会利益、生态利益。

（一）经济利益

过渡型社区中的经济利益，就是社区治理过程中利益主体所追求的经济性需求。具体包括纯自然化的物质利益、人化自然的物质利益、财产利益、价值利益等形式。

纯自然的物质利益是指过渡型社区中的组织、居民生存发展所依赖的自然物质条件，如空气、水源、矿产资源、土地等。过渡型社区大多位于城市边缘地带或处于工业园区内，周边工业企业居多。部分工业企业的污染物偷排、偷埋行为造成居民生活水源、土地的污染。过渡型社区人口集聚，也是大排档、烧烤摊的聚集地，油烟污染、噪声污染也是过渡型社区居民投诉较多的治理问题。

人化自然的物质利益是指人类实践活动所生产出来的物质资源，如食物、衣服、住房等。过渡型社区的生产是地方政府主导将农民原先的生产生活物资拆解、消除、消解，重新建立城市社区物质资源体系的过程。其中，最为关键人化自然物质利益是住房问题。当农民的宅基地被征用、房屋被拆，地方政府根据政策给予货币或住房形式的补偿，这对动迁农民人化自然的物质利益的补偿和保障。

价值利益是以国家一般等价物体现价值的居民的物质需要，如货币、国库券、股票、工资等。其中，货币是最主要的、最普遍的经济利益。在拆迁过程中，少数动迁农民与拆迁方在补偿款额度利益博弈，指向的都是价值利益。

财产利益是指动产、不动产、有价证券等财物或者期权、债权等其他具有经济性价值的利益。在拆迁安置过程中，主要涉及动迁农民的占有利益、产权利益、财产的增值利益。地方政府根据耕地、宅基地面积给予动迁农民的补偿收益，耕地流转后农民所获得的流转费，是动迁农民占有利益。动迁后农民将非自住的房屋用来出租所获得的租金，属于产权利益。对动迁农民的利益补偿是以居民现有的房屋、土地及其附着物的价值为标准，还是居民可以分享其原有土地的增值收益，一直是动迁农民与拆迁方的利益分歧。动迁农民认为，自己原有土地在拆迁后增值了，自身对土地的增值收益有分享权；拆迁者则认为土地增值是拆迁后的规划发展所带来的，与农民原有土地并不直接相关，因此动迁农民并不享有增值利益。

(二) 政治利益

政治利益是利益主体利用国家政权所追求的权力和权利需要。政治利益包括权力主体政治制度、组织制度、治理机制中所拥有的权力，也包括人民群众依法所享有民主选举、民主决策、民主监督等权利。

对权力的追求，主要是地方党委、政府和社区党组织、居委会等组织及其工作人员等利益主体的政治利益。在过渡型社区治理体系中，权力是实现社区治理效能的主要手段。例如，中央始终强调要加强基层社区的党建工作，强化基层党组织对过渡型社区治理的全面领导，以此确立执政党在基层社会的政治权威。

对权利的追求，集中表现为在社区治理和社区发展过程中的民主选举、民主决策、民主管理、民主监督权利。例如，居民在自身利益受损时以上访、投诉等方式进行维权。在社区治理过程中，居民通过居民（代表）大会，要求居委会公布财务收支情况、实际工作成效等，居民作为业主对业主委员会的工作情况进行监督等。

(三) 文化利益

过渡型社区中的文化利益是指社区居民等利益主体在相互交往、与周围环境的互动过程中，在文化、心理、情感、友谊等方面产生的需要，并在一定的社会关系中体现出来的精神享用价值。文化利益主要包括两个方面，一是居民自身在教育、文化、艺术、科学、体育等方面的利益，二是居民在社会交往过程中所获得精神上、思想上、心理上的满足感。

一方面是过渡型社区中的教育培训、文化娱乐、科普宣传、体育设施、法治教育等基本服务是居民文化利益实现的主要途径。如部分地区的过渡型社区居委会采购相关人力资源中介机构的服务或利用周边的职业技术院校的教育资源，为社区内的中青年动迁农民和外来人口提供免费或低价的职业技能培训和再就业帮扶。"娱乐不但能引人离开厌腻的工作，而且，还含有一种建设性的或创造性的元素。"[1] 为居民跳广场舞、练健美操、健身、阅读提供场地和基本物资，将有助于社区内居民的社会交往和互动，形成新的社会资本。例如，各地建于过渡型社区内或周边的老年日间照料中心，除了有配餐、洗浴、基础医疗等养老服务外，往往还有棋牌室、影音室、书画室等休闲娱乐功能室。

文化利益的另一方面是精神心理的认同、归属和心理层面的愉悦，这有赖于社区居民间的有效交往。在空间格局被打破后，社会关系网络也需要重新建立。过渡型社区的治理，需要通过组织有效的社会服务和集体生活来培育社会资本，安抚动迁农民和外来流动人口精神和心理层面的焦虑和不适，推动群体间的交往和互助，从而建立共同的社区文化，强化居民对社区的认同感和归属感。如S市G区F街道利用"住枫桥"App直播枫桥实验小学"我为祖国歌唱"、枫桥社工"学习强国、诵读经典"技能大赛、"歌唱祖国新时代、幸福枫桥敬老月"等活动，街道数万居民和外来人口在手机端观看。这一方式，既推广了"住枫桥"智慧社区移动平台，又丰富了广大动迁农民和本地已安家的外来人口的文化生活，大大提升了"住枫桥"的社区认同感和归属感。

(四) 社会利益

过渡型社区居民对社区的认同感、归属感会使其精神性利益得到满足，而这种满足则需要通过充分的社会交往来实现。因此，社会交往是过渡型社区居民社会利益的主要实现过程。在《人情与面子》一书中，黄光国等将中国人的社会关系大致分为三类：以血缘为纽带的情感性关系，如父母、兄弟姐妹、子女、亲戚等家庭、家族关系；多发生于陌生人交往的工具性关系；介于情感性和工具性关系之间的混合性关系，如同学关系、邻里关系、同事关系。[2] 进入过渡型社区后，居民的家庭关系虽然未被整体拆散，但也深受影响（如为了获得更多补偿的"假离婚"、分家等）；原先同姓聚居的村庄已经被拆解；原先数十年甚至数代人的邻里关系已经被拆散；新的封闭式社区是一个陌生人社区，原子化的社区

---

[1] [英] 马凌诺斯基：《文化论》，费孝通译，华夏出版社2002年版，第89页。
[2] 黄光国、胡先缙等：《人情与面子——中国人的权力游戏》，中国人民大学出版社2010年版，第7—12页。

生活对在乡村熟人社会生存数十年的动迁农民是一个陌生的世界，精神的焦虑、心理的迷茫以及苦于生计的奔波，居民之间的交往并不容易开展。

社会利益不仅体现为社会网络、社会结构之间的包容性，同时体现为居民在职业保障、医疗卫生、养老、失业、教育等方面的利益。正如十九届四中全会决定中所提出的，"幼有所育、学有所教、劳有所得、病有所医、老有所养、住有所居、弱有所扶"[①]。这基本勾勒出城乡居民社会保障利益的基本面。于过渡型社区居民而言，其中最为关键的是劳有所得、病有所医、老有所养的问题。作为地方政府和社区管理者，应注重在就业、医保、养老保险和养老服务上有所推动。

（五）生态利益

党的二十大报告中再次强调，"必须牢固树立和践行绿水青山就是金山银山的理念"。在过渡型社区的微观场域中，居民的生态利益包含自然环境、自然资源层面的生态利益，居住空间意义上的空间利益。

从自然环境、自然资源层面看，过渡型社区治理过程中的生态利益主要表现为三个方面：一是过渡型社区居民享有良好的生态环境。体现为以绿水青山为核心的自然物质资源的享有权，这构成了居民赖以生存的自然基础。二是过渡型社区居民享有集体土地、矿产等资源在转制之后因产权衍生的利益和生态补偿的利益。三是社区内部的生态环境问题。例如社区内部的卫生保洁，垃圾分类及清运、小区绿化等问题。

生态，Eco——一词源于古希腊语 oikos，原意指"住所"或"栖息地"。在此意义上，生态利益不仅包括了人与自然的和谐相处、和谐发展问题，还包括了居住地的空间权利问题。空间权利，是过渡型社区居民在过渡型社区空间生产和空间资源配置方面的生态利益，关系到过渡型社区内的空间正义。因此，在过渡型社区治理过程中，既要保障社区居民的居住空间，同时也要加强社区内停车位、公共广场等公共设施配置和社区外道路交通、文化教育等基础设施的建设。

---

① 《中共中央关于坚持和完善中国特色社会主义制度　推进国家治理体系和治理能力现代化若干重大问题的决定》，2020年3月20日，新华网（http://www.xinhuanet.com/politics/2019-11/05/c_1125195786.htm）。

第二节　过渡型社区治理中利益关系的结构

《史记》的"货殖列传"中，司马迁写出了千古名句"天下熙熙皆为利来，天下攘攘皆为利往"。利益是人们社会交往的动力。过渡型社区各种治理效能困境中，普遍可见各种或统一、或分歧、或冲突、或对抗的利益。如拆迁安置中不同阶层、不同立场的利益主体之间的利益博弈；社区中不同职业、不同背景的居民之间逐利行为的相互影响；不同层级的政府、不同政府部门之间基于地方利益、部门利益而相互扯皮；等等。

利益主体在社会生产实践的过程中追求利益并建立起相应的利益关系。利益关系内在结构的第一维度是利益主体之间的关系，反映的是不同利益主体在追求利益客体的过程中所形成的关系；第二维度是利益客体之间的关系，反映的是利益主体追求的利益客体之间相互影响和优先次序。利益关系的第三维度就是利益主体与利益客体之间的关系，反映的是利益主体对客体的期望、追求、消费关系。

一　过渡型社区治理中的利益主体关系

过渡型社区治理中的利益主体关系包括：一是不同层次的利益主体间关系，主要体现为整体、群体和个体不同层次利益主体之间的关系；二是同层次之间的利益关系，主要体现为区域间、群体间、个体之间三个方面的利益关系。

（一）不同层次利益主体间关系

按照利益主体所涵盖个体的规模，过渡型社区治理过程中利益主体所追求的利益可以分为社会公共利益、群体利益和个人利益三个层次。

第一，过渡型社区治理过程中所涉及的社会公共利益。这表现为两个层次：一是超出过渡型社区的空间范围和人口范围的社会公共利益，如全人类的利益、社会公共利益、地方公共利益等。二是过渡型社区内全体居民的利益。第二，过渡型社区治理过程中的各类群体间的利益。过渡型社区治理过程中涉及的群体包括：居民群体（如本地动迁农民、外来流动人口，某一区域或某几栋楼的居民，老年等各年龄段的居民群体，处于不同就业状态中的居民群体等），业主委员会成员，村委会、居委会等群众自治组织成员，社区服务中心的工作人员，各类社区服务组织工作人员，驻区单位、商户等组织的工作人员等。这些群体所追求的利益即为群体性的利益。第三，个体利益。包括过渡型社区中居民个体利益和基层政府、业委会、村委会、居委会、社区服务组织等组织成员的个体利益。

不同层次的利益关系，就是社会公共利益、群体利益与个人利益之间的关系。这些利益关系的状态可以表现为协调、矛盾、冲突甚至对抗。中国传统政治思想中，强调"义重于利"，不同层次的利益关系存在着不同的优先性：社会公共利益优先于群体利益，群体利益优先于个人利益。现代利益政治观在传统政治思想基础上，更注重个人利益、群体利益和社会公共利益之间的辩证统一，更强调在维护社会公共利益、群体优先地位时应对个人的合法利益的补偿保障。优先性、保障性在一定意义上构成了协调不同层次利益关系的两难。

（二）同层次的利益主体间的关系

同层次的利益关系，是指过渡型社区内个体之间、同层次群体之间甚至是不同区域之间的利益关系。

第一，过渡型社区内的个体间利益关系。由于个体身份、职业、阶层等方面差异，个体在社区治理过程中所追求的利益客体并不一致。比如，拆迁过程中动迁农民希望获得更多的利益补偿，负责拆迁的工作人员则希望尽早拆迁以完成工作任务。社区内的外来人员希望房租低一些以降低生活成本，而出租房屋的动迁农民则希望房租高一些以增加收入。

第二，过渡型社区内同层次的群体间利益关系。群体间利益关系是过渡型社区治理过程中各类利益群体之间的合作、分歧、冲突、对抗的利益关系。如本地动迁农民与外来流动人口之间的利益关系，在社区外烧烤摊吃夜宵的居民与受油烟、噪声困扰的居民之间的关系。群体间的利益关系，往往折射出过渡型社区内的社会阶层、社会结构和社会资本的存量情况。如社区内不同群体间利益的异质性高，利益关系多处于冲突、对抗状态，社区内的社会资本存量和质量都不强，社会结构的碎片化也较为严重。

第三，过渡型社区治理过程中所涉及的区域之间的利益关系。如，相邻的两个社区居民之间因拆迁安置时间和政策标准不一致而出现拆迁补偿的差异；相邻两个社区划归两个教学质量差异较大的学区的情况；疫情防控中，相邻社区之间共建防控体系以维护两个社区居民公共利益等。

二 过渡型社区治理中的利益客体关系

过渡型社区中的利益客体间的关系，是指在过渡型社区治理过程中利益主体所追求的经济、政治、文化、社会、生态等利益客体之间的关系。利益客体之间的关系，主要表现为利益主体在追求具体利益时所进行的优先性排序。

（一）利益客体间的相互影响关系

经济利益是政治、文化、社会、生态利益实现的基础。如果经济利益无法得到充分的满足，居民就会通过投诉、上访、民主选举等方式，来追求政治利益，并通过社会政治权力来捍卫自身的经济利益。居民经济利益的实现程度，决定了居民在捍卫自身利益时采用何种政治手段以及将之使用到何种程度。在过渡型社区空间生产过程中，当居民认为自己的拆迁补偿款不足，部分居民会找社区干部争取利益，部分居民会直接越级上访、进京上访、群体上访，少数居民甚至以媒体发布会、短视频等方式来扩大社会影响。经济利益同样也是文化利益实现的前提，只有经济利益得到充分均衡的满足，过渡型社区居民才能够在主观上感受到幸福感、获得感、安全感，才会有心灵上的愉悦。经济利益关联着居民的职业状态，关系到居民的职业保障、医疗保障、养老等社会利益的实现。所谓"土地换保障"的内在机理便是如此。经济利益也影响着生态利益。过渡型社区的空间转变因区域经济性公共利益而发生，区域经济利益的增长又可以进一步保障过渡型社区内的居住空间质量和公共设施配置水平。

其他利益客体之间同样相互关联，并对经济利益有积极作用。政治利益的实现，有助于建立良好的政治秩序和治理机制，推进过渡型社区的共建共治共享共同体的形成，有助于社区居民经济、政治、文化、社会、生态利益的全面实现和获得感、幸福感、安全感的提升。建立包容性的社区文化，有助于推进居民间的广泛交往，促进社区居民之间、政社之间的良好互动，形成开放、包容、合作的社会关系，建立利益关系和谐、社区认同感强的治理共同体。社区内的空间生产和空间资源的配置水平，直接关系到居民的经济利益的实现程度，关系到社区居民的社会利益的实现程度，也影响着社区居民协商民主机制、政社互动机制、网格化治理机制的制度效能。

(二) 利益客体间的优先性关系

在宏观层面上，中国共产党的执政理念主导过渡型社区居民利益客体间的优先性关系。在中华人民共和国成立初期，受制于国内工商业基础薄弱，中国共产党对人民群众的物质需求只是"适当安排"。这一时期更强调人民群众当家作主的政治利益。1978年以后，中国共产党以"三个有利于"作为各项发展战略、政策的标准，其核心是以经济建设为中心，提高人民的物质生活水平。在20世纪90年代以来，中共中央逐步提出了精神文明建设、社会建设、生态建设，这意味着中国共产党对人民群众利益需求的认识不断深入促进。党的十八大以来，中国共产党提出"人民的美好生活需要"的概念，形成经济、政治、文化、社会、生态"五位一体"的整体性利益认知，同时强调了要充分而均衡实现人民群众的各种利益。充分而均衡，意味着首先应推进经济的高质量发展，为多元利益客体的实现建立稳定的物质基础，同时在分配、再分配等环节注重均衡性。在过渡型社区治理方面，地方政府开展拆迁安置，整合各类要素来实现区域高质量发展，在经济发展的过程中不断满足动迁农民在居住空间、经济收入、社会保障、文化教育、民主治理等方面的利益。

在微观层面上，过渡型社区中的不同利益主体对利益客体的先后性排序有所差异。过渡型社区中的利益主体包括了政府、社会组织、社区服务组织等组织内的工作人员个体，社区内不同背景、不同年龄的居民群体和个体等。一般而言，党组织、政府工作人员对政治利益的追求优先于其他利益。物业企业工作人员更多的注重经济利益。过渡型社区居民对自身经济利益、空间利益的追求就要优先于对政治利益、文化利益的追求。

三　过渡型社区治理中的利益主体—客体关系

过渡型社区治理中的利益主体—客体关系是利益主体在期望、追求、消费利益客体实践中所形成的主体与客体之间的关系。利益主体—客体关系中的利益客体，可简称为主体利益。

（一）社区居民的利益

居民是过渡型社区共同体的基础，居民是过渡型社区治理的第一主体，也是过渡型社区各类利益关系的核心。根据居民的规模，可以分为居民的个体利益，部分居民的群体利益和全体居民的公共利益三个层次的利益关系。

经由业主会议或业主代表选举产生的业主委员会，是过渡型社区全体居民的公共利益的代表方。居民个体、群体、整体利益之间的冲突，需要在业主委员会的居民自治组织框架内来协调。但在实践过程中，业主对业委会不信任甚至冲突对抗的现象时有发生。这些现象折射出业主委员会所代表的公共利益与业委会委员的个人利益之间的矛盾，以及居民个人利益、群体利益和社区公共利益之间的矛盾。例如，业委会与物业服务企业协作对过渡型社区停车位进行分配收费，以此解决社区内停车不便的问题。这一措施符合社区居民的整体利益，但在少数居民看来，收取停车费在拆迁安置时并未约定，且增加了个人生活支出。

居民利益是以"美好生活需要"统领，涵盖经济、政治、文化、社会、生态五个方面，并体现为幸福感、获得感、安全感三方面的主观感受。在社区不同过渡阶段，过渡型社区居民主要追求的利益客体有所不同。城中村、农村社区拆迁安置阶段，居民主要追求经济利益、空间利益；安置后，居民主要追求经济利益、文化利益、社会利益；自认为利益受损时，居民会提出政治利益需求，并以政治手段来捍卫自己的经济利益。

（二）基层党组织、基层政府、村（居）委会及其工作人员的利益

基层党组织、基层政府是过渡型社区治理过程中所涉及的公共利益代表者，党组织和政府组织的工作人员既要维护公共利益，同时也有自身的利益诉求。

按照中国共产党执政理念，"党除了人民利益之外没有自己的特殊利益，党的一起工作都是为了实现好、维护好、发展好最广大人民的根本利益。"[①] 因此，过渡型社区党组织所代表、追求的利益并非自身的群体

---

① 习近平：《在"不忘初心、牢记使命"主题教育工作会议上的讲话》，《求是》2019 年第 13 期。

利益、个人利益，而是本社区居民的根本利益、公共利益。在中国共产党领导的治国理政体制内，基层政府是为人民服务的行政机关，也是本地区居民的利益的代表者。在此意义上，"政府应与中国共产党一样，是没有自身独特的利益的。政府促进和实现公共利益的义务和责任，是公共管理区别于私人管理的重要特征"①。但学术界对此观点存在分歧，政府部门在治理过程中的扯皮、推责等行为也似乎说明政府特殊利益的存在。如臧乃康认为，政府自身是存在着相应的利益需求和权益的。② 蓝剑平认为，政府的利益是分为实际公共利益和偏离公共利益，前者是其所代表的社会公共利益，后者是指政府的特殊利益。③ 21世纪前后，学界对政府利益的认识从"为人民服务"的公共利益代表观，转向对政府自身的利益和政府工作人员利益的重视。这大体是受到国外公共选择理论的影响，普遍的观点是治理过程就是交易的过程，政府在一定程度上也是"经济人"，具有自利性，会追求自身利益的扩大化。④

结合过渡型社区建设和治理的现实，政府的利益实际上包含了三个层面：一是一级政府所代表的公共利益，如国家利益、地方利益等；二是政府部门所代表的利益，这部分利益是某一方面的公共利益或居民的群体利益，如文旅部门主要考虑居民的文化娱乐生活、旅游行业发展等方面的利益，人社部门主要考虑居民的经济收入、社会保障利益等；或政府部门的自身利益，如过渡型社区内的违建问题往往在城管、住建、环保、消防等多个部门间踢皮球，无人愿意承担管理责任。三是政府部门内部的工作人员的个人利益。如个人的趋利避害的利益诉求，追求晋升的权力欲望，立足做一番事业的成就动机等。因此，基层党组织、政府部门及其人员的利益实际上分为了公共性、个体性的两个层面。

村（居）委会是过渡型社区内居民自我教育、自我管理、自我服务的群众自治组织。这一组织性质决定了村（居）委会应作为本社区居民的公共利益代表。但在社区治理过程中，社区公共利益与社区部分居民

---

① 赵成根：《民主与公共决策研究》，黑龙江人民出版社2000年版，第107页。
② 臧乃康：《政府利益论》，《理论探讨》1999年第1期。
③ 蓝剑平：《政府利益内涵的理论分析》，《中共福建省委党校学报》2005年第1期。
④ 王颖：《转型时期中国政府利益研究》，东北大学出版社2012年版，第24页。

的群体利益、居民个体利益事实上会形成矛盾，社区公共利益、居民群体利益与村（居）委会工作人员的利益也会产生利益分歧、冲突。因此，村（居）委会及其工作人员的利益与基层党组织、政府部门及其工作人员的利益一致，也存在公共性、个体性的差别。

（三）非营利性社会服务组织的利益

过渡型社区中的非营利性社会服务组织具有显著的特殊性，这种特殊性决定了其追求的利益结构的复杂性。目前，过渡型社区内的大多数非营利性社会服务组织是由基层政府和社区居委会主动培育的。基层政府和社区居委会培育社会服务组织的动机源于两个方面：一是上级主管部门对社区治理社会化的明确要求，特别是对发展社区服务外包、社会组织培育数量的指标要求；二是社区居委会因人手、专业度的缺乏，需要通过服务外包形式来应对社区治理过程中的现实问题，同时转嫁自身的治理责任风险。因此，区别于西方国家非营利组织主要作为群体利益代表者的立场，过渡型社区内的非营利性社会服务组织则主要追求的是社区公共利益和服务对象的群体利益。例如，2018 年 F 街道办事处指导多位年轻的社会工作者成立了 S 市 G 区明德司法社会工作服务中心。该中心目前为 F 街道提供社区矫正、安置帮教、信访社工、精神康复、禁毒戒毒五大类司法社会工作服务。在笔者的访谈中，该中心的理事长表示："目前看，F 街道对我们中心的确提供了大量的支持，我们也会尽全力去配合司法所那边做好相关的司法社工服务工作。在此之外，我们才会去接一些小型的服务项目，延伸自己的服务范围，但整体上还是以 F 街道为主。"[①] 明德社工的个案是具有普遍性的，由政府、社区孵化培育的社会组织的利益与基层政府、社区的利益是一致的，在此优先前提下才是组织利益和个人利益。

（四）物业服务企业的利益

相较于一般性的城市商业住宅小区而言，过渡型社区的物业服务企业除了商业物业服务企业对利润的追求外，还根据其组织性质的不同而承担部分公共职能。

在自管模式下，社区物业服务企业是由村（居）委会组建，物业人

---

① 访谈记录：FQSJSG2020073001。

员为本地居民。物业服务企业的利益与村（居）委会的利益是重叠的，主要追求的社区公共环境的整洁、社区基本设施的维护，并承担着解决少数动迁农民的就业问题。但这一时期物业服务企业的服务质量和物业服务规范方面存在着严重的缺陷。在此情况下，部分地区的地方政府主导了过渡型社区的物业服务改革。以S市工业园区为例，2018年初出台《关于完善街道动迁社区物业管理体系的试行方案》《关于推进园区动迁社区物业管理市场化改革试点的指导意见》等文件。园区对过渡型社区物业服务公司的混合所有制改革，融合了基层政府、物业企业、项目管理团队三大类主体，股权结构上基层政府对物业企业实行控股，其他物业企业和管理团队持股，从而形成以维护社区公共利益为主，兼顾企业利润和团队激励的利益结构。

（五）驻区单位等其他社会组织的利益

驻区单位及其他相关社会组织所追求的主体利益，因其自身组织性质的不同而有所差异。作为驻区单位或社区共建单位的公共组织，如学校、公立医院、相关政府部门等，主要的利益诉求是与社区居民建立良好的联系，履行相应的社会责任，或化解组织与过渡型社区居民的利益矛盾。企业等经济组织参与过渡型社区治理活动的动机是在履行社会责任的同时尽可能追求自身的经济利益。例如，过渡型社区周边的超市与社区居委会共同举办活动，并在活动中推广自身产品和服务。

第三节　过渡型社区治理中利益关系的失调

——基于过渡型社区空间生产过程中
利益关系结构的案例分析

在利益政治学理论框架下，利益矛盾是过渡型社区诸种治理困境的内在根源，利益关系失调是过渡型社区治理效能不彰的形成机理。过渡型社区治理的现实困境，涵盖了过渡初期的征地拆迁，过渡中后期的社区治理、社区服务等方面。其中，拆迁安置是过渡型社区内利益关系失调的主要场景。笔者这里遴选的是江苏省苏中地区的一次常态化的拆迁安置案例。在该案例中，并未发生激烈性的对峙和对抗，更多的是利益博弈，在此过程中，我们也能够发现过渡初期过渡型社区治理过程中利益关系所呈现的状态。

T 市 J 区 L 街道地处江苏中部，总面积 46.68 平方公里。户籍总人口 17.8 万人，辖区内 33 个社区、20 个行政村，境内交通发达，区位优势明显。2019 年 11 月 15 日，J 区召开 2019 年城区房屋征收搬迁工作动员大会，本次拆迁共涉及包括 L 街道 A 村 K 庄在内的 7 个地块，共 1086 户房屋。其中，K 庄共涉及 6 个村民小组，共计 172 户房屋。

在动员会上，J 区区长强调房屋征收搬迁工作是群众期盼、发展需求的大事、好事，全区上下要统一思想、迅速行动，力争实现"签约 100%、腾空交房 100%、信访问题处理 100%"和"零投诉、零上访、零强拆、零遗留问题"的目标。[①] 区拆迁办对征收搬迁片区进行细化划片，提前摸底每户情况，针对性地要求相关部门做好政策宣讲和拆迁动员工作。除基层政府和相关部门要进行宣讲动员之外，由相关的第三方公司对征收房屋进行测量核价，拆迁公司负责全部拆迁工作的实施，国有投资公司和城市建设投资公司按照土地规划性质分别负责相关的资金筹集工作。

在具体拆迁工作中，大致是这样的场景：相关片区的居民在听闻征用搬迁消息后便托关系打听具体的补偿标准，少数居民会提前临时加盖房屋、加种树木和青苗，或"假离婚"。区政府发布房屋征收补偿方案公开征求意见方案，并确定最终征收补偿方案。区、街道、村三级对征用房屋情况进行摸底，制定划片分包责任方案，要求相关基层政府和区职能部门、群团组织包户动员（见表 4-1）。评估单位进场评估房屋补偿价格。[②] 拆迁公司工作人员、基层政府和区政府相关部门的包户人员、村委会相关人员共同组成谈判组对征用搬迁房屋户主进行动员协商，签订补

[①]《我区召开 2019 年城区房屋征收搬迁工作动员大会》，2020 年 4 月 28 日，T 市 J 区政府网（http://www.jiangyan.gov.cn/art/2019/11/16/art_ 51351_ 2596339.html）。

[②] 国有土地房屋评估的委托单位为 J 区住房和城乡建设局；集体土地房屋评估的委托单位为集体土地房屋搬迁补偿协议签约单位。《区住建局关于 2019 年 J 区房屋征收评估机构的报名公告》，2020 年 4 月 28 日，T 市 J 区政府网（http://www.jiangyan.gov.cn/art/2019/10/14/art_ 58428_ 2569511.html）。

偿协议。地方建设投资公司按照协议约定发放补偿款。区政府主导完成动迁居民的安置房建设和分配工作，并对过渡期内的居民生活进行补偿。动迁居民顺利入住新的集中安置社区，开启新的城市生活。

表4-1　J区L街道A村K庄C段征收搬迁包户动员表（部分）[①]

群众思想工作责任系统	户数	房屋地址
行政审批局	10	A村十八组
商务局	9	A村十八组
编办	3	A村十八组
团委	2	A村十三组
红十字会	2	A村十三组
工商联	2	A村十三组
妇联	2	A村十三组（1户） A村十八组（1户）

数据来源：《A村K庄C段集体土地房屋搬迁进度表》部分数据。

一　不同层次利益主体关系的失调

过渡型社区空间生产过程中的不同层次的利益，主要是公共利益、群体利益和个人利益三个层次。在拆迁安置的过程中，这三层利益主体关系之间会产生矛盾，交织发生在同一利益主体的不同角色冲突和不同利益主体间的利益冲突中。

在压力型体制下，党组织、政府部门的角色是异化、冲突、错乱的。在市场经济体制下，地方党组织和政府部门承担着主导和推动地方经济社会高速、高质量发展的重要职责。正如J区区长所言，"房屋征收搬迁工作是群众期盼、发展需求的大事、好事"。在此背景下，城市党组织和政府就成为了城市经营者，通过拆迁、改造、更新、营造对有限的空间

[①]　该进度表张贴于C段指挥部办公室门前。表格中罗列出各个集体土地房屋的群众思想工作责任系统、被搬迁人、房屋地址以及入户调查、附属物丈量、协议时间、腾空交房时间、补偿安置方式、补偿金额等拆迁工作进度信息。其中，群众思想工作责任系统即为该户的拆迁动员部门。

资源进行拓展、整合，从而实现土地资源的高效利用和高附加产值。根据 J 区政府相关新闻报道，该区 2018 年上半年拆迁 2200 户，下半年拆迁 575 户；2019 年下半年拆迁 1086 户。2020 年 5 月底，J 区住建局再次公布了上半年的房屋征收范围，共涉及 4 个片区约 669 户。[1] 伴随拆迁的过程，J 区城区周边到处是住宅建设工地，大片的过渡型社区建立起来。过渡型社区是地方党组织的领导下，由政府主导土地空间的外扩、整合而形成的。这既体现了地方党委、地方政府为了本地区的公共利益推动空间生产和重新配置，也呈现出地方政府官员的政绩需求。在政绩压力下，诸多地方党委和政府官员会在有限的任期内，尽可能多地征地拆房，加快招商引资的力度，推进重大项目工程的开工建设。

过渡型社区空间生产涉及农村集体土地、宅基地的征用、拆迁、安置。虽然《土地管理法》规定，县级及以上人民政府才有权征收集体土地，但从 J 区的拆迁责任机制看，区政府借助科层制将拆迁安置任务以"政治任务"层层下压给乡镇、街道和相关党政部门，更进一步落实到村（居）党组织和村委会、居委会，甚至是社区治理网格。名义上乡镇、街道和村居只是协助县区拆迁办的工作，实际上乡镇、街道及以下的基层党组织和基层政府部门、村（居）委会是拆迁安置的主要执行主体。在压力型体制下，基层党组织、基层政府会基于上级的压力、自身的政绩和利益考量（如拆迁奖励）想方设法地加快拆迁的进度，采取各种正式或非正式手段措施[2]，如停止批地和控违拆违、充分利用裁量权调控拆迁方与动迁村民的博弈、委托开发商或第三方直接拆迁、变相施压拔"软钉子"、强征强拆拔"硬钉子"等。[3]

在 J 区 2019 年下半年这一轮拆迁中，区领导多次现场督察督办房屋征收搬迁工作。如 2019 年 11 月 26 日晚，J 区区长带队现场督查，"强调要强化责任意识，严守政策底线，加大宣传力度，充分发挥党员干部带

---

[1] 《＊＊这 4 个片区纳入"房屋征收搬迁"范围》，2020 年 6 月 9 日，网易网（http：//js.news.163.com/taizhou/20/0529/17/FDQHI7DP04249CUA.html）。

[2] 王福强：《政治嵌入行政：乡村拆迁补偿安置政策的"弹性运作"》，《求实》2020 年第 1 期。

[3] 杨华：《农村征地拆迁中的利益博弈：空间、主体与策略——基于荆门市城郊农村的调查》，《西南大学学报》（社会科学版）2014 年第 5 期。

头作用，确保圆满完成城区房屋征收搬迁各项目标任务"。区长带队区领导加班现场督查，"强化""严守""加大""发挥"等一系列的明确要求，给基层街道和各职能部门包户人员造成了巨大压力。特别是在A村K庄的ABC三段，区长向指挥部了解了搬迁进度，对签约完成率较好的段面的工作人员给予了积极肯定，对拆迁进度稍落后段面的工作人员则要求"鼓足干劲，奋力赶超，发扬J区'搬迁精神'切实提高工作效率"。当晚的督查工作会议，区领导更是明确提出"围绕党员干部、群众以及包保单位三大主体做文章，加大宣传力度，营造良好的搬迁氛围；对拒不配合支持的搬迁户，要认准产权人，积极沟通，明确政策，主动解决，啃下'硬骨头'"。①

由此可见，现实情境中，地方党委、政府已经不再是单纯的公共利益的维护者。党组织、政府的公共性已经模糊，甚而出现职能错位、职能越位、职能缺位的情况。② 在A村K庄C段的拆迁进度表中，笔者发现该村十三组、十八组的部分动迁户分包给了行政审批局、商务局、编办等党政部门甚至是团委、妇联、红十字会等群团组织（表4-1）。按照政府部门法定职责，这些部门并无拆迁职责。J区将这部分动迁农户分包给这些部门的原因是：一方面，拆迁涉及住宅数量大，需要党政系统以"运动式"治理方式推进拆迁的重点工作；另一方面，通过前期摸排，这些动迁农户大多与这些部门的工作人员有着亲戚、朋友等千丝万缕的社会关系。相关部门工作人员承担"群众思想工作责任"，具体任务是"负责政策宣传，然后从拆迁公司这边拿评估报告给拆迁户，有初步意向后，邀请拆迁公司的人来进一步谈。我们拆迁动员，当协调员，帮着两者之间谈价钱"③。当然，为了鼓励包户干部积极性，J区财政资金配套发放一定的奖励：每成功拆迁一户，负责该户的工作人员可获得2000元奖励。少数包户干部所在单位为了加快拆迁速度，不仅为动迁农户尽可能地争取更多的拆迁补偿，甚至动用本部门的活动经费对所承包的动迁农户进

---

① 《区领导督查城区房屋征收搬迁工作》，2020年3月7日，T市J区政府网（http://www.jiangyan.gov.cn/art/2019/11/28/art_51351_2601652.html）。

② 彭小兵、唐川：《利益均衡导向：论城市拆迁中政府职能的重塑》，《云南行政学院学报》2009年第2期。

③ 访谈记录：LTCQ20191111001。

行补偿。这又造成居民间拆迁补偿的不公平问题和基层贪腐违纪问题。

为了激励基层政府和村委会工作人员,区政府也给基层政府、村委会及其工作人员一定的激励。如湖北某市郊农村对村干部实施两种基本激励:一是区县的拆迁补偿款部分专门留出地方政府和村委会的份额;二是按照拆迁的户数和进度对村委会和村干部进行奖励。当然,村委会干部实际上并没有动力去获取第二类激励。主要原因是村委会干部与村民相对熟悉,过于强硬面子上也会过不去,而拆迁不下来的农民的报价大多偏高,超出了自身权限。在此情况下,基层政府和村委会就会将问题向上推。这也造成一个诡异的现象——"权力和责任都在上头,尤其是责任在上头,越往下责任越小"[1]。为了解决这一问题,J区在将拆迁动员责任层层下压的同时,在区级层面成立攻坚组以专门解决拆迁中遇到重点户和特殊矛盾。总之,在J区的这轮拆迁中,基层街道、村委会及其工作人员同时追求着社会公共利益、动迁居民利益及其个体利益,相互之间普遍存在着冲突、对抗的矛盾,并一直影响到安置之后过渡型社区的常规治理。

二 同层次利益主体关系的失调

过渡型社区空间生产过程中同层次的利益主体关系,主要是动迁居民之间的利益关系、拆迁方与动迁居民之间的利益关系。

第一,动迁居民之间的利益诉求不一致的,拆迁方据此实施不同的拆迁动员策略。

按照过渡型社区空间生产过程中利益需求和逐利行为意向的差异,可以将动迁居民分为精英户、"硬钉子户""软钉子户"和普通户四类。

精英户是原村庄或社区中的权力精英、经济精英和灰色势力等群体。如村委会干部、政府部门领导、医生、教师、村霸、家族领袖、有丰厚资产的居民等群体,在原有社区利益格局和权力格局中便占有优势。这些居民群体往往会结成利益联盟,态度积极,全力配合、支持拆迁;同时依靠自己的社会关系,通过违章建筑纳入计算、增加户籍人口等方式

---

[1] 杨华、罗兴佐:《农民的行动策略与政府的制度理性——对我国征地拆迁中"闹大"现象的分析》,《社会科学》2016年第2期。

来争取更多的补偿收益。在 A 村 K 庄的拆迁中，政府部门分包的动迁居民往往最早签约。背后的原因是部门工作人员充分利用自身的裁量权和组织内的社会关系"弹性执行"①拆迁补偿安置政策，为分包的动迁居民争取更多的利益。动迁居民获得了高于其他居民的拆迁补偿，同时考虑到在政府部门工作的亲属的职业发展和人情面子，便会率先签约。

"硬钉子户"往往是村干部的"死对头"或处于原社区社会关系网之外的群体。其目的是通过个体对抗、上访等"钉钉子"的方式，指控拆迁人员违规操作或村干部损害自身利益等问题，以此达到特殊目的或争取更多的拆迁补偿。例如，A 村十三组的钱某理的女儿钱某乐与村委会主任钱某才的儿子钱某辰是离异夫妇，当年离异原因是钱某辰在外有了新欢。离异后，钱某乐独自抚养幼子到上大学，此间钱某才、钱某辰也未给抚养费。钱某理始终认为是钱某才教子无方，毁了自己女儿的幸福，因此拆迁谈判时对钱某才提出了诸多无关的非分要求，且拒绝拆迁协商。

"软钉子户"一般是村庄中中上等阶层的居民，有一定的社会资源和知识水平。他们往往会采取拖延、多变的方式与村委会进行消极对抗。例如，A 村 18 组的吴某，家有 6 个女儿，盖有 6 层楼房。其楼房是在 30 年内逐渐加盖起来的，最新的一层是五年前新建的。吴某的 6 层楼房中有 4 层楼并没有审批手续，属于违章建筑。吴某的二女婿在 T 市经商，为上市企业老板。吴某自认二女婿能量广大，背景深厚，要求房屋按照五年新房来进行补偿，共计 2000 万元。包户干部和拆迁公司人员上门与其协商谈判时，吴某直接闭门不出，直言："有什么好谈的！又不是买东西，还还价。就 2000 万，少一个子儿也别想我搬走。我家老太是死在这个房子里的，我宁愿死在这个房子里。"②

普通居民是大多数收入较低，在权力、经济和社会关系资源上没有优势的居民群体。这是居民中占比最高的群体，博弈策略少、能力弱，很容易被村干部和精英户左右。

---

① 王福强：《政治嵌入行政：乡村拆迁补偿安置政策的"弹性运作"》，《求实》2020 年第 1 期。

② 访谈记录：LTCQ2019111007。

第二，拆迁方和动迁居民的利益冲突是过渡型社区空间生产过程中的突出问题。

在维稳压力下，地方政府会将拆迁的任务承包给直接承建安置社区的开发商或第三方拆迁公司。开发商和第三方拆迁承包商直接负责拆迁，在一定程度上将基层政府和村委会从拆迁的利益博弈旋涡中脱身出来，拆迁过程中的利益冲突也可作为民事纠纷处置，地方政府则不需要承担其中的风险。但是，开发商和第三方承包商为了在短期内完成拆迁任务，会以更高的补偿款收买"精英户"带头签约并动员其他普通居民和"软钉子户"签约，也可能会以超高标准的补偿款来搞定"硬钉子户"。开发商和第三方承包商往往与灰色势力相勾结，以胁迫、威胁的方式让居民快速搬迁。开发商和第三方承包商的策略，造成了不同居民群体在拆迁过程中所获得的补偿收益的不一致，大多数动迁居民的利益受损，形成了实质上的不公正现象。

在调研中，笔者还发现极少数基层政府、村委会与灰色势力合作的情况。L街道的一名临时被抽调到拆迁专班的工作人员在笔者的访谈时就表示："现在拆迁工作难做啊！有些钉子户压根不跟你谈。有的时候就得找村里一些比较狠的角色去给农民做工作。有的时候农民怕他们折腾、下黑手，也就签字了。当然了，这个度党和政府还是要把握好的，现在短视频、朋友圈什么的也很厉害的，得注意社会影响。"[①] 拆迁公司为了完成任务，实现利益最大化，就会胁迫动迁居民，甚至实施强拆。地方政府的一些措施，在某种程度上纵容了开发商或第三方拆迁承包商的违法违规行为。[②] 这些违规违法的拆迁行为，造成动迁居民与拆迁房的利益对抗不断发生，甚至爆发大规模的群体性社会事件。

三 利益客体关系的失调

当前过渡型社区空间生产的利益客体关系失调主要体现在三个方面。

第一，居民的经济利益能够得到相对满足，其他利益满足度较低。

[①] 访谈记录：LTCQ2019111004。
[②] 彭小兵：《城市房屋拆迁研究：利益博弈与政策设计》，电子工业出版社2016年版，第65页。

在过渡型社区空间生产过程中，拆迁方给动迁农民的补偿主要是货币补偿、产权补偿等方式，都属于物质性补偿。在动迁安置过程中居民的其他利益则都受到不同程度的损害。"金窝银窝不如自己的狗窝。我从小就住在这儿，已经几十年了。东边这家是我哥哥家，西边是我弟弟家，这周围都是我们这个家族的亲戚。现在要我们搬到楼房里，整天门一关，隔壁是谁我都不晓得。"① 安土重迁是中国农民数千年来的群体心理，空间格局翻天覆地的变化，造成动迁居民的社会关系网络的破碎、瓦解，甚至亲属关系都变得生疏。原先院子以及房前屋后的自留地的瓜果蔬菜给了农民基本的生活保障，而安置社区楼前楼后的绿化带、停车位和硬质路面断掉了动迁居民的基本食物保障，也瓦解了动迁居民的传统乡村生活习惯。以往家庭、邻里之间有冲突找村干部的调解习惯，逐渐被物业投诉、民事诉讼等法律途径所代替，居民间交往缺乏宽容、谅解、妥协，社会关系刚性较强、韧性缺失。

第二，居民的客观生活条件得到了一定的改善，但居民的生活满意度并没有得到显著提高。居民生活质量有客观指标和主观指标之分。"客观指标是从产生生活质量的'成因'方面来进行操作化的，是生活质量的'投入'；而主观指标是从生活质量的'结果'方面来进行操作化的，是生活质量的'产出'。"② 从客观物质条件看，过渡型社区的居民在短期内虽然不适应新的生活空间、就业岗位，但获得了拆迁补偿收益，城市里的工作收入也较高，社会保障也优于农民。但居民主观上的满意度并不高。从客观生活条件到主观的愉悦，中间需要一道转化机制。居民主观层面的满足感主要来自于两个方面：纵向比较，相对于过去生活条件得到了大幅度的改善；横向比较，自身生活条件比邻居、朋友、外来人口的生活条件好。前者是纵向的获得感，后者则为横向的获得感，两者叠加将推动居民对拆迁后生活的满意度，但两者如发生分歧，居民对拆迁后生活的满意度就会降低。目前看，过渡型社区的居民生活满意度相对不高的原因有：一是相对于

---

① 访谈记录：LTCQ2019111007。
② 卢淑华、韦鲁英：《生活质量主客观指标作用机制研究》，《中国社会科学》1992年第1期。

过去的生活，尽管物质条件更好，但短期内不适应新的物质条件，原先的社会关系、社会习俗、德治传统环境下的非物质性利益受损，且未能在新的社区环境内得到有效建立。这就造成过渡型社区居民纵向获得感相对不高；二是尽管生活水平相对于农村生活而言有所提高，但与城市社区居民的生活质量还有不小的差距，居民的"相对剥夺感"较强，横向上获得感相对较弱。

第三，外来人口、政府工作人员等主体利益与动迁农民的利益之间的矛盾和冲突。这既包括不同主体的不同利益客体之间的分歧问题，也包括不同主体间利益关系冲突的问题。如，政府工作人员基于政绩的考量而将动迁农民强制搬迁某一片区的住宅，这便形成了政府工作人员与动迁农民间不同利益的冲突。这方面的利益冲突在上文已有较多阐述，不再赘述。另外，发展改革部门要求推动拆迁安置，通过土地的经营推动地区经济发展；住建部门希望守住耕地红线，保留规定规模的耕地；信访、综治等部门则希望少拆迁、依法拆迁，少一些社会矛盾。这便是政府内部对社会公共利益具体客体主张的冲突。

本章小结

过渡型社区治理过程中的利益关系结构，包括居民、居民群体、基层党组织、社区居委会、非营利性社会组织、社区居民六大类利益主体之间的关系，经济、政治、文化、社会、生态"五位一体"的利益客体之间的关系，以及不同主体与不同客体之间的关系等等。

过渡型社区治理效能不彰的问题，可以在利益政治学的分析框架之中予以探究。本章以T市L街道为案例，分析了该街道过渡型社区空间生产过程中所呈现的，同层次利益主体、不同层次利益主体及利益客体间的利益关系不协调的具体表现。案例呈现的结果是，过渡型社区治理过程中的利益关系是复杂的、冲突的，这也是过渡型社区治理效能困境形成的根本原因。

利益关系的失调与社区治理效能不彰之间的关系并非直接关联的，而是有内在的发生机理。过渡型社区的治理主体包括了权力主体和权利主体，治理体制机制涵盖权力关系、权利关系及其相互间的关系。笔者的假设是，过渡型社区治理过程中，失调的利益关系减弱了治理主体的治理动机，降低了治理主体的治理能力，造成治理制度机制无法高效能运转，整体上形成了失衡的政治秩序，社区治理效能也就无法实现。这一假设将在后面两章中进行分析。

第五章

过渡型社区治理中权力关系的失调及其利益关系根源

城市化的进程推动了城市外部边缘地带的农村社区被拆迁，动迁农民转入了城市内边缘地带的拆迁安置社区之中。空间的重新生产和配置，拆解了农民赖以生存的物质基础，也拆解了他们之间传统的利益关系、社会关系。过渡型社区中利益关系失调，外显为社区内产业发展不均衡、拆迁利益冲突、民生危机、社会隔阂、生态割裂等各种问题。因此，重建社区的治理秩序是农民上楼后要解决的首要问题。

城市社区治理体制，是街道—社区—小区三个层级的治理体制，这也构成了城市社区的纵向权力关系。为了加强基层社区的公共服务供给和社区的良善治理，近几年来各地开始实施社区网格化治理机制。街居制与网格化治理两者相互交织、相互塑造，构成了当下中国城市社区治理的显著特点。通过对治理权力关系重塑，社区作为国家治理最基础单元的地位得到了进一步的确认，公共权力在过渡型社区生产和治理过程中的主导性地位也得到了进一步强化。

第一节 过渡型社区治理中权力关系的规范分析

除了处于早期过渡阶段的城中村，多数形态的过渡型社区都是在"拆掉了旧世界"的基础上"建立新世界"。社区空间格局的现代化甚至后现代化，并不意味着过渡型社区的利益关系、社会结构、治理体制等方面也是现代的。过渡型社区面临的权力关系处于旧制度未能远离、新制度还未建立的过渡阶段,这一阶段也是过渡型社区的权力关系由治理失调向秩序重建的过程。本节,笔者将主要从规范研究的视角下分析过渡型社区中的权力关系。

一 过渡型社区治理权力关系研究综述

自18世纪后,中国城市社会中的邻里、行会、团练、同乡会等社会共同体逐渐发展壮大。"城市社会组织能有效地处理各种与城市有关的事务,行会、行帮甚至丐帮都为实现社会和谐做出了各自的贡献。"[①] 中华人民共和国成立后,单位成为城市社会的基层单元,城市居民和单位职工两者身份趋向于统一。改革开放后逐步建立了街居制,城市社区成为新的城市社会治理单元。城市社区治理体制的问题是政治学研究者主要的关注点。

中国的城镇化进程,是国家权力强势主导推进的。汉克·V. 萨维奇和保罗·康特曾提出这一问题:"城市的发展是由于市场的竞争还是由于城市内部政治力量的相互作用?"[②] 比较研究会发现,中西方城市建设的进程中,国家权力都有纵向向下渗透延伸的态势。但在渗透延伸的过程中,基于国家意志的政治权力会遭遇到社会和市场的横向抵抗,因此,城市的形成实际上是政府、社会与市场,人口、资本和技术革命这些因素不同的权力交织形成的结果。[③] 如从宽泛意义上将权力理解为对其他主体的影响力。城市社区中有三类权力:城市党委政府一体化的政治权力,社会组织、业委会等主体构成的社会权力,企业、商户等主体构成的市场权力。围绕着这三大类权力又形成了三大研究视角:国家—社会视角下的权力关系调整与社区治理机制变迁研究,制度变迁视角下的城市社区单位制、街区制和社区制的治理体制及权力结构的研究,以及围绕社区居委会及其权力性质的研究。

---

① 王笛:《走进中国城市内部——从社会的最底层看历史》,清华大学出版社2013年版,第99页。

② [美]汉克·V. 萨维奇、保罗·康特:《国际市场中的城市:北美和西欧城市发展的政治经济学》,叶林译,格致出版社、上海人民出版社2013年版,第32—33页。

③ 姚尚建:《城市化进程中的权力重构》,《甘肃社会科学》2014年第4期。

第一，基于国家—社会关系的研究，分析基层社区治理体制中权力主体间的互动与主导关系，由此形成了三类理论主张：一是国家中心主义的立场。如朱健刚研究发现，建国以来，城市基层社会经历了"社区行政建设"的过程，街区内的行政权力有一个从虚拟到实体的演变过程，从而形成强国家—强社会并存的阶段。[1] 与西方国家的社区不同，中国的城市社区不是自然形成的中性地域社会，而是国家为了解决单位制解体后城市社会整合与社会控制问题的治理单元。[2] 尽管国家权力在城市社区治理过程中被分化，但当社区居委会日益成为党政权力向下延伸的载体时，分解给社会的权力便会很快回到党政权力主体身上。[3] 二是社会中心主义的立场。这一立场认为，国家权力在城市基层社区的权力延伸和渗透是以内卷化为特征的，[4] 政府公共服务职能的精简、权力下沉及还权于社会是必然选择和发展趋势。[5] 因此，长期以来被国家力量所吞噬的管理本社区事务的权力应该重新回到市民手中。[6] 就中国学者而言，更多的还是在充分肯定国家权力在中国城市社区（特别是过渡型社区）治理过程中的主导性地位前提下对国家权力的强力渗透进行批评。由此形成了第三种基于合作主义的强国家—强社会立场，主张以居民需求而非国家权力控制为出发点，重构国家—社会权利关系，推动社会治理多元手段协同转变。[7] 这一立场力求跳出国家与社会关系的视角，充分认识新的治理主体与国家之间的互动式治理关系，建构一个有别于威权模式或市民社会模式的新治理模式。国家—社会研究视角的弊端在于，"国家与社会何为中心？"的问题，在研究中往往被简化为"国家与社会的权力在社区中

---

[1] 朱健刚：《城市街区的权力变迁：强国家与强社会模式——对一个街区权力结构的分析》，《战略与管理》1997年第4期。

[2] 杨淑琴、王柳丽：《国家权力的介入与社区概念嬗变——对中国城市社区建设实践的理论反思》，《学术界》2010年第6期。

[3] 姚尚建：《城市化进程中的权力重构》，《甘肃社会科学》2014年第4期。

[4] 陈宁：《国家—社会关系视野下的社区建设：走向内卷化的权力秩序——基于对长春市J社区的研究》，《兰州学刊》2010年第7期。

[5] 韩冬、许玉镇：《城市社区治理中权力互动的困境分析》，《贵州社会科学》2016年第6期。

[6] 鲁哲：《论现代市民社会的城市治理》，中国社会科学出版社2008年版，第177页。

[7] 杜伟泉、朱力：《基于权力关系重构的共治型城市社区治理机制探析》，《学习与实践》2019年第2期。

如何角力？"的问题，国家和社会被置于相互对立的视角。① 因此，跳出基本理论立场，基于社区治理组织体制下的现实问题开展实证研究并提出相应的对策，成为了众多学者选择的研究路径。

第二，基于制度变迁的视角，研究城市社区治理体制变迁及权力结构的变化。建国之后，街坊社区在国家权力渗透下逐步改变治理结构，形成了与正式的政府机构相对应的街居体制的法定社区，和与城市工作机构相对应的单位社区。② 城市社区建设和治理过程中，城市社区的权力结构由单一性行政权力体系向多元化权力体系转变，由自上而下的行政控制向民主参与、多元互动的权力运行机制转变，资源配置由行政权力垄断向资源共享发展。权力不断向下渗透，增强了国家的社会组织能力和秩序建构能力，但街居制无法解决经济社会高速发展和快速城镇化过程中日益暴露出的各种复杂问题。③ 在变迁的过程中，大致形成了三种社区治理的权力结构：行政主导型、合作性/混合型和自治型，各自对应着不同形态的社区。④ 社区内部治理框架形成三重组织网络：街道办事处—居委会操作层面的行政权力网络，小区志愿组织、社团组织、居委会议事层等组织代表的社区自治权力网络，渗透于以上这两个网络中的党组织网络。⑤ 从社区的三重网络可以发现，社区的精英依然处于社区治理网络的中心位置，精英之间的互动和渗透构成了社区精英网络。对于过渡型社区治理体制的过渡危机，需要由政府主导、以城市化发展为导向，以居民需求为导向，进行整个社区组织结构的优化和制度更新。⑥

第三，围绕社区居委会的性质、职能对社区权力结构的讨论。普遍的共识是，社区居委会的职能已经过于行政化，且处于"上面千根线、

---

① 陈薇：《城市社区权力秩序：基于社会空间视角的研究》，中国社会科学出版社2015年版，第3页。

② 刘玉东：《资源配置与权力的定位——对1949~1978年中国社区结构演变的解读》，《中国青年政治学院学报》2011年第2期。

③ 谢金林：《城市基层权力变迁与社区治理的发展——基于国家—社会关系的视角》，《云南社会科学》2011年第4期。

④ 魏娜：《我国城市社区治理模式：发展演变与制度创新》，《中国人民大学学报》2003年第1期。

⑤ 焦若水：《变迁中的社区权力与秩序》，中国社会科学出版社2015年版，第18页。

⑥ 宋辉：《城市边缘社区组织建设研究》，人民出版社2018年版，第193—196页。

下面一根针"的尴尬地位①,承担着城市精细化治理"绣花针"的角色。社区居委会的社区自我管理、自我教育、自我服务功能弱化,便会遭受到社区内的"草根组织"和社区居民的能动反制。在此情形下,社区居委会实施了行政权力的再生产,形成了"街道—社区居委会—居民社团—社区草根组织"的垂直结构,打破"草根组织"和社区居民的能动反制,但也在国家更精细化、更具伪装性的社会控制上渐行渐远。② 过渡型社区面临的组织环境更为复杂,村委会、居委会两个职责有着显著不同的组织机构实际是一套人马的状况,决定了过渡型社区转型过程中的乱序,其中最为核心的就是村委会的集体经济和居委会的公共服务功能。③ 众多城中村的村委会在拆迁安置过程中迷失了自身定位,模糊了发展方向。

从上述的研究,我们大致能够观察到过渡型社区内部相互交织的不同性质的多元权力关系。不同性质、不同立场的权力关系之间形成了社区内部各色形态的治理格局或模式,呈现出不同的治理效能,形塑了过渡型社区的不同秩序形态。

二 过渡型社区治理的权力与权力主体

权力,主要是政治权力,是过渡型社区过渡前治理秩序消解的主要推手,也是过渡型社区治理秩序重建的主要力量。在中国古代文化中,权力包含衡量和制约他人能力两个层面的意思。如"谨权量,审法度,修废官,四方之政行焉"④,"贤而屈于不肖者,权轻也"⑤。在西方政治学思想中,权力的基本含义是力量。马克斯·韦伯从行动入手,认为权力就是人们在社会生活中实现自己意愿的能力;帕森斯对权力理解则体

---

① 张晨:《城市化进程中的"过渡型社区":空间生成、社会整合与治理转型》,广东人民出版社2014年版,第57页。
② 魏久朋、吴理财:《权力的再生产:社区居委会的行动逻辑及其解释——以武汉市H社区居委会为例》,《云南行政学院学报》2019年第6期。
③ 杨贵华:《转型与创生:"村改居"社区组织建设》,社会科学文献出版社2014年版,第84—86页。
④ 孔子:《论语》,杨伯峻、杨逢彬注译,岳麓书社2018年版,第249—250页。
⑤ 商鞅、慎到、邓析:《商君书·慎子·邓析子》,田园梁译注,二十一世纪出版社2017年版,第197页。

现出结构主义的色彩，他认为，权力是一种保证集体组织系统中各单位履行有约束力的普遍化能力。[①] 吉登斯则认为，"'权力'是行动者干预一系列事件以改变其进程的能力，它是中介于目的或需要同所追求的结果真实实现之间的'能力'"[②]，这就将权力与时空、活动、结构进行了关联分析。这些概念都将权力理解为一种力量。由此出发，"社区内影响或指挥他人行动的力量，均可称之为社区权力"[③]。从力量视角的理解，指出了权力在社会活动中所具有的控制和影响作用，但并没有指出权力的根源和基础。

我们大致可以将权力拆解为三个环节：力量、作用和结果。置于过渡型社区的场域之中，就可以将社区权力按照以下维度进行分类：从力量的性质和结构，可以分为社区政治权力、经济权力、社会权力等；从权力的作用方式和手段，可以分为强制性权力、奖酬性权力、规范性权力；从权力作用结果可以分为绝对权力和有限权力、集中权力和分立权力等。[④] 实际上，从广泛意义上将过渡型社区的权力理解为社区内的主体对其他主体的控制和影响力，是众多研究者普遍持有的观点。但这一设定存在着问题：一是将过渡型社区的治理理解为多种权力之间的互动，权力的政治性、社会性、文化性、心理性等分类，在理论假设上形成了多种权力的均衡竞争关系。但实际上这不符合过渡型社区内部政治权力主导的客观现实。二是社区内的社会权力，主要表现为社会群体之间的权力互动。但在过渡型社区中，社会群体之间、个体之间的社会关系主要表现为权利关系的互促、冲突，而非权力关系的。

从利益政治学的理论视角出发，权力的根源来自于利益。利益主体为了追求和实现自身的利益，会调动自身的资源来开展谋利活动。由于不同层次、不同性质的利益主体之间的利益具有共同性，因此主体之间的权力关系就会呈现出秩序性；利益主体之间利益的分歧、矛盾、冲突，

---

① 陈薇：《城市社区权力秩序：基于社会空间视角的研究》，中国社会科学出版社2015年版，第27页。
② [英]安东尼·吉登斯：《社会学方法的新规则——一种对解释社会学的建设性批判》，田佑中、刘江涛译，社会科学文献出版社2003年版，第212页。
③ 文崇一：《台湾的社区权力结构》，东大图书公司1989年版，第289页。
④ 李景鹏：《权力政治学》，北京大学出版社2008年版，第28页。

又促成了权力关系的失调、失序状态。因此,权力的基础是利益关系,不同主体间的利益关系的不同状态,促成了主体之间实际力量的差异。当实际力量的对比转化为非均衡的状态时,力量大的主体对另一方就形成了压制,这就是政治权力。而当力量大的一方所追求的利益具有群体的公共性、普遍性时,所持有的权力便具有公共性,因此政治权力实质上是公共权力。

本书所提到的权力,是狭义上的具有公共性的政治权力。基于利益政治的理论逻辑,过渡型社区中的权力,就是在过渡型社区建设和治理的过程中,主体为了实现和维护自身的利益所聚集形成的一种力量,这种力量能够对其他主体和力量产生制约。从权力主体组织类型出发,过渡型社区内的权力,主要包括社会公共政治权力和中国共产党的执政党权力。

社会公共政治权力的主体包括社区治理过程中的政府及其内部组成部门、政府派出机构,还包括已经被行政吸纳的社区居委会、村委会。这些组织中的工作人员,当其依照岗位职责实施权力行为时,也是过渡型社区中的权力主体。因此,社会公共政治权力可以通过权力主体内的职权制度予以拆解,如治安权力、环保督察权力、安全监察权力等,也可以通过授权机制进行分权,如区县将综合执法权授予街道、乡镇,而组织中的工作人员则因其法定职务而代表组织性的权力主体实施权力行为。

执政党权力是中国共产党各级党组织的执政权。对于过渡型社区而言,纵向区(县)党委—街道(镇)(工)委—社区党委(党支部)—小区(网格)党支部—楼道党小组的党组织体系,横向的社区党委(党支部)、社会组织党组织、企业党组织、共建单位和驻区单位党组织等形成的党建联盟或区域大党建格局,已经形成了纵向贯穿到底、横向覆盖全面的执政党权力体系。在现实层面,过渡型社区在社区层面的社会公共权力与执政党权力构成了党建引领的一体化治理权力主体格局,并渗透到基层小区、网格等更精细的治理单元。

因此,笔者认为,过渡型社区的权力主体可以分为三类:一是区县及以下的各级基层党组织和各类社会组织、企事业单位的党组织;二是区县、街镇为基层行政机关及立法、司法机关,其中政府是最主要的社会公共权力主体；三是以社区居委会为中心的社区内社会公共权力主体，包括居（村）委会、网格工作站等。

三　过渡型社区治理的权力关系类型

社区的发展对中国社会结构所带来的变化，不仅有深刻的社会意义，更具有深刻的政治意义。这意味着，原先国家权力通过单位组织来控制经济、社会与意识形态的能力的方式已经不可行，取而代之的是将社区作为新的社会调控、整合和沟通的基础单元。① 相较于其他城市社区，过渡型社区中权力形塑的意蕴更为强烈。过渡型社区既是权力推动的空间生产的结果，又进一步反向形塑社区的权力秩序。因此，系统性地梳理过渡型社区的权力关系就格外重要。

所谓的权力关系，大致可以从三个方面来理解：一是权力主体之间的关系。在过渡型社区中就是社会公共权力主体（政府、社区居委会等）之间、执政党组织之间的关系。二是权力主体实施权力行为的社会活动中所形成的主体与客体之间的关系。例如，过渡型社区空间生产过程中，地方政府主导的"规划的变迁"与农民的动迁"上楼""进城"之间所形成的关系。三是多种权力主体和权力客体之间相互交织的复合关系。包括不同权力主体—同一权力客体，同一权力主体—不同权力客体，不同权力主体—不同权力客体的关系。

由此，可以将过渡型社区的权力关系总结为三种类型：权力主体间的关系，权力主体与客体之间的关系，权力主体与客体之间的复合关系（见图 5-1）。

第一，过渡型社区内单向权力主体与权力客体间的权力关系。过渡型社区内的权力主体包括执政党的各类组织和政府、社区为主的社会公共权力性质的组织。权力主体权力行为的对象主要包括：过渡型社区内的居民、驻区单位及商户等经济组织、社区内的居民社团、社会组织等。单向权力主体与权力客体之间的关系，就是权力作为控制力和影响力的作用过程中形成的关系。如，社区居委会对过渡型社区群租房的整治，

---

① 林尚立：《社区：中国政治建设的战略性空间》，《毛泽东邓小平理论研究》2002 年第 2 期。

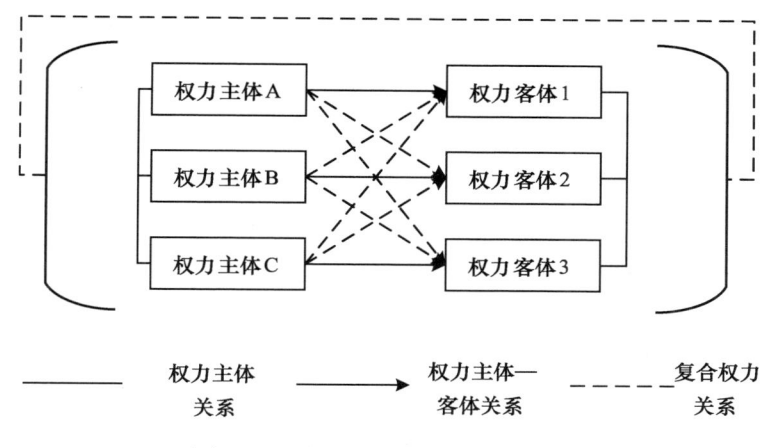

图 5-1　过渡型社区的权力关系类型

权力主体是社区居委会为中心的、基层相关执法部门（城管、公安等）为支撑的执法处置主体。权力行为的施加对象是过渡型社区内违规出租业主和房内的租客。权力的作用方式是居委会牵头，城管、公安等部门进行联合执法，强制出租业主拆除群租房内的隔断措施，引导租客另寻居住之所。

第二，过渡型社区内的权力主体间关系。权力主体间的关系可以从三个维度来理解：一是纵向的过渡型社区内权力关系。执政党基层组织体系里与过渡型社区密切相关的权力主体有区（县）党组织、街（镇）党组织、社区（村）党组织、小区党组织；公共权力组织也形成了区（县）政府—街道办事处（镇政府）—社区（村）居委会—网格自上而下的权力关系。二是横向权力主体间关系。如区（县）、街（镇）同级党委与政府之间、社区党委与社区居委会之间的领导与被领导或"一体化运作"[1]的权力关系，这在事实上也是领导与被领导的关系；同级党委或政府内部各个职能部门之间的权力关系，主要是横向协同或职责冲突、对抗的权力关系。三是斜向权力主体间关系。这主要表现为区（县）职能部门与街道/（乡镇）之间的权力关系、街道/（乡镇）职能部门与社

---

[1]　王浦劬、汤彬：《基层党组织治理权威塑造机制研究——基于T市B区社区党组织治理经验的分析》，《管理世界》2020年第6期。

区之间的关系两个方面。

第三，过渡型社区内多种权力主体与多种权力客体之间的复合型权力关系。以2018年以来江苏各地开展的"331"专项行动为例，社区以上的权力主体有区县城管、安监、公安等条线部门，街道办事处及其相关职能部门；社区层次以下的权力主体有小区的党支部、小区—基础网格—楼道基础网格，以及区县条线部门、街道/乡镇、社区所组成的内部权责关系极为复杂的专项协同小组，与专项行动的对象——"三合一场所"、出租（群租）房的产权所有者、使用者之间形成了多种权力主体与多个权力客体间的复合型权力关系。

第二节 过渡型社区治理中权力关系的失调运行

——基于F街道过渡型社区网格化治理实践的实证分析

过渡型社区的良善治理，在表征上是权力关系和权力关系处于均衡有序的水平，本质是城市利益主体（包括权力主体和权利主体）之间的利益关系的均衡有序。其中，网格化治理体制集中呈现了城市过渡型社区街道—社区—小区—楼道纵向治理层级和横向治理主体之间的权力关系。

于过渡型社区而言，早期过渡阶段随着拆迁安置的开展，社会矛盾大量积压，各地时常发生群体性事件。网格化治理在彼时通过细化社区治理单元，加强各个权力在社区内部的延伸，将人力、物力、资源下沉到社区内部网格中，从而实现矛盾的源头化解、基层处置，即"小事不出网格，大事不出小区"。在特定的历史时期，社区网格化治理机制为缓解社区内部利益矛盾，重建社区治理秩序发挥了重要的功能。本节将以F街道7个过渡型社区的网格化治理实践为案例，分析过渡型社区治理过程中权力关系互动结构的内在机理、关系失调表现及其利益政治的根源。

S市G区F街道是中国改革开放40多年经济社会发展的基层缩影。F街道原为S市城郊的乡镇，2004年撤镇建街道后进入快速城镇化建设进程，成为 S 市西部区域的工业重镇。2020 年，F 街道地区生产总值 337.67 亿元，一般公共预算收入 37.08 亿元。F 街道现有人口 21 万多人，其中流动人口 14.3 万人。现有的 7 个社区是由 24 个行政村转制而来，7 个社区管辖着动迁安置小区等各类过渡型小区 26 个，其他商业住宅小区 29 个。自 2006 年撤村建居以来，F 街道所辖的 7 个过渡型社区已经进入了中后期过渡阶段，且社区所辖的小区范围过大、类型较多。F 街道于 2018 年 4 月制定实施《F 街道党建引领网格化社会治理改革方案》，并在 K 社区、M 社区先后试点，旨在实现基层社区治理的"四大转变"[①]。2019 年，F 街道社区网格化治理在全街道范围内推广实施。F 街道以 GIS 技术为基础，将社区网格、商贸网格、企业网格[②]纳入到街道电子地图中，实现"多网合一"，全面划分和明晰基层社会治理的基础治理单元，这对梳理网格化社会治理问题、整合社会治理的部门资源下沉至网格中，实现"力量下沉在网格、情况发现在网格、问题解决在网格"和"3 个 90%"[③]的目标具有重要作用。F 街道过渡型社区的网格化治理机制的功能已经从以维护社会稳定、化解社会矛盾，转向构建共建共治共享的社会治理共同体。

一 网格化治理中过渡型社区权力关系的运行现状

在 F 街道的过渡型社区网格化治理实践中，基层各级党组织、政府部门、居委会在过渡型社区的基础网格内聚集交互，权力系统与权利系统在网格治理过程中形成了需求收集和协同治理的共促（图 5-2）。作为

[①] 四大转变，即实现社会管理体制由政府单一主导向政府、社区、居民、社会力量（企事业、社区组织）共同管理的共治体制转变，社会管理由被动应对向主动防御转变，社会矛盾处置由运动突击式向常态联动化转变，综合考核由人为主观性向数据客观性转变。

[②] 2018 年下半年，F 街道社会综合治理联动中心牵头成立商贸网格，采购第三方社会服务，建立商贸网格员队伍。目前，商贸网格员重点做好商户基本信息采集，负责"三证"市场监管、消防安全、油烟净化和雨污分流等环保问题，非法金融和特种行业许可等公安事务，和违章搭建、违规广告牌、门前三包等城市管理问题的巡查。企业网格共划分了 24 个片区，企业网格员由安监环保、工商、消防、城管等职能部门派员组成，各个部门派出人员都是专职网格员，专业业务技能能够符合实际工作需求，在发现问题的同时也可以处理问题。

[③] "3 个 90%"的目标，即 90% 以上的社会治理工作做在网格；90% 以上的社会治理力量下沉在网格；90% 以上的矛盾问题化解在网格。

执政党权力主体的基层党组织、作为社会公共权力主体的政府及相关职能部门、带有准公共权力主体性质的社区居委会及网格员等权力主体之间内部互联，形成了纵向、横向、斜向的多维关系，并与过渡型社区内的社会组织、物业公司、驻区单位、居民等权力客体形成复合治理的关系。

（一）实施全面领导权的执政党权力体系

2016年中共中央、国务院印发的《关于加强和完善城乡社区治理的意见》强调，"要充分发挥基层党组织领导核心作用"，"加强和改进街道（乡镇）、城乡社区党组织对社区各类党组织和各项工作的领导，确保党的路线方针政策在城乡社区全面贯彻落实"。[①] 在本轮社区网格化治理机制改革中，F街道党工委大力推动了基层社区党组织的建设，将执政党的权力全面渗透到社区网格治理全过程中。

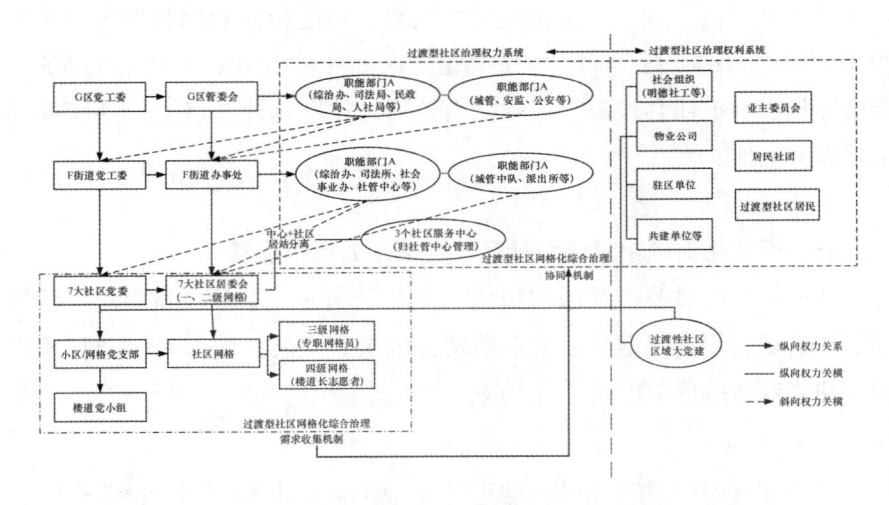

图5-2　F街道过渡型社区网格化治理权力关系结构剖析

第一，围绕"支部建在网格上"，构建纵向到底的执政党组织体系。F街道在街道层面，街道党工委将做好基层党组织建设作为街道工作的中心。在社区层面，实施"中心+社区"改革，社区党委工作人员下沉网

[①]《中共中央国务院关于加强和完善城乡社区治理的意见》，人民出版社2017年版，第3页。

格，提升社区服务能力。在网格组织体系内，一级网格即为7个社区，社区党委与一级网格职责同构；二级网格为各个小区，如A新村等小区初步建立了党支部；三级网格建了专职网格员队伍；四级网格为楼道，部分楼道建立了党小组，同时遴选党员中心户。由此，F街道建立了"街道大工委—社区大党委—网格（小区）党支部—楼道党小组—党员中心组"的组织格局，形成了纵向到底的执政党权力体系。这一方面加强了中国共产党的执政根基，强化了社区党委、网格党支部的战斗堡垒建设；另一方面将执政党的权力延伸至网格，形成了以执政党权力引领过渡型社区治理的格局，是对社区居委会功能不彰，过渡型社区内存在的权力真空的强力修补。

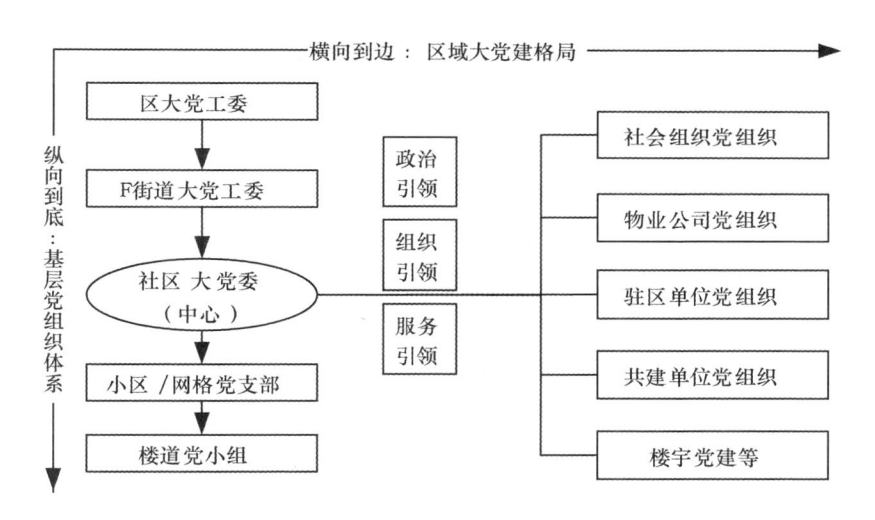

图 5-3 F 街道过渡型社区执政党权力关系

第二，围绕"加强党对一切的领导"，形成横向到边的区域大党建格局。F街道以社区党组织为中心，组建了社区党组织、集体经济合作组织、物业公司、社区组织、驻区单位等共同参加的社区党建联盟、企业党建工作站、商业党建阵地等组织载体，构建了过渡型社区的区域大党建格局。以社区党委为中心的区域大党建，扩大了党组织在驻区单位、"两新组织"的覆盖面，同时也有助于解决社区党委的社区服务资源不足和单一化的问题，实现各类党组织之间资源整合、共享互补。例如，D

社区党委与明德司法社会工作服务中心党支部共建，共同组织法治宣传、心理健康讲座、社区矫正集中教育等活动。D社区党委负责组织社区居民参加活动，提供场地等支持；明德社工负责提供服务。双方的共建，解决了D社区党组织服务活动种类单一、特色不足的问题，也解决了明德社工的社工服务无法落地的问题；既打造了社区服务的品牌活动，各自完成自身体系内的考核任务，也在一定程度上满足了D社区居民的法律服务需求。

第三，以社区党委为中心，构建社区党建引领过渡型社区治理格局。F街道从强化基层党组织入手，通过政治、组织、功能三方面的引领机制将党建优势融入社会治理之中。一是突出政治引领，通过线下新时代文明实践站点、政企社共同参与的党建联盟、评弹书场等组织和场景，宣传党的治国理政思想，强化居民对党委政府的认同，增强了各类利益群体的政策共识。二是强化组织引领。在纵向上，从街道党工委、社区党委、小区（网格）党支部直至党员中心户，以党的组织力量将过渡型社区的治理服务政策贯穿到底；在横向上，通过组织共建，整合各类组织的社区服务资源，形成共建共治共享的互动机制。三是拓展服务引领。全街道建设了15个"党社之家"，以党组织为领导核心，以党员干部为基本力量，将党员议事会与居民议事会相结合、党员教育与传统家庭家训家风相结合，增强了社区党委的服务功能。

（二）以居委会为中心的社会公共权力关系

网格化治理是过渡型社区基层自治制度框架内的工作机制创新。深度剖析F街道及下属7个过渡型社区的治理权力格局，我们会发现在过渡型社区内形成以社区居委会为中心的纵向、横向、斜向三个维度的权力关系。

第一，过渡型社区的权力关系始终是以社区居委会为中心的。社区居委会严格意义上是区别于政府的准公共权力组织，但在F街道7个社区居委通过多种方式实现了扩权。一是以党政一体化的组织同构方式实现对社区内各项事务的全面管理。社区党组织通过权力结构的一体化运作、党建元素的标识性感召、党群动员的人格化示范实现了基层治理权威的塑造，并通过党组织与居委会组织结构关系的融合与功能的叠加、协同、互补，实现治理权威向社区居委会的传导。① 二是在承接街道政务或公共服务供给职责的同时，获得街道的隐性授权。三是通过网格化治理机制的流程化管理，以"社区吹哨、部门报到""网格化管理、组团式服务""属地管理"的工作机制获得上级党政部门的实质性授权。

第二，构建了过渡型社区治理纵向到底的权力体系。按照2016年的《中共中央国务院关于加强和完善城乡社区治理的意见》，社区治理应坚持"条块结合、以块为主"的原则。作为地方政府的G区管委会、F街道办事处是社区治理的组织者、推动者、主导者。以K社区为例，在K社区居委会之上有区管委会和街道办事处两级权力主体，街道办事处作为G区管委会的派出机构接受其领导，社区居委会的人、财、物等依赖于街道办事处，在事实上接受街道的领导。而K社区居委会以下权力的运行，主要依靠社区网格。其中，F街道过渡型社区网格化治理的特色是按400户左右设置基础网格（即三级网格），并配置专职网格员。社区基础网格中专职网格员队伍的配置，将社区居委会（即社区一级网格）的准公共权力进一步下沉到网格中，形成了"一网到底"的权力关系。

第三，形成了过渡型社区治理横向协同的权力关系。横向的权力关系表现为两个方面：一是在区、街道、社区三个层面上形成的党组织—政府/居委会一体化的横向权力关系，尤其是在社区层面，社区党委与社区居委会实际上已经实现了组织同构、人员互嵌、职能一体。二是聚焦于社区和网格载体内的G区、街道党工委的内设职能部门之间和管委会、街道办事处的内设部门之间形成的横向权力关系。网格化治理的具体流程是，网格员通过网格化治理平台上传社区治理相关问题，如车库住人问题。街道集成指挥中心将该信息转至街道"331"专班处置。"331"专班由区城管、消防、安监等相关党政职能部门和街道综治、社管、司法等职能部门组成。在处置的过程中，"331"专班还会与社区党委、居委会协同处理。事件处置后，指挥中心、街道督查办等部门还将进行复核复查。

第四，形成了过渡型社区基于条块结合的斜向权力关系。斜向权力

---

① 王浦劬、李天龙：《中国城市社区党组织与居委会相互关系研究——基于C、N和B市的社区案例分析》，《河北学刊》2021年第4期。

关系源于党政部门的条块结合的职责同构组织原则。"条块结合、以块为主"责任分工原则将社区治理责任下沉至社区党委和社区居委会,区级政府的条线职能部门(如城管、公安)和街道职能部门(几乎所有职能涉及居民的部门)便会与社区两委产生斜向的权力关系。

（三）以网格为载体的复合治理权力关系

过渡型社区治理过程中政府职能部门之间的权责关系交织,使得权力关系呈现原子化、碎片化特征。[①] 网格化治理的改革,正是力图通过数字技术的应用实现治理流程的闭环管理,也就形成以网格为载体的复合治理权力关系结构。

第一,以网格为载体的复合治理权力关系,是主体、职能、行动多维度的复合治理格局。长期以来,对过渡型社区治理的研究无法摆脱国家—社会二分法的理论视角,大多也无法跳出对"社区行政化"的批判性反思的思维定势。但从 F 街道过渡型社区网格化治理实践可以看出,以社区或网格为载体的治理结构是复合型的。一是在权力主体方面,网格化治理通过六步闭环将居民、网格员、社区两委、街道职能部门、区条线部门、基层党组织全部纳入网格之中,形成了以党组织为核心、纵向和横向权力主体全部嵌入的"一核多元"权力关系格局。二是在职能方面,过渡型社区的网格并非滕尼斯所言的"共同体",也并非严格意义上的行政管理单元,而是集"政治、服务(行政)、社会"三种功能于一体的"复合体"[②]。三是在集体行动方面,过渡型社区是通过治理机制的制度性、流程化约束,将党、政、社等多元主体纳入到社区治理的格局之中,从"行政主导"转向协同治理的"合作共治社区"[③]。

第二,多维度"网格+"社区服务和综合治理机制运行过程中,过渡型社区的复合权力关系不断重构、不断优化。一是"网格+社会综合治理",这也是网格化治理机制应用于社区治理的初始版本。在网格化社

[①] 李斌:《迈向"共建共治共享"的中国社区治理》,《中南大学学报》(社会科学版)2018 年第 6 期。

[②] 吴晓林:《治权统合、服务下沉与选择性参与:改革开放四十年城市社区治理的"复合结构"》,《中国行政管理》2019 年第 7 期。

[③] 朱仁显、邬文英:《从网格管理到合作共治——转型期我国社区治理模式路径演进分析》,《厦门大学学报》(哲学社会科学版)2014 年第 1 期。

会综合治理过程中,"一核多元"的权力主体全部参与到社区的治安、维稳、调解等工作中,以权力来实现对社区全局的管控。二是"网格+特殊人群服务",以基础网格的网格员为主,重点突出对孤寡老人、低保户等特殊居民群体的公共服务供给。三是"网格+代办等公共服务",借助专职网格员队伍,与社区服务中心协同,推动社区服务供给方式的便利化。四是,"网格+大数据",以大数据、云计算等新一代移动互联网技术来重新优化权力关系的发生机理和运行机制。

二 过渡型社区治理中权力关系失调的表现

过渡型社区网格化治理中权力关系的失调,就是以权力主体之间关系为主的权力关系的相互交织、博弈内耗,表现为权力主体的角色功能未能正常发挥,社区治理效能的不彰。

(一) 权力主体的角色功能错位

第一,作为过渡型社区治理核心的基层党组织的角色错位和功能不彰。首先,基层党组织在纵向上建立了贯穿到底的权力体系,压缩了横向社会公共权力主体履职空间。制度设计上力图在各个层次实现以党组织引领过渡型社区治理和社区服务各个方面。这一权力组织方式被称为"轴心辐射模式"[①]。"轴心辐射模式"强化了中国共产党在基层社区治理中的全面领导,与此同时,政府、社区居委会角色逐渐模糊,功能显示度降低。"目前,一些社区党组织存在着职能泛化的倾向,包办居(村)委会自治事务和集体经济组织管理事务,这与居(村)民自治的社区建设定位相左,也是与'村改居'社区职能分化的发展要求相左的。"[②] 其次,过渡型社区党组织的职能定位局限于社会管控,社区公共服务多停留在口头上、纸面上。从农村社区村党委、村党支部转制而来的过渡型社区党委、党支部,对自身的角色功能的认知还停留在过去发展集体经济,陷于解决拆迁安置的利益分歧和冲突问题中,在群众性、社会性、公益性事务方面发挥的领导作用还不充分。最后,社区党组织的领导方

[①] 周振超:《当代中国政府"条块关系"研究》,天津人民出版社2009年版,第135页。
[②] 杨贵华:《转型与创生:"村改居"社区组织建设》,社会科学文献出版社2014年版,第140页。

式和领导能力，与过渡型社区治理和社区服务工作实际要求并不匹配。区、街道党工委对经济、政治、文化、社会、生态是全面的领导，对其下属政府、职能部门有明确的隶属关系。社区党组织虽然可以领导基层小区（网格）党支部，但与社区的物业公司、社会组织、共建单位、居民社团等主体之间并无隶属关系，领导方式应区别于区、街道党工委。领导方式的不妥，也就直接造成社区党组织的政治动员、综合协调、组织引领、功能渗透等能力的不足。

第二，作为基层群众自治组织的居委会角色和功能的行政化。党政权力通过社区网格全面下沉渗透到社区自治领域，与过渡型社区居委会的自治权利产生了张力，会造成城市基层政权的"内卷化"。[1] 网格化治理通过治理技术的革新和应用，强化了基层社区治理秩序，与此同时也造成社区空间的区隔化、社区治理的科层化、社区运作行政化、社区管理"麦当劳化"。[2] 因此，在刚刚上楼的动迁农民和刚刚进城的外来人口组成的过渡型社区内，居民忙于自身生计，对社区公共事务漠不关心；社区居委会忙于处理转制过程中的遗留下来的各类矛盾。当社区居委会承接了大量政府职责后，社区居委会的全能化便成了不可扭转的趋势。社区居委会通过网格机制，不断地提供和优化社区公共服务供给的同时，也造成居委会"形象的全能化"和"功能的扩大化"[3] 的问题。

第三，社区网格员角色和功能的尴尬。F街道社区基础网格员队伍是由街道采购社会组织的服务，以劳务派遣的方式建立的。网格员的角色和功能的尴尬多源于管理制度的内部矛盾。一是网格员队伍双重管理制度造成了人事管理上的模糊。社区专职网格员与社会组织签约并接受社会组织的日常考勤管理，网格工作实绩由街道和社区网格的考核。这就在事实上形成了街道考核网格员工作绩效、社会组织考核网格员考勤的管理分割。二是网格员职业培训的长效机制有待建立。F街道目前的培训形式相对单一、培训内容简单；培训的周期也不确定，临时性、偶发性

---

[1] 田毅鹏：《城市社会管理网格化模式的定位及其未来》，《学习与探索》2012年第2期。

[2] 田毅鹏、薛文龙：《城市管理"网格化"模式与社区自治关系刍议》，《学海》2012年第3期。

[3] 吴莹：《上楼之后：村改居社区的组织再造与秩序重建》，社会科学文献出版社2018年版，第173页。

的培训较多，尚未建立常规化、规范化的培训机制；培训数量少，培训内容的综合性、理论性相对缺失，内容与网格员一线工作内容相对剥离，无法起到实质性的指导作用。三是网格员的"进""出"制度不完善，职业激励相对不足。以职业激励为例，社区基础网格员每人每年的工资总额为5万元左右。2021年S市城镇职工的最低工资标准为2280元/月，合计为27360元/年；2021年S市城镇常住居民可支配收入为76888元。目前专职网格员的收入水平较低，虽高于最低工资标准，但却低于平均工资，很难对有一定职业技能、有社区管理经验的人形成较大吸引力，激励不足又直接影响到网格员整体素质。

（二）权力关系的博弈冲突

按照S市委办、市政府办印发《关于加快推进全市社会综合治理联动机制建设的指导意见》的要求，F街道制定了《社会治理事、部件权责清单》、《社会治理联动中心交办事项处办要求》和《社会治理工作考核办法》，梳理了107类10716项社会治理事、部件清单，并逐项明确处理主体权责，规范了"12345"、寒山闻钟、网格上报等11类社会治理联动中心受理事项的处办标准。

在调研中，笔者发现，F街道网格巡查和处置机制存在着以下障碍：第一，社区基础网格重问题处办，轻问题巡查，不利于推动社会矛盾的源头发现、源头化解、基层处置。按照《F街道社区三级（专职）网格员考核细则》，采集基础信息、开展便民服务、处理网格事务、协助社会治理、加强文明宣传分值共28分，收集社情民意、巡查工作规范仅有12分，巡查发现重大社会问题的奖励3分。该考核细则中各个考核指标的权重设置的导向，显然是重处置轻巡查。而基础网格员又是由社区进行考核，制度上存在社区组织与网格员、社会组织"共谋"隐瞒不报的漏洞。第二，现有考核细则造成处办责任无限制地向基础网格下沉，不利于基层社会问题的处置。实现基层社会治理重心下沉，是指对社会问题的巡查要下沉到基础网格中，同时治理权力、治理资源也应随之下沉。单维度强调"社会治理重心下沉"，在现实中导致网格员的选择性上报行为，即只上报诸如乱贴小广告、垃圾倾倒等易于处理的问题，对涉及多群体的体制机制类问题、综合执法问题则不予上报。由此，复杂的社会治理矛盾便沉积于社区之中，长期得不到解决。

F街道基础网格考核中所产生种种问题，再度暴露出过渡型社区治理过程中权力主体之间的集体行动困境。

首先，过渡型社区的拆迁利益补偿、社区公共服务供给、社区治安维稳等各项事务都有赖于政府部门，但居民的需求又是个性化的、多元化的，政府在事实上无法有效提供全部公共服务。① 社区居委会、社区网格在事实上承担着大量的社区治理和社区服务职责，且因考评机制"属地管理"的原则而无处可躲，但社区和网格的治理和服务资源是有限的。因此，在网格内纵向权力关系中形成了社区以上层级的权力主体有权有责无能、社区及以下的权力主体有责无权无能的局面。

其次，过渡型社区治理和社区公共服务有赖于政府各个部门与社区两委的协同共治、共同配合。政府职能的分割往往导致社区内部的小事久拖不决。以社区群租房为例，涉及区政府和街道的城管、公安、司法、市场管理、房管、消防等多个部门，社区居委会只能加强日常的管理和租户思想教育引导，做好维稳和劝解工作。可想而知，如若没有2018年至今的"331"专项行动，类似群租房、车库住人等棘手问题并不会得到较快解决，而"331"专项行动不过是建立了临时性的多部门抽调人员组成的"331专班"，从而明确了执法处置的主体。

最后，由于纵向的权责不对等和横向的职责分割，以网格为载体的复合式权力关系并没有发挥预期的功能，反而呈现出了"碎片化"治理格局。街道层级以上的权力主体以属地管理为原则，层层下压社区治理的责任，所谓下沉式治理变成了矛盾在社区网格内下沉积压；横向权力主体间，各自为战，相互博弈，社区多主体的协同治理即使是在网格化治理流程的倒逼下依然困难重重。

第三节　过渡型社区治理中权力关系失调的利益关系根源

在一个利益政治时代，几乎公共政治活动的所有方面都与利益相关联。过渡型社区治理中的利益关系，关系到社区治理过程中的权力主体

---

① 张雷：《构建基于社区治理理念的居民自治新体系》，《政治学研究》2018年第1期。

第五章　过渡型社区治理中权力关系的失调及其利益关系根源　／　177

之间的关系，影响到权力主体的权力行为。因此，利益关系上的分歧、博弈、冲突、对抗构成了过渡型社区权力关系失调的根源。而要重塑过渡型社区内的权力关系，就需要在权力主体的治理理念、权力主体的自我建设、权力主体间的行为制度和机制，以及治理技术层面来进行系统性的改革优化。

从2018年7月至今，笔者在F街道历时三年多的观察，感受到F街道上下党组织、政府部门和社区居委会工作人员为提高20多个拆迁安置小区居民生活质量所付出的努力，体会到他们面对日趋复杂的社区利益关系、日益增长和多样化的居民利益诉求的力不从心，同样也感受他们对"属地管理"和"部门分割"的无力感。上述过渡型社区治理过程中所表现出来的权力主体角色和功能错位以及相互之间权力纠葛等权力关系失调，大多可以从中找到利益及利益关系的影子。需要特别强调的，权力主体之间的本位主义和公共权力组织工作人员的逐利行为，对过渡型社区的治理秩序和治理效能的确有比较大的影响，但根据笔者的观察，权力关系失调的利益根源在根本上是各个权力主体对日益分化的公共利益、群体利益挑战的无所适从。

一　过渡型社区内的利益矛盾集中爆发

从20世纪90年代的"浙江村"的田野调查，到2000年前后的城中村研究，再到本世纪20年来对"拆迁安置社区""边缘社区""转型社区"的研究，过渡型社区历时30年却依然是社会学科研究的热点。于研究者而言，过渡型社区是一个近乎完美的研究对象，中国改革开放和城镇化进程中的成就、代价都在过渡型社区中集中呈现。"现代性孕育着稳定，而现代化过程却滋生着动乱。"[1] 过渡型社区的整个过渡期恰恰正是国家治理体系和治理能力现代化建设的过程。社区内权力关系的不稳定或失调是正常的，是符合社会发展客观规律的，也是必然经历的过程。"中国治理型民主的成长不是基于某种宏大的民主理想，设计出最优的民主体制和民主化方案进而加以分步实施，而是根据经济社会和政治发展

---

[1] ［美］塞缪尔·P. 亨廷顿：《变化社会中的政治秩序》，王冠华等译，生活·读书·新知三联书店1989年版，第38页。

的需要，逐步将各种民主形式、民主手段吸纳到公共事务治理之中的过程。"[①] 因此，不能因为拆迁安置、车位分配、垃圾分类、违章搭建等阶段性问题否定建设过渡型社区的历史作用，也不能要求过渡型社区的权力主体按照理想的制度设计"毕其功于一役"。

过渡型社区是40多年改革发展过程中的利益矛盾的集中场域，这构成了过渡型社区权力运行的宏观社会背景，也是权力关系失调问题行政的外部生态。40多年的改革开放，最为核心的特征是经济的快速发展，并带动政治、经济、社会、文化、生态各方面的利益格局变动。这从中国共产党治国理政思想中对利益问题认知的深化过程也可体现。于过渡型社区中的权力主体和社区居民而言，经济发展过程中的利益矛盾主要表现为两个方面：一是经济高速增长的背后，社会问题集中爆发；二是经济结构向高质量发展转型，联动发生新的利益矛盾。

经济高速发展过程中的社会利益矛盾在过渡型社区内集聚。以F街道为例，在40年余年的时间中，F街道由一个城郊小镇发展成为工业重镇，经济得到了快速发展，农村为主的社会生活也基本转变为城市社会生活样态。但是也应看到，F街道既享受到了经济高速发展带来的红利，也承受着乡村向城市的转型、人口结构的"倒挂"后的管理问题、制造业生产安全问题、环保高压下的制造业健康发展问题、公共服务的供给压力等挑战。F街道城市化过程中征地拆迁、撤村建居，农民变居民、农村变城市等改革措施，使原有的基层治理模式被打破，粗放式经济高速增长模式造成了社会问题集聚性暴露；城镇化、工业化过程中流动人口大量增长、高度集聚，原先的城市、农村二元化的社区治理模式已经无法适应新的挑战，基层社会治理机制亟待革新；造城运动、土地经济以及供需矛盾造成城市房价的高涨，同时养老、教育、医疗等公共服务的供给不足，造成了系列性的民生问题。这些问题，都随着农民进城上楼、外来移民涌入而集中汇聚到过渡型社区之中。

经济结构向高质量的转型升级，产生的新型利益问题也交织投射于过渡型社区之中。党的十九大报告提出，"我国经济已由高速增长阶段转

---

① 何显明：《基于有效治理的复合民主：中国民主成长的可能方式》，《浙江社会科学》2011年第8期。

向高质量发展阶段,正处在转变发展方式、优化经济结构、转换增长动力的攻关期"①。"高质量发展要求我国经济要从主要依靠增加物质资源消耗实现的粗放型高速增长,转变为依靠技术进步和提高劳动者素质实现的高质量发展。"② 在向高质量发展转型的过程中,过渡型社区承担着不得不承受的转型"阵痛"。2018年,F街道全年关停和转移问题隐患企业381家,腾出优质载体超过30万平方米,盘活低效用地300多亩,并推进生命健康小镇等创新载体建设。但随之而来的是,关停、转移企业的补偿问题,原企业员工的遣散安置问题。而这些被关停的企业职工,被遣散的低层次劳动人口,大多生活于F街道的26个拆迁安置小区中。部分人员离开F街道、离开S市,部分人员另行择业,还有部分人员则成为社区内无业人员,这给过渡型社区的治理带来了不稳定因素。与此同时,高质量发展对社会服务的强调,激发了人民对社会问题的关注。这些无业居民和生活质量明显下降的居民,对社区的公共服务需求并未将降低。

二 过渡型社区治理过程中公共利益出现分化

利益的挑战不仅使社会群体间利益的矛盾冲突不可调和,还有过渡型社区居民的公共利益的分化,而承担着实现过渡型社区治理效能职责的权力主体必须在分化的公共利益中进行抉择。

公共利益的具体内容由以经济利益为主,分化为经济、政治、文化、社会、生态多维利益。从改革开放伊始,经济利益一直被视作社会公共利益的核心内容。但如S市F街道历经40多年的快速发展,现代化的水平已经较高,过渡型社区的居民由于区域经济的发展而获得较好的生存保障和发展机会。因此,F街道的26个拆迁小区给我们呈现出这样的图景:居民所追求的共同利益不再局限于收入的增长,而是收入的稳定和均衡增长,生活品质的提高,文化娱乐健身资源要充分配置,教育、医疗、社保、养老等民生需求日益强烈,社区公共事务由居民民

---

① 习近平:《决胜全面建成小康社会 夺取新时代中国特色社会主义伟大胜利——在中国共产党第十九次全国代表大会上的报告(2017年10月18日)》,《人民日报》2019年10月28日第2版。
② 任保平:《我国高质量发展的目标要求和重点》,《红旗文稿》2018年第24期。

主参与、民主决策，社区车位、公共空间等生态资源要完备、均衡、丰富化。

公共利益的内容的分化还表现为长远利益与短期利益之间的冲突。"安土重迁"是中国人深入骨髓的民族心理。尽管进城之后的生活条件更好了，但安定有序的乡村生活，仍然是过渡型社区居民心中的难以磨灭的乡愁。从更广范围、更加长远的角度看，只有不断地推进现代化的建设，促进工商业经济的发展，推动城镇化建设的不断深入，经济社会才能够获得更加强劲的发展动力，获得更多的发展机遇，也才能从根本上来推动城乡居民美好生活需要的充分实现。但在短期内，这会涉及利益补偿问题，会出现社区内社会结构的断裂和居民个体的原子化问题。"当利益的剃刀在实用主义的指挥下将整个社会分解之后，我们所面临的正是一个个原子化的个人。强大的政府非但不能实现有效的治理，有时还会发现自己成为所有矛盾的焦点。"① 因此，我们会发现，处于基层治理一线的区县、街镇政府的施政行为往往容易成为众矢之的。

公共利益第三方面的分化表现为群体间的利益冲突。公共利益和群体利益实际上是一个辩证的关系。过渡型社区的居民利益，相对于整个地区的城乡居民的共同利益属于群体性利益，但对于过渡型社区的居民而言就是具有整体性的公共利益。各类主体各自从个人利益、群体利益的角度来参与基层社会治理过程，在利益沟通和协调机制缺乏、公共性和利益妥协心理不足的情况下，极易形成群体间利益的冲突，使社会结构断裂，由此形成重大社会风险。城市居民与农村居民间、动迁居民间、本地人口与外来人口、劳方与资方之间的利益冲突普遍存在，并在房价暴涨、物价高涨等情况下日益严峻，轻则表现为地区人口净增长率的降低、信访案件的增多，重则表现为社会群体之间的利益冲突、价值冲突和行为冲突，甚而爆发大规模的群体性事件。

挑战重重的过渡型社区治理形势，要求社区治理的各个权力主体能够明确自身的角色和功能，实施卓有成效的集体治理行动，形成有序的权力关系。面对公共利益分化的客观形势，过渡型社区权力主体的选择是从长远利益出发，优先推动地区经济社会的发展，通过网格化治理、

---

① 高超群：《利益时代的政治》，《文化纵横》2014 年第 2 期。

行政信访、人民调解等多种社会综合治理机制，为高质量发展营造一个安定、和谐、充满活力的社会环境。因此，过渡型社区居民经济利益是基层政府和社区居委会（村委会）优先考虑的问题。在F街道村转居的过程中，原先24个村的集体经济继续得到发展。2020年街道民发富民合作社、村股份经济合作社两大合作经济组织兑现股红9225万元。2005年以来，F街道各类股份合作社累计股民分红资金已达10.6亿元。集体经济的发展，实现了"政府有税收，合作社有租金，居民有分红"的良好局面，有助于在源头上减少社会矛盾，保障社会稳定，为社会公共服务供给和社会综合治理建立良好的社会环境，增强居民的幸福感、获得感和安全感。

基层政府和居委会的治理和服务资源是有限的，在"巧妇难为无米之炊"的尴尬处境下，基层党组织和政府就会选择优先实现经济利益，优先解决生计性的需求，对于日益增长的多样性利益诉求和分歧，往往会以社会管控进行约束和限制。由此带来了新的问题，尽管过渡型社区两委工作人员深知基层治理资源的有限性，但毕竟自己处于与居民沟通联系的一线，社区内矛盾的积压会造成自身管理的难度，会影响个人的政治进步。因此，社区两委就处于两难的境地，一方面希望积极反映社区居民的真实利益诉求，另一方面又怕问题通过网格化治理平台在系统里转一圈又回到自己头上。"报还是不报，这是一个问题。如果我报上去还是我处理，那我肯定不报。"[1] 在F街道网格化治理改革试点动员会上，K社区党委书记黄某的发言非常坦率，直接反映了过渡型社区基层权力主体的基本心态。

三 过渡型社区治理过程中的党政部门利益本位

"制度化行政管理网络内部并非铁板一块，而是存在利益分化的。这增加了行政管理部门之间的交易成本，同时也使治理主体之间产生了行动不一致。"[2] 网格化治理试图通过规范的流程闭环和严格的绩效评估来解决过渡型社区治理碎片化问题的目标，并没有得到实质性的推进。过

---

[1] 访谈记录：FQWGZL2018082301。
[2] 王星：《利益分化背景下的城市基层社会秩序建构》，《学习与探索》2012年第2期。

渡型社区权力主体间的集体行动未能有效实现的原因在于，在下沉和明确社区治理和服务职责的同时，并未给予相关权力主体以实质性的资源和权力。"合法合理的个人利益和共同利益都不是本位主义，那些只顾局部利益，不顾全局利益，对别部、别地、别人漠不关心的价值排序与行为选择，才是本位主义。"① 在过渡型社区权力关系中，影响社区治理秩序和效能的往往不是权力主体的本位主体作祟，更多的是基于自身的利益考虑而做出的"不作为"决定。

属地管理造成矛盾在基层社区积压。从笔者深度调查的 S 市 G 区 F 街道、C 市 A 镇的网格化治理机制的看，社区网格化的综合治理联动将社区治理责任层层下压，无助于矛盾的实质性化解。强调属地管理，有助于基层政府和社区自治组织充分认识到要在社区网格内、在源头预防社会矛盾纠纷的发生，将社会矛盾化解在源头。但在治理实践中，社区内的社会问题和公共服务供给所牵涉的权力主体、权利主体众多，多元利益交织，利益关系较为复杂，如治理权力和治理资源不能随职责下沉到属地，很多问题是街道、镇级党委政府和社区两委无力解决的。

横向部门利益驱动造成治理碎片化。基于部门利益和治理避险的考虑，在过渡型社区网格化治理过程中，一旦涉及多部门协同，就必须考虑谁牵头、谁主导和如何牵头、如何协同等问题。这里既有一级党委行政部门之间协同问题，也有基层政府部门与上级政府直属部门之间的"条块"协同问题，还包括了公共权力部门与公共事业部门之间的协同问题。但权责性部门间协同治理机制往往很难发挥理想功能。社区治理中"碎片化"问题，表面看是政府各个职能部门和各个层级之间的职责不清问题，其本质则在于各个部门利益问题。这里的利益不再表现为经济利益，更多的是基于"避免麻烦""规避风险"的不作为。

在群体间利益不断分化甚至冲突的情况下，利益整合机制建设不足造成部分疑难问题难以有效解决，成为长期困扰基层社会治理者的"心病"。过渡型社区中的利益矛盾主要表现为：征地拆迁过程中各利益主体间矛盾突出，公共服务不足与农民工权益维护缺失，房地产的无序发展引发的购房租房矛盾增多，社会阶层分化与重组造成的阶层矛盾突出，

---

① 宋世明：《弱化本位主义要理顺三大关系》，《人民论坛》2020 年第 20 期。

过分重视资本轻视劳动导致劳资关系失衡,地区发展不平衡导致区域间利益矛盾突出等问题。①而利益主张的个性化和利益表达的情绪化,又造成利益妥协难以达成。在现代化与现代性矛盾相互交织的背景下,城乡居民维护和捍卫自身利益的权利意识不断增强。同时,从某一个利益主体立场出发,其利益诉求都存在着一定合法性和合理性,具有突出的个性化、绝对化特征。笔者在 C 市 A 镇社会综合治理联动平台上曾发现这样一类事件长期无法得到较好处理——城乡一体化建设进程中,地方政府将原农村的某片地划为城镇用地,该区域的农民户籍也随之变为"市民",这片区域也就成为过渡型社区的早期社区形态——城中村或翻牌社区。这些"老农民"群体依然保留在房前屋后种菜养鸡的习惯。但周边商业住宅区的居民则对"老农民"怀有不满,认为其种菜养鸡的行为破坏了城镇公共环境,影响了其房屋的升值,因此多次向当地镇政府投诉、上访。但从乡镇政府和居委会的工作角度,对这类种菜行为也只能进行劝说教育,而无法有效作为。而对农民而言,这类劝说教育在法理上似乎站得住脚,但在情理上毫无道理。基层政府有心无力的原因在于从法理上并没有处置职权,行动上无协同治理的动力、信心和成就感。

对于利益关系比较复杂的问题,基层乡镇、街道层面仍然存在利益协商和处置困难:问题在各个职能部门之间流转,甚而最终落实到处置资源和能力都有限的基层社区组织;当基层社区组织也无法处置时,只能由社区进行应急性地安抚教育和适当的利益补偿(如为其争取低保补贴、节日慰问等),但问题并未得到解决,甚至演变成长期性的不稳定因素。

本章小结

处于过渡阶段的过渡型社区,必然要经历一个原有秩序消解、现有秩序尚未建立的阶段。过渡型社区治理的失调,是社区建设发展过程中社会利益关系矛盾发生改变所决定的,同时又集中反映在了社区治理过程中的权力关系上。

---

① 郑会霞:《城镇化进程中的社会利益分化及化解机制》,《学习论坛》2016 年第 12 期。

过渡型社区的权力关系，包括了社区治理过程中权力主体实施权力行为过程中，权力主体与权力客体产生的关系，权力主体之间形成的关系，以及前两者共同构成的复合型权力关系。过渡型社区内的权力主体主要可以分为执政党权力主体和社会公共权力主体。执政党权力主体包括过渡型社区治理过程中所涉及的区（县）、街道（镇）、社区、小区（网格）、楼道纵向的党的基层组织体系，也包括横向层面的社会组织、集体经济、企业、驻区单位、共建单位等组织的党组织。社会公共政治权力主要包括区（县）政府、街道办事处（镇政府）、社区居委会和社区内设置的专职基础网格或网格工作站。在此意义上，社区并非滕尼斯的社区共同体，而是国家治理的基础单元。

为了应对过渡型社区治理的"碎片化"问题，各地实施了"大数据＋网格化＋铁脚板"为核心要素的社区网格化治理探索。本章以 S 市 G 区 F 街道为案例进行了分析。F 街道 2018 年启动的网格化治理新一轮改革，初步形成了党建引领的网格化治理权力运行机制。但 F 街道的网格化治理实践并未能彻底扭转权力关系失调的问题。究其原因，经济社会快速发展和转型过程中的利益矛盾集中爆发，过渡型社区所面临的治理形势特别复杂。社区公共利益出现了分化，不同群体间利益的分歧和冲突，这些都倒逼社区权力主体在进行社区治理中对不同的公共利益内容进行排序和筛选，这也导致了过渡型社区的权力主体角色和功能出现偏差，社区权力关系出现了失调的现象。

由于权力关系失调的根源是利益关系的问题。因此，过渡型社区权力关系的重构仍要从利益的深层视角来观察政治问题，深入梳理公共利益在利益客体、利益群体之间表现出来的差异，根据过渡型社区所处的过渡阶段来确定公共利益不同内容的优先性，从党组织、政府、居委会、网格等权力主体自身建设开始，以系统化的思维构建整体式过渡型社区治理新模式。

第 六 章

过渡型社区治理中权利关系的梗阻及其利益关系根源

社区是国家治理的基本单元。过渡型社区的有序治理事关社区居民的切身利益,关系到过渡型社区内的社会和谐稳定。过渡型社区内的治理主体并不局限于执政党的基层党组织和基层政府,社区治理的效能也并非社区党委和作为群众自治组织的居委会等权力主体一方能单独实现的。党的二十大报告再次强调"建设人人有责、人人尽责、人人享有的社会治理共同体"。因此,过渡型社区中的治理关系就不仅包括上一章所言的权力关系,还包括权利关系和权力与权利之间的关系。权力关系的运行秩序对过渡型社区的治理效能发挥着主导性功能,权利关系的秩序化程度对过渡型社区治理效能同样产生着影响。一个良好的过渡型社区治理状态,应是权力关系、权利关系、权力与权利关系都处于协调有序的状态。

第一节 过渡型社区治理中权利关系的规范分析

权利是社会利益关系的法律体现。"权利话语"盛行的时代,人们往往会忽视权利生成的利益政治基础。"权利产生和形成的深厚根源是社会成员的利益要求,这些利益要求构成了权利的本质内容。"[1] 在过渡型社

---

[1] 王浦劬等:《政治学基础》(第二版),北京大学出版社2006年版,第92页。

区之中，权利本质上是社区居民对自身生存发展的利益诉求。居民为了满足生存发展的利益需求，就需要以个体或组织的形式，以对抗或非对抗的方式来表达和追求自身的权利。在权利表达和追求的行动中，过渡型社区中的权利关系便形成了。

一 过渡型社区治理中权利的内涵

在中国古代政治思想中，权利多为权势、财物之义。西方政治思想中，权利多指正当性的资格。对于权利的来源，有天赋说、自由说、力量说、利益说等主张。从利益政治的理论立场出发，过渡型社区治理中的权利并不是自然天赋的，而是建立在过渡型社区内各个利益主体的利益需求和实践活动中所形成的利益关系的基础上，在相互之间的公共交往过程中通过追求、参与、争取、对抗等行动实现的。

第一，过渡型社区中，权利形成的基础是社区中居民等主体的利益需求。处于社区之中的居民个体、群体和非公共性的组织都有着自身的利益需求。如，在拆迁过程中，动迁农民的房屋拆迁后需要相应的补偿，进城之后的生存、就业、医疗、养老等问题需要充分的保障，这就是动迁农民的利益需求。社区周边的商户希望向社区居民售卖服务或商品而获得利润。社会组织希望通过为社区居民提供公共服务，履行其与采购服务的政府订立的契约义务。

第二，过渡型社区中，利益主体的需求内容构成了权利的内容。社区内居民的利益需求是全方面的，有对生存必需条件（如衣食住行等）的利益需求；有生活性的需求，如工作和收入、社会保障，家庭成员的聚居，朋友的交往，一定的文化娱乐设施，相对完备的教育、医疗、养老设施等；有发展性的需求，如更好的、更稳定的就业机会，更高水准的社会保障等。利益主体的需求，即利益客体，可以概括为经济、政治、文化、社会、生态五个方面，与之相对应地，过渡型社区的居民的权利便有经济权利、政治权利、文化权利、社会权利、生态权利五方面，这构成了权利的具体内容。

第三，过渡型社区中，利益的差异性和统一性基础上形成了个体权利和群体权利之分。其一，居民与其他人所不相同的利益需求经法律确认便是其个体的权利。如，拆迁安置过程中最难拆的不是漫天要价的农民，而是故土难离的孤寡老人。笔者在 T 市 J 区 L 街道调研中便碰到一位年逾七旬的老人钱某。老太太有一儿子残疾，老伴刚刚去世。"我不搬。别看我这个房子破，我就愿意住在这里面。我家老爹、老太（指公公、婆婆——引注）死在这个房子，我家老头儿也死在这个屋里。我为什么要搬呢？搬走了，我老头儿魂没个落所。还有这个瘫子，他往哪儿去？我这房前屋后的还有个地方种点菜。住到楼房里，我们娘俩还不是死得快。"[1] 老人的需求是具有特殊性的，老屋承载着自己对丈夫、亲人的情感，房前屋后的自留地为老人母子提供了最低保障的口粮，进城后情感寄托没了，生计基础也没了。对于基层政府和村委会而言，钱老太个性化的生存权、获得救济的权利就是需要给予特殊保障的。其二，居民与其他人相同的权利，就是群体权利。例如，2010 年在全国产生重大影响的"通安事件"中，起因是安置在华通花园的村民发现当年启动的新的征地政策，不仅补偿金额是过去的数倍，而且每户还包括 40 万元的宅基费。7 月中旬，前后 7 天左右，上千群众聚集在镇政府，扣押党委书记、封堵 312 国道，要求对之前拆迁的居民按新标准进行补偿。

第四，过渡型社区中，利益实现的社会性是社区权利关系形成的动因。利益是主体需要的社会性表达。权利则更进一步，是经社会公共权力所确认的主体需要的社会性、法律化表达。权利是各个利益主体在利益行动中所形成的社会利益关系的法律表达。因此，利益关系是权利关系的根源，也基本决定了权利关系的基本结构。利益关系包括主体间关系、客体间关系和主客体关系，权利关系也就包括权利主体追求权利内容过程中形成的权利主体间关系、权利客体（内容）间的优先性关系、权利主体与客体（内容）关系。

第五，过渡型社区中，权利是经由政治权力确认的法律资格。从利益到权利，必须经过政治权力的确认和保障。政治权力源于全体社会群体的共同利益权利，而权利则源于个体和社会全体不同利益基础上所形成的力量。政治权力形成后，社会成员会对其个体性或群体性的利益提出主张，政治权力对这些主张（包括利益的内容、利益实现的方式、利益关系之间的边界和运行规则等）进行确认保障，以此形成社会生活中

---

[1] 访谈记录：LTCQ2019111003。

的法定资格,此即为权利。权利内涵反映到过渡型社区的具体实践场域,就是只有经过党和国家基本法律制度（法律在此意义上是政治权力的规范性表达）所确认的利益才能称之为权利。未经法律制度确认的利益诉求,如拆迁过程中超出法定范围的拆迁补偿诉求、对社区公共空地的侵占等就不能称之为权利。社区中的权利不仅要经由政治权力的法律化确认,还需要以政治权力来予以保障。因此,在过渡型社区空间生产的过程中,党和政府对居民的经济、政治、文化、社会、生态权利予以保障。

综上,我们可以给过渡型社区治理中的权利下一个定义:过渡型社区治理中的权利,是在过渡型社区治理过程中的利益关系的基础上,由社会公共权力确认和保障的社区居民及其他主体主张的利益的法定资格。权利的内容包括经济、政治、文化、社会、生态等,也包含权利的实现和分配（如群体利益与个人利益的优先顺序等）；权利的形式是居民及其他主体在过渡型社区生产和治理过程中的法定资格（如基于户籍的拆迁补偿资格、集体经济分红等）；权利的行为表现为权利范围内作为和不作为（如为争取更多拆迁补偿的群体性上访行为）等。

二 过渡型社区治理中的权利主体

过渡型社区中凡是主体所追求的、能够得到社会公共权力所确认的利益便是权利,而这些利益的追求主体便是权利主体。社会整体性的利益则是社会公共权力根源和内容,只有社会公共权力所确认的个体性或群体性利益才是权利。因此,过渡型社区中的权利主体并不包括执政党、政府、社区居委会等社会公共权力主体,而是包括作为个体或群体性的过渡型社区居民,居民自我组织的业主委员会,提供社区服务的物业公司、社会组织,以及协助社区治理和社区服务的驻区单位、共建单位、志愿者等次级治理网络的组织、群体和个体。

（一）居民个体

居民是过渡型社区内最基础的权利主体,是过渡型社区治理和服务的主要对象。

第一,过渡型社区居民的权利实现,是过渡型社区治理过程中人民性的根本体现。过渡型社区的治理,应以满足居民的利益需求为目标,推进改革开放成果在所有居民中的共享,以居民生活的满意度为标准,由社区居民来评价社区治理效能。过渡型社区的治理就是要为了居民、依靠居民，要注重治理过程中居民的参与。

第二，过渡型社区居民权利的多元化构成了权力主体的个体性，部分居民权利的同一性则体现了权利主体的群体性。过渡型社区居民的权利主张是多维度的，集中表现为经济、政治、文化、社会、生态五个方面，进一步细分又可以呈现出多种细化权利。如经济权利主张包括拆迁补偿、合作社分红、工作收入等，文化权利主张包括文化娱乐的权利，也包括社区的认同性需求等。过渡型社区居民的权利主张在不同阶段存在差异性。如拆迁开始时，主要的利益诉求是拆迁补偿问题，上楼之后又聚焦于生计、养老、医疗等问题。居民之间的权利主张存在差异性。本地居民较为看重社区参与权，力求通过参与来推动社区治理效能提高；外来的租户则较少参与社区公共生活中，对社区内的问题主要向物业反映或网络平台投诉。居民权利主张的同一性，如同为外来人口的社区租户，都享有集体经济分红权的动迁农民，日间照料中心里的老年人等。再如城中村中牟利性的村民，经纪型的村精英、谋生型的移民和落脚型的漂流族等。[1] 因此，过渡型社区中的权利主体不仅包括居民的个体形式，还包括居民群体形式。

(二) 业主委员会

个人、团体和政府间的"三角关系"是城市政治学的重要关注点。[2] 随着过渡型社区内部治理体系的完善，作为社区业主代表组织体的业主委员会也逐渐成立。按照国务院2018年修订的《物业管理条例》，社区内的业主应当在所在地区、县人民政府房地产行政主管部门或街道办事处、乡镇人民政府的指导下成立业主大会，并选举产生业主委员会。业主委员会的委员由热心社区公益事业、责任心强、具有一定组织能力的业主担任。业委会的主要职责是：召集业主大会会议，报告物业管理的实施情况；代表业主与业主大会选聘的物业服务企业签订物业服务合同；及时了解业主、物业使用人的意见和建议，监督和协助物业服务企业履

---

[1] 叶继红：《利益分化、差异共融与城中村治理》，《理论与改革》2019年第4期。
[2] [英] 戴维·贾奇、[英] 格里·斯托克、[美] 哈罗德·沃尔曼编：《城市政治学理论》，刘晔译，上海人民出版社2009年版，第189页。

行物业服务合同；监督管理规约的实施；业主大会赋予的其他职责。[①]

根据《条例》，业主委员会是过渡型社区的业主选举产生的，并代表业主对小区进行治理。由此，业委会是社区内业主即在本小区拥有物业产权的居民的利益代表者。换言之，业委会实际上只代表着社区内的部分"有房者"的利益，并不代表社区内的租户等其他群体的利益。在理论上，当小区的业主与租户产生冲突时，业主委员会可通过相关的决策或决议，约束和规范业主的出租行为，进而对租户的行为作出限制。

业委会是居民群体权利的发声者，社区治理协同行动过程中的居民利益的代表者，也是社区内不同居民群体间权利发生分歧和冲突的调解者。例如，为了化解业主与物业之间的矛盾，S市F街道L社区下辖的三个小区的业委会与万厦物业协商约定启动实地巡查考核机制，月初月末两次对小区物业管理的各项量化目标进行实地考核，对物业公司的服务进行现场打分。巡查的过程中，业委会社区居民所关心的小区安全、环境卫生、绿化养护、机动车与非机动车停放等问题进行重点实地巡查，对巡查过程中发现的问题由业委会与物业共同协商解决。[②] B小区是邻近S市城西白马涧生态园，总户数达到2万户的大型拆迁安置小区。2020年7月该社区开始实施业委会巡查机制，可视作是业委会作为居民代表对社区物业的监督管理，也是业委会在过渡型社区治理中的主动参与。

（三）社会组织

社会组织一直被社区治理研究者们寄托了太多的希望。"现代社会是一个'组织社会'或'法团社会'。市民社会拥有一定数量的社团与一定规模和层次的社会运动，推动国家和政府将自身的主要精力集中于参与国际事务、维护国家安全、完善法律法规、提供公共服务等方面，而将国家政治权力淡出某些社会领域时留下的'主体空白'留给市民社会自己的组织来填补。"[③] 在社会中心主义者们看来，社区的治理应当完全由

[①] 《物业管理条例》，2020年6月7日，百度百科（https://baike.baidu.com/item/%E7%89%A9%A9%E4%B8%9A%E7%AE%A1%E7%90%86%86%E6%9D%A1%E4%BE%8B%8B/260193?fr=aladdin#6_1）。

[②] 《不听报告 小区业委会这样给物业阅卷打分》，2020年7月30日，S市G区新闻网（http://www.snd.gov.cn/hqqrmzf/zwxw/202007/f900864588a443fc85a2923fad7bf5be.shtml）。

[③] 鲁哲：《论现代市民社会的城市治理》，中国社会科学出版社2008年版，第84—85页。

社会来进行自我建设、自我管理,这既是社区民主的体现,也是社区共同体建设的必由之路。

中国社区治理的实践表明,西方式的社会中心主义的社区治理模式并不适合中国。原因在于,一是中国传统社会的治理是"以准官员和纠纷解决为主的半正式基层行政",是一种"集权的简约治理"。[①] 乡土中国主要是依赖宗法伦理及其道德约束力量,并未形成现代市民社会的社会组织中个体与组织的契约关系。因此,公民社会的理论假设并不适用于中国的制度和文化环境。[②] 二是现实社区治理体制下,即使是作为准社会公共权力组织的社区居委会也不具备过渡型治理所需的权威、资源,更不谈社会组织。

但社会组织在目前的过渡型社区治理过程中也是必需的。正如研究者所发现的,"社会组织承接服务是专业化治理的运作逻辑"[③]。在治理实践中,社会组织的专业化服务弥补了过渡型社区权力主体所无法提供或提供不好的专业化社区服务。例如,S 市 G 区的明德司法社会工作服务中心自 2018 年 8 月份成立后的两年内,通过入矫访谈、心理测评、教育学习与公益活动、个案服务、法治宣等方面专业化服务,较好地解决了 F 街道司法所长期以来在社区矫正、安置帮教工作上存在的"大水漫灌"现象,初步实现了社区矫正和安置帮教的专业化、精细化、个性化。正是社会组织的服务的专业化能力,基层政府才会大力培育社会组织,实施公益创投、财务托管、社工培育等一系列的激励措施。

(四)物业公司

物业公司是为过渡型社区的居民提供物业管理服务的市场主体,与社区居委会、业主委员会并称为社区治理的"三驾马车"。在商品住宅小区内,物业公司的权利是基于其与小区业主(业主代表大会或业委会)签订的服务合同享有相应的经济获利权。

过渡型社区的物业服务企业具有一定的特殊性。过渡型社区的物业

[①] 黄宗智:《集权的简约治理——中国以准官员和纠纷解决为主的半正式基层行政》,《开放时代》2008 年第 2 期。

[②] 祖密密:《"公民社会"思潮及其理论和实践误区》,《探索》2018 年第 2 期。

[③] 陈家建、赵阳:《"低治理权"与基层购买公共服务困境研究》,《社会学研究》2019 年第 1 期。

管理，大致上有"社区自管""商业物管""政府协管"三种模式。[①] 三种模式中，除了社区自行聘请的商业物业管理公司外，过渡型社区的物业公司大多是受政府委托或聘请的，或者是由过渡型社区的村委会自建自管的。过渡型社区内的物业管理公司与基层政府之间存在着密切的关联，部分物业服务公司是当地的国有企业或集体企业；部分拆迁安置社区由基层政府承担主要的物业费用，居民缴纳的物业费远低于商品住宅小区；部分拆迁安置社区原先的物业公司因无利可图而撤出，地方政府基于维稳压力要求物业公司继续"留守"，或要求国有或集体所有的物业公司的介入。[②] 这就意味着过渡型社区的物业公司除了自身的经济权利外，还具有一定的公共性——代表基层政府做好过渡型社区的物业管理服务工作。

（五）次级治理支持网络的权利主体

拆迁后，原先乡村空间的熟人社会被打破，过渡型社区居民面对的是陌生的生活和社会交往环境。为了缓解居民社会关系原子化所带来的剥夺感，基层政府和社区会动员和支持有共同兴趣爱好的居民组建相应的社团，组织过渡型社区的楼道长等社区志愿者，广泛联络医院、学校、商铺、教育机构等组织参与到过渡型社区治理的过程中。

居民社团是社区内的部分居民群体基于爱好组建的，他们的权利主张大多围绕着社团活动展开。如广场舞社团希望有固定的跳舞场地，体育类社团会希望有相关的运动设备和教练等。楼道长是社区治理的"晴雨表"、民意采集团队。在部分地区，楼道长兼任着社区基础网格员，承担网格化巡查任务。驻区单位、共建单位等组织，则更多的希望在社区活动中能够获得相应的客户资源，完成上级交办的任务等。次级治理支持网络建设，有助于培养城市新居民的社区意识、公共精神，有助于强化社区居民的共同体意识和归属感。

[①] 吴莹：《上楼之后：村改居社区的组织再造与秩序重建》，社会科学文献出版社2018年版，第221页。

[②] 宋辉：《新型城镇化推进中城市拆迁安置社区治理体系重构研究》，《中国软科学》2019年第1期。

三 过渡型社区治理的权利内容

过渡型社区中居民的权利以居民的利益为基本内容。我们可将居民的利益分为经济、政治、文化、社会、生态五个维度，居民的权利也以此为基础展开。本书已就过渡型社区居民的利益内容和利益实现的困境作了介绍，在此，笔者将重点关注居民的权利和权利的实现机制。

（一）经济权利

马克思、恩格斯在人类历史上首次系统地论证了，权利是一定经济利益的反映，没有经济权利的权利只能是空洞的口号。[①] 经济权利对居民的其他权利的实现具有基础性作用。过渡型社区居民的经济权利就是在社区的生产和治理过程中，居民依据其身份（公民、农民等）、职业等因素而获得物质利益、人化自然的物质利益、财产利益、价值利益等形式的经济利益的权利。主要体现在三个方面：

第一，给动迁农民的拆迁补偿。拆迁补偿大致有产权置换、货币补偿、产权置换与货币补偿相结合的方式。产权置换，能够保证失去住宅的居民能够获得新的居住空间；货币补偿是对农民原有住宅、土地进行评估定价后实施的补偿，优势是农民未来居住空间选择上有一定的自主性（如购买商业住宅、投靠子女等），缺点是少数农民用补偿款租房住，随着住宅租金的攀升，农民的补偿款不足以支付日益高涨的租金，反过来需要政府予以救济。两者相结合的方式，一般而言能够确保居者有其屋，一定的货币补偿也能够帮助其渡过拆迁安置的过渡期；当然，相对于单一补偿方式，两者相结合的方式也意味着安置房面积的减小和补偿款的减少。

第二，集体经济的分红。在坚持农村集体经济组织土地所有权的前提下，成立集体资产（土地）股份合作组织从事投资经营，同时将集体资产（土地）折股量化给农民个人，使农民变成股东，按份享受集体资产（土地）的收益、分配。[②] 农民"带地入城"模式，有助于实现集体

[①] 俞可平：《权利政治与公益政治》，社会科学文献出版社2005年版，第130页。

[②] 孙宪忠：《中国农民"带地入城"的理论思考和实践调查》，《苏州大学学报》（哲学社会科学版）2014年第3期。

经济的保值增值，促进农民的就业增收，并且对增加城市用地、协调农民与政府关系发挥了重要作用。[1] 集体经济的发展对过渡型社区的居民的生活和发展具有重要的保障作用，经营收益的稳定增长和集体经济资产的组合种类增加，有助于缩小过渡型社区中的居民的收入差距。此外，集体经济的保障作用不只体现在分红上，还具有"非货币化"作用，能够为进城上楼的动迁农民提供生存和心理安全上的直接或间接的保障，居民生活有保障后安全感、幸福感更高。[2]

第三，稳定的职业收入。过渡型社区的居民的职业发展情况，充分体现了中国宪法中基本权利属性上的"积极权利"和"消极权利"[3] 的差异。过渡型社区居民失去土地后，也就失去了赖以生存的基础，获得稳定的就业机会是确保其收入来源的唯一方式。因此，过渡型社区居民的就业权是积极权利，基层政府必须通过发展集体经济、地方产业、加强职业技能培训等方式来予以保障。但在就业市场，动迁农民的就业权实际上只是"消极权利"，只能要求权利相对人（雇主单位）予以尊重和容忍，而不能要求权利相对人（雇主单位）必须给自己解决工作问题。[4] 因此，在过渡型社区居民的就业问题上，政府有提供就业岗位的"积极义务"，但居民却依然会因自身的职业技能不足、就业机会少等原因而无法顺利就业。

（二）政治权利

过渡型社区居民的政治权利是其依据法律明文规定的各项民主权利，主要是依法取得的民主选举、民主决策、民主管理、民主监督等权利。例如，居民通过居民（代表）大会，要求居委会公布财务收支情况、实际工作成效等，选举产生业主委员会实施社区自治，对居（村）委会、业委会的工作情况进行监督的权利等。过渡型社区中的政治权利，需要

---

[1] 石婷婷、张日波：《股份经济合作社助推城郊城市化——以宁波市江东区的"一化三改"为例》，《浙江社会科学》2014年第7期。

[2] 钱存阳、易荣华、刘家鹏、张华：《城镇化改造中集体经济对失地农民保障作用研究——基于浙江9个地区的调查数据》，《农业经济问题》2015年第1期。

[3] 胡玉鸿：《论我国宪法中基本权利的"级差"与"殊相"》，《法律科学》（西北政法大学学报）2017年第4期。

[4] 周刚志：《论"消极权利"与"积极权利"——中国宪法权利性质之实证分析》，《法学评论》2015年第3期。

借助社区治理的政治制度、组织制度、治理机制等载体来实现。

第一,通过群众自治组织来实现政治权利。按照2018年修正的《中华人民共和国城市居民委员会组织法》,城市社区按照一百户到七百户的范围,设立居民委员会。居民委员会每届任期为五年,由社区内全体具有选举权的居民或每户派代表选举产生,也可以由居民小组选举代表2—3人来选举产生。本社区内凡满18周岁的都有选举权和被选举权。除了居委会的选举权和被选举权外,过渡型社区居民的政治权利还体现在对居委会工作的监督上,居委会对居民会议负责并报告工作。由于处于过渡初期的过渡型社区居委会大多是由村委会转制而来,原先"有事找村干部"的乡村民间治理习惯也在中老年居民中得到了保留。而社区内的外来人口和本地的年轻人,对居委会的工作并不关心,以致居委会的选举往往是党支部组织的、社区积极分子参与的"静悄悄的选举"。[1]

第二,通过业主委员会进行社区自治。随着过渡型社区居民权利意识的觉醒,过渡型社区中的业主委员会也逐步建立起来。业主委员会是居民民主选举、民主治理、民主监督政治权利实现的组织载体。居民通过业主委员会与社区党组织、社区居民委员会、社区物业服务公司之间建立正式的组织联系,构建社区党组织统一领导下的社区协同治理机制。

第三,通过社会组织开展自我服务。社会组织是居民自我组织、自我服务的重要载体,是过渡型社区内居民参与社区治理的组织形式。构建过渡型社区治理共同体,要着重培育社区的社会资本,在社区内形成居民社团、学习小组等小共同体,从而实现居民自我管理、自我教育、自我服务。不过在现实中,当大多数社会组织是基层政府和社区为了弥补权力主体服务专业能力不足而培育的,与社区权力主体之间是一种依附性的合作关系。因此,对社会组织实现居民政治权利的功能不能有太高的期待。

第四,以个体或群体性、制度化或非制度化的方式来实施政治参与。居民的权利主张行为既可以通过信访、社区民意恳谈会、网格化治理等正式的规范性渠道进行表达,也可能采取群体访、"告洋状"、网络表达

---

[1] 李辉:《社会报酬与中国城市社区积极分子——上海市S社区楼组长群体的个案研究》,《社会》2008年第1期。

等非正式的表达；动迁农民的利益表达有或沉默或激进式个人吁请，也有集体上访、"民告官""群起闹事"的集体维权行动。居民权利行为方式的多样化构成了过渡型社区治理的外部生态，同时又倒逼社区治理主体结构对居民及其居民组织的吸纳，通过相应的治理机制和治理流程对居民的权利行为进行规范，社区的治理也在"治理下沉""源头治理""精细治理"改革中得到不断强化。

（三）文化权利

文化权利是居民获得教育、文化、艺术、科学、体育等方面的公共服务的权利和在社区社会生活中获得精神、思想和心理上的满足感和愉悦感的权利。前一方面的客观的公共文化资源和服务，是后一方面主观的权利体验的基础。也有研究者将过渡型社区的居民的文化权利实现（即文化适应）的方式总结为技术、制度和观念三个层面，以此来凸显出文化权利的客观物质基础在配置方面的制度性问题。[1]

第一，过渡型社区公共文化资源的配置，是居民的文化权利实现的技术路径。原先乡村社会的文化更多的是散点式的，非公共性的，农民的农业生产之余的文化活动更多的是个体化的、家庭式的、邻里性的，如看电视、"斗地主""掼蛋"等。进入过渡型社区后，居民对教育培训资源、文化休闲资源、体育健身资源等物质性的文化资源和非物质性的公共服务的需求就变得旺盛起来。内在的原因是，失去了土地的同时，居民也摆脱了一亩三分地的束缚。无论是否找得到工作，居民"一下子无所事事"的空虚感，需要社区文化活动（如广场舞等）来填补；同时，居民也怀有"转制前的村委会不提供文化资源是可以理解的，但居委会应当提供"[2]的期待。当原先需要承担经济功能的村委会转制成为专职提供社区服务的居委会后，文化资源和文化服务的供给成为其新增的职责。

第二，过渡型社区公共文化资源的分配制度和社区生活新规范，是居民文化权利实现的制度路径。整体上，过渡型社区是城市公共文化资源配置的"洼地"，有限的公共文化资源如何在社区内分配关乎社区的公平正义。在各类公共文化资源中，居民最关注是幼儿园的配置和学区划

---

[1] 叶继红：《城郊失地农民的集中居住与移民文化适应》，《思想战线》2010年第2期。
[2] 访谈记录：SQWHFQTGH2018091201。

分的问题。由于过渡型社区的教育资源质量一般,社区年轻人口逐渐外流到有更好学区的城市商品住宅社区。与此同时,上楼后的居民在相当时间内难以适应城市封闭社区的生活习惯,不适应社区内人际交往。乡村习俗的记忆缠绕着居民的心灵,成为了"永远回不去的乡愁"。

第三,过渡型社区居民的文化心理变迁,是居民文化权利实现的观念路径。城市化的根本问题是"人的城市化",影响居民文化权利实现的主观因素是居民堕距化的文化心理。在一定程度上,过渡型社区的居民是拒绝文化心理层面上的变迁的。"我不愿意搬。城里的房子跟棺材一样,整天闷在里面,搬进去,死得快了。"[①] 从年龄结构看,城市中安置社区内更加完备的居住条件和公共设施对中青年人有一定的吸引力,但并不是老年人"向往的生活"。文化堕距效应引发的文化断裂[②],是过渡型社区居民社区认同感低、归属感弱的重要原因,也是过渡型社区治理需要长期应对的治理难题。

(四)社会权利

过渡型社区居民的社会权利,包括失去土地后应获得补偿权,进城之后作为公民和职工等身份依法享有的就业、医疗、养老等保障的权利。在过渡型社区中,居民的社会权利与土地密切关联。

第一,过渡型社区居民最基本的生存保障,是靠征地拆迁的补偿来实现的。在农村家庭联产承包责任制下,土地既是农民的经济来源,也是农民的基本保障。农民失去土地后,其基本保障也随之消失。[③] 当土地被征用后,居民便面临着"务农无地,上班无岗"的境地,生活来源和居住保障主要靠的是土地征用的补偿款。现实中,被征地农民与征地方的利益博弈、拆迁补偿款的发放进度、过渡期内的生活保障资金等[④],都是关系到动迁居民切身利益的现实性问题。

第二,"土地换保障"是过渡型社区居民各类社会保障的主要实现路

[①] 访谈记录:LTCQ2019111006。

[②] 耿言虎:《三维"断裂":城郊村落环境问题的社会学阐释——下石村个案研究》,《中国农业大学学报》(社会科学版)2012年第1期。

[③] 林俏:《城市化进程中失地农民社会保障权利研究》,《天津行政学院学报》2016年第2期。

[④] 熊英:《失地农民社会保障制度的反思与重构》,《农业经济》2016年第9期。

径。2005 年前后，各地开始按照"土地换保障"思路来进行征地补偿。"土地换保障"就是将支付给失地农民或村集体经济组织的补偿安置金集中由劳动保障部门管理，设定社会保障支付项目并按照标准发放社保待遇。"土地换保障"在一定程度上解决了农民进城的后顾之忧，也被证实是失地农民的福利保障水平优于土地换货币的补偿方案。[①] 但 2007 年之后，对"土地换保障"政策的批评之声便不绝于耳。研究者认为，土地换保障制度在参保主体选定、保险项目选择、保障水平确定、保障资金筹集方面均面临多重困境，难以彻底解决征地补偿水平偏低问题。[②] "土地换保障"的政策在"农民的社保是否必须以失去土地为代价？""有了社保是否就是有了一切？""农民为何不能享受土地增值收益？""政策如何持续？"的公平性、有效性、合理性、持续性四大问题上都难有突破。[③]

第三，随着基层公共服务供给体系的完善，过渡型社区居民的社会权利实现程度也不断提高。更具责任意识和长远观念的过渡型社区居民社会权利实现的路径是，以共享发展的理念引领动迁农民社会保障机制的设计，构建以政府为主导的风险共担机制，实施普惠型的动迁农民社会保障机制。[④] 一个综合的社会权利实现框架是，扶持发展集体经济，多渠道增加被征地农民的收入；以公共财政为主导，建立社会保障体系；完善征地补偿机制，确保征地补偿款及时足额到位。[⑤] 更为核心的是，要大力推动区域产业的发展，实现过渡型社区中占大多数的中青年劳动人口的就业，以城市职工社保体系和稳定的职业收入来持续保障居民的社会权利。

（五）空间权利

空间权利，即生态权利，包括居民享有良好社区内外生态环境的权利，分享生态资源获利和补偿性收益的权利。空间权利既表现为在拆迁

---

① 王寻寻、苗齐：《不同补偿方式下失地农民福利状况研究——以江苏省淮安市为例》，《江苏农业科学》2017 年第 8 期。
② 王瑞雪：《土地换保障制度的逻辑困境与出路》，《中国土地科学》2013 年第 6 期。
③ 林宝、隆学文：《"土地换社保"政策要慎重推行》，《中国党政干部论坛》2008 年第 5 期。
④ 邵彦敏、陈肖舒：《共享发展与失地农民社会保障》，《学习与探索》2017 年第 2 期。
⑤ 陈明德：《从"以土地换保障"到"以开发促保障"》，《求是》2009 年第 4 期。

安置的过程中空间权利损失后应当获得补偿，也包括在新的城市空间关系中，作为城市空间居住者享有对城市空间的建设、使用的知情权、享用权、消费权等。[①] 目前，过渡型社区居民的空间权利无法实现，主要表现在：社区公共空间资源的配置和共享问题，社区基础设施的配置和分配问题，社区生态治理过程中的权利冲突问题，社会空间的封闭性和隔离化造成的社会隔离。

第一，社区公共空间的配置与共享问题。在公共空间的配置上，过渡型社区居民的需求始终存在。例如，居民家中办红白喜事时需要大片的公共空间，早期的方式是居民沿用农村的习惯，在楼下空地甚至是绿地上搭建木棚或帐篷。后来部分过渡型社区在建设时预留大片的公共空间（类似早年间的大会堂），公共空间平时用于社区居民大会、日间文化娱乐场地（如老年人广场舞、棋牌娱乐场地），居民需要时可以低价租用。

第二，社区基础设施的配置和分配问题。过渡型社区处于城市边缘，城市基础设施建设不足是客观的现实，集中表现在道路、交通、教育、医疗、商业等资源，部分社区周边甚至连菜市场都未配置。社区内的基础设施配置与资源分配同样存在问题。例如，过渡型社区的面积一般都比较大，社区大门如果设置数量较少或位置不合理便会出现围墙被拆的情况。再如，早期的过渡型社区一般都没有划分车位。随着社区内机动车的增加，车位日益紧张，每天的"抢车位大战"造成了居民对居委会、业委会的严重不满。而在有限的空间资源内如何分配车位、车位的使用是否收费等问题就成为极为敏感的问题。

第三，社区生态治理过程中的邻避现象。邻避现象是所有小区都存在的问题。2020年7月起，S市开始试点小区垃圾分类，其中涉及垃圾投放点的设置地点问题。由于担心垃圾带来的环境、空气污染影响自身的生活质量和房产升值，社区内的所有居民都不愿意垃圾房建在自家楼下。

第四，社区物理空间带来的社会空间的隔离。一是动迁农民上楼后在短期内很难适应城市封闭社区的空间格局，空间感丧失，空间的陌生

---

① 李佳依、翁士洪：《城市治理中的空间正义：一个研究综述》，《甘肃行政学院学报》2018年第3期。

感又衍生出居民心理的孤独感、剥夺感，甚至会产生抑郁等精神障碍。二是动迁农民进城后的居住空间也是区分出层次性。如，社区精英往往早已搬离了安置小区；老年人因年迈无法上楼等种种原因，大多居住在一楼的车库中；外来人口租住在本地人的房子中。社区为了便于管理和治安需要，根据各房的居住情况加贴"自租""租户"的名牌或标签，使得本地人、外地人，有房者、无房者的身份差别"可视化"，社会隔离在这类细节中存在不断被放大的可能。

四 过渡型社区治理中的权利关系类型

过渡型社区中权利关系的类型，就是过渡型社区中的权利主体在实现权利内容的过程中所形成的各种社会关系（见图 6-1）。

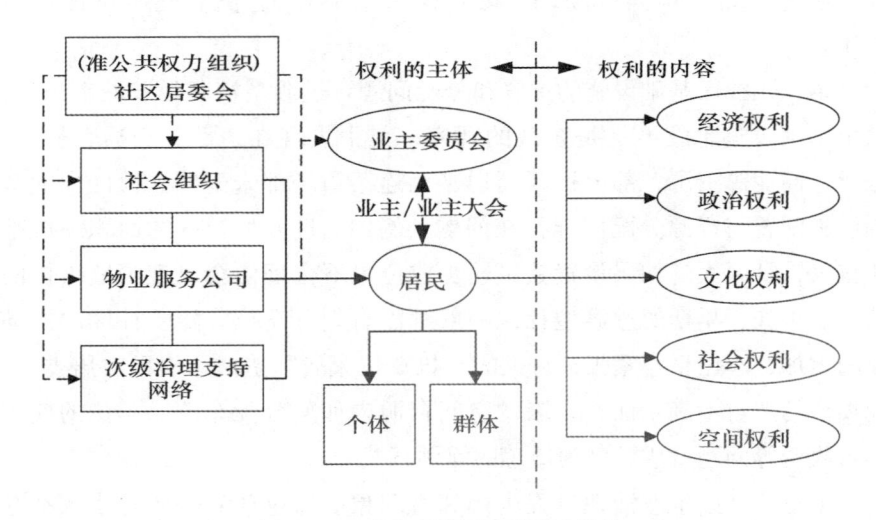

图 6-1 过渡型社区权利关系结构

（一）权利主体之间的关系

过渡型社区中的权利主体是多元的，相互之间还存在着紧密的关联性。过渡型社区中的权利主体间关系大致有以下特征。

第一，过渡型社区中所有权利主体间的关系是围绕居民的权利关系而展开的。过渡型社区治理的核心是社区中居民五维权利的均衡实现。业主委员会是社区中的业主（拥有房产所有权的居民）根据自身的意志来选举产生的进行民主选举、民主决策、民主监督的组织体。社会组织的功能是通过自身专业化的治理和服务来弥补过渡型社区中权力组织的功能缺失，提升过渡型社区的社会服务水平。社区内物业服务公司是基于其与社区业主或政府之间的契约，对社区各项物质资源、社区环境等进行的管理服务。社区的志愿者、驻区单位、共建单位等主体的服务对象也主要是社区居民。尽管这些组织、群体和个人之间也存在自身的利益需求，例如社会组织、志愿者组织有履行社会责任的公益性诉求；物业公司，特别是商业类的物业服务企业有追求商业利润的权利。但这些组织和个体都是在实现居民权利的前提下才能够保障自身权利的实现。因此，此处所言的权利关系，主要是指过渡型社区中居民权利实现的过程中所形成的权利关系。

第二，过渡型社区中权利主体间关系是多元复合的结构。过渡型社区之中的权利主体有居民、业委会、社会组织、物业服务企业、治理支持网络内的主体等。在宽泛意义上，社区居委会也带有权利性。一是居民是权利主体间关系的核心，居民的权利构成了过渡型社区中权力主体、权利主体行动的基本价值目标。二是权利关系既表现为个体之间的权利交互，也表现为群体间的权利交互。如心理咨询师志愿者为社区内有精神疾病的居民做心理康复咨询和治疗，便是权利个体之间的关系。而社区内当地人与外地人之间的权利关系便是群体与群体间的关系。三是社区党组织领导下的社区居委会、业委会、物业服务企业"三驾马车"是社区协同共治的重要主体。"三驾马车"主体机制如不能充分发挥功能，或三者之间发生冲突，过渡型社区的治理秩序和治理效能就无法保障。四是过渡型社区的权利主体间通过构建内部协调的复合型权利结构（见图6-1）来发挥社会治理的协同功能。即，过渡型社区中的各个主体均以居民的权利充分而均衡的实现为目标，相互之间又存在着相互关联合作、相互分歧对抗的关系，从而形成人人有责、人人尽责、人人享有的社会治理共同体。

（二）权利内容之间的关系

过渡型社区中居民的多元权利内容之间是相互影响、相互促进的关系。

第一，经济权利是其他所有权利实现的基础性保障。"权利决不能超出社会的经济结构以及由经济结构制约的社会文化的发展。"① 正如前面章节中分析过渡型社区中的利益关系时所发现的,经济权利的实现是其他四方面权利实现的基础,这是历史唯物主义的基本规律。因此,在过渡型社区中,只有对动迁农民依法依规进行充分的补偿,确保居民的集体经济分红权,尽全力为其提供稳定的就业机会和稳定的收入,居民的政治权利、文化权利、社会权利和空间权利才能够得到保障。其他的权利主体,如社会组织、物业服务企业、志愿者等组织和群体的权利和利益也才具备实现的基础,否则便会疲于应付居民的各种利益诉求。如,物业公司总是希望获得稳定的持续的收益,但如果过渡型社区中的居民大多是无业者,那么社区内的治安问题、邻里矛盾等问题就会比较严重,直接增加物业公司的经营成本,减少其收益,也给业主委员会的调解工作增加负担。

第二,政治权利是实现过渡型社区居民其他权利的制度性保障。当动迁农民认为自身利益受损、权利无法保障时,往往会通过业主委员会、社区居委会、网格化治理平台和信访渠道网络问政平台来表达自身的权利的诉求。换而言之,在政治权利实现的过程中,居民的其他权利也得以伸张和维护。

第三,居民的多种权利是相互支撑、相互影响的关系。除了经济权利的基础性保障作用,政治权利的制度性保障作用外,文化权利构成了社区居民的共同文化心理,直接影响到居民的社会治理共同体能否形成。社会权利是居民赖以生存和发展的基础,当就业、医疗、养老等问题无法得到解决,被征地农民对未来的生存发展没有稳定的预期时,便会拒绝拆迁,从源头上影响到过渡型社区的空间生产。同样的,过渡型社区的各种权利是依据其作为社区物质空间的所有者、使用者和管理者而具备的。

---

① 《马克思恩格斯选集》第 3 卷,人民出版社 2012 年版,第 364 页。

第二节 过渡型社区治理中权利
关系的运行现状

过渡型社区中的权利关系是居民权利实现的过程中各个权利主体之间的关系和权利内容之间的关系。笔者将通过三个典型的过渡型社区治理案例的分析,探究过渡型社区中权利关系的运行过程中的现实情况。这三个案例中,T市L街道C社区的"开门分流"呈现的是过渡型社区中居民之间的权利关系,C市A镇老娘舅志愿服务社和S市F街道明德司法社工呈现的是过渡型社区中社会组织参与的具体情况。其中,老娘舅志愿服务社为政府培育的社会组织,明德司法社工则是主要由成熟的社会组织本地孵化的社会组织,两者在形成背景、组织机制、运营管理、制度规范等方面存在着一致性和差异性,并直接影响到过渡型社区中权利关系的运行情况。

一 L街道C社区的"开门分流"

C社区位于T市J区L街道城南,面积达1.26平方公里,共分3个小区,总居民户数达五千余户。C社区是J区重点建设的拆迁安置工程,居民为L街道、Q街道、S街道拆迁安置农民。其中,一区分三期建设,共1919户。1期在2008年交房,共9幢,621户;2期于2011年交房,共8幢,726户;3期于2013年交房,共6幢楼,572户。紧邻一区的二区,共18幢,共1782户。C社区北侧为P路,西侧和南侧均为河流,东侧为H路,过了H路为A小区和C社区的三区。社区辖区内还有幼儿园2所,小学1所以及菜市场、商业综合体等配套设施(见图6-2)。

(一)历时多年的"出门难"

C社区一区1期交付时,一区的2期、3期和二区均在建设过程中。1期的居民入住时,小区的南门和北门均开放,机动车辆均可出行。2011年2期8幢楼交付,北门按照消防规定不再开放汽车出行,整个1、2期仅保留了南门一个汽车出入口。随着一区2期和二区居民的入住,开车居民的"出门难"的问题开始暴露出来。C社区一区、二区外为U形的J路。U形路的两个顶端各有一个红绿灯。由于H路车流量较大,J路转向H路的绿灯时间就设置得相对较短。笔者现场观察，上午8—9时早高峰期间，J路与H路北侧十字路口的东西向绿灯为15秒，平均通过8辆汽车。因此，当一、二区的居民开车出了南门后在J路的出行效率就存在着问题。

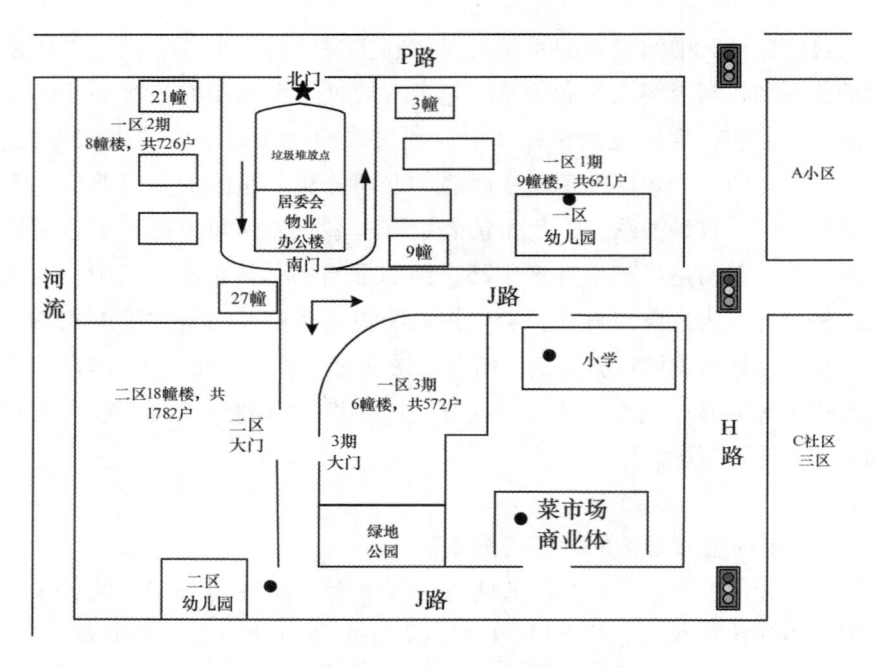

图6-2　L街道C社区一区周边格局示意

雪上加霜的是，J路上分布了两所幼儿园、一所小学、一个菜市场。一区居民出门后，往右是二区幼儿园和菜市场，往左是小学和一区幼儿园。于是，在每天早上7：30至9：00之间，J路上挤满了上班、上学、买菜车辆和行人，形成严重的拥堵。有一区2期的居民统计，工作日7：30从上车后到出H路红绿灯，短短的300多米竟然要花20多分钟。车流堵到地下车库基本上是常态。笔者2018年调研时，2期一业主表示，"从2013年到现在，由最初的10分钟左右发展到现在的30分钟打底，甚至出个地库就要10到20分钟。遇到下雨天还有可能堵在车库里就出不去"①。

---

① 访谈记录：LTSQZL2018112103。

2011年起，C社区就有居民开始通过区长信箱反映出行的问题，街道和社区的历次社情民意座谈会上，居民都会提出"出门难"的问题。在2013年9月2日的区长信箱投诉信息中，有居民甚至提出了多种解决方案：方案1：在C社区西侧的河流建桥，一二区建西门从而实施机动车分流。方案2：二区或J路南侧河流架桥，从而将二区的部分车流分流出去。方案3：继续开放一区的北门，对一区的机动车辆进行分流。由于二区只有一个大门，因此方案1、2能够同时解决一区1期、2期和二区的车辆分流问题，但架桥施工涉及城建规划，规划局在回复中明确告知东侧和北侧河上架桥开门的方案因地质、小区内外建筑结构等原因不可行，因此，开放1期北门就成了唯一的方案。

（二）出乎意料的"开门难"

C社区的居民在市、区政府不断上访，L街道党工委、办事处明确由社区居委会牵头征求居民的意见。C社区居委会多次召开居民代表、物业服务公司的协调会，但一直不了了之。2014年，C社区业主委员会成立，意见征集的责任又从C社区居委会落到业委会头上。"开北门"成为C社区首届业委会成立后的重点工作。

2014年5月，业委会主任、副主任随社区党委书记、居委会主任一同至住建委、街道咨询开门疏通的法律可行性问题。住建委明确答复：C社区一期增设北门属于对规划条件和规划许可的变更，要根据《J省城乡规划条例》第四十五条相关规定听取利害相关人意见。只要利害相关人同意便可以增开。街道办事处相关负责人也表示：由于C社区上下班高峰的拥堵问题确实较为严重，居民意见较大，街道对此十分重视，并将大力支持。只要小区内的居民意见一致，北门就可以开。至于开北门涉及的外侧道路绿化带的改造及相关费用，街道负责协调交通等部门解决。社区大门相关的改造费用，由街道专项经费支出。[①]

在获得政府部门明确的政策支持和许可后，业委会迅速启动了意见征集活动。第一次意见征集是面向一区1期、2期所有的业主。长期受到出门拥堵的居民对开放北门出入口的方案非常支持，75%以上的居民表

---

① 因C社区为拆迁安置社区，物业服务由政府集中采购，业主交房时并未缴纳物业维修基金。小区日常公共设施的维护均由街道专项经费开支。

示同意。但该方案遭到1期3幢、2期21幢等北门附近几栋楼的居民的强力抵制。反对的意见主要是：（1）北门是小区常闭式消防应急门。将北门作为机动车出入门不合规定，也存在严重的安全隐患。（2）北门外的道路有绿化带阻隔，且东西向车流量也较大，出了北门还是会拥堵。北门与外部道路之间没有缓冲道路，上下班高峰期行人、非机动车、机动车相互交叉，存在严重的交通安全隐患。（3）北门开放后，尾气、噪声等污染将会影响到北门附近几栋楼的居民身心健康。（4）北门开放后，北门附近的房子房价会下降，这部分受损的利益在该方案中并未谈及。（5）意见征集流程不合法：北门开放的利益相关方是北门附近4幢楼的居民，意见应仅面向这4幢楼的居民征集，而不应面向1期、2期全体居民。

对于反对者的意见，开门方案的支持者进行了反驳：（1）消防通道的问题，相关部门已有明确答复，不存在合法性问题。（2）开北门带来的污染、房价下跌、安全隐患等问题，一来不会发生，二来这对于南门附近的居民也同样是损失，南门附近的居民既然没有提出异议，北门的居民没理由反对，至于利益补偿更是不合理。（3）开门难是一区所有居民都面临的问题，因此，全体居民都应当是利益相关方。

于是，开门方案的支持者和反对者形成了对立的两方，丝毫不妥协。双方同时将矛头对准了社区居委会和业委会，认为两个组织均不作为，偏袒另一方，没有发挥应有的功能。这次的意见征集的失败，再一次引发了居民的上访潮。"出门难"的问题又回到了原点。

（三）艰难达成的"妥协"

2017年12月，业主委员会换届，拥堵的问题再次被提起，并且在选举过程中发酵。新一届的业主委员会集体做出承诺，2019年年底前解决不了出门拥堵问题便集体辞职。业委会并非完全迫于压力作出的承诺，也有推动问题解决的底气。新一届业委会主任是省政府某局副局长的母亲，也是退休的公务员；居委会主任、物业项目负责人兼任业委会副主任。因此，新一届业委会有隐性的行政资源，同时通过人员互嵌将社区治理的"三驾马车"关联到了一起，形成了较强的组织合力。

2018年1月至3月间，业委会牵头多次召开居民代表的沟通会议，并邀请了区、街道相关部门的负责人进行现场政策宣讲和答疑。多次沟通协调后，各个立场的居民终于达成妥协：（1）北门在工作日7：00—

9∶00 和 17∶00—18∶30 之间限时开放机动车通行。（2）居民意见征集面向全体居民，全体通过率应达到三分之二，但北门附近的居民支持率应达到85%。（3）北门开放方案应按程序公示7天，公示通过后才可施工。（4）小区内的改造费用由居委会和业委会向街道申请，外部费用请街道协调区政府相关部门解决。随后，业委会成员开始面向全体居民征求意见，并上门集中做北门附近楼栋居民的工作。

2018年10月，在获得小区87%居民的同意，北门附近居民没有强烈反对的情况下，开门分流方案终于通过。2018年11月，经过公示后，北门开放的相关工程启动施工。2019年11月笔者再次对该社区进行走访调研时，困扰一区居民的"出门堵"问题已经得到了解决，二区居民的出行拥堵程度也大大缓解。

二 C 市 A 镇老娘舅志愿服务

"有纠纷找老张，找老张没纠纷""群众面前无小事，郝姐能断家务事"是广泛流传于 C 市 A 镇群众中的普遍共识。创立于2016年的 A 镇老娘舅志愿服务社累计开展矛盾纠纷排查3566人次，调解纠纷400余起，处理重大疑难纠纷、群体性事件233件，调解成功率达99%，被基层群众誉为"娘家人""及时雨"，涌现了张某新、郝某娟等先进典型，成为 C 市 A 镇基层社会治理的重要参与力量。作为政社互动发源地，C 市开创了在政社互动"清单式管理""引导式治理"模式，A 镇老娘舅志愿服务社探索的社会力量参与社会治理实践，已成为新时代政社互动"能动式善治"的重要品牌。

（一）党员化身老娘舅，一颗红心在调解

政社互动能动式善治，是要激发社区、社会组织等多方治理主体的主动性、创造性，系统构建"广泛参与、深度协商、活力自主"的新机制，着眼打造共建共治共享社会治理新格局。社会组织是能动式善治的关键性主体，而在基层社会治理实践中，社会力量参与社会治理的关键在于其专业化、组织化程度，其核心在于是否存在理想信念坚定、专业能力强、工作思路清晰的核心人物。在 A 镇，一批老支书、老党员退休后志愿参与基层人民调解、网格治理等，建成了老娘舅志愿服务社等多个社会组织，成为了 A 镇基层社会能动式善治的重要力量。

今年 67 岁的张某新，曾任 A 镇 W 村的村支部书记、镇司法所副所长等职，也是一位金牌调解员。退休之后的张某新经常被群众请去调解矛盾纠纷。2014 年，在 A 镇党委的支持下，张某新成立"老张调解工作室"，向 A 镇群众提供"专家门诊式"纠纷调解服务。短短两年内，"老张调解工作室"名气越来越响，在张某新的影响下，先后共有 56 名老支书、老党员、老教师、老战士等志愿者加入了调解工作室，成为 A 镇人民调解老娘舅团队的成员。2014 年至今，"老张调解工作室"累计调解纠纷 500 余件，调解成功率达 99%，协议履行率 100%，成为 A 镇基层社会能动式善治的重要力量。

（二）志愿服务建组织，工作机制规范化

社会参与自我建设的能力是社会组织能否发挥参与治理功能的关键性因素。缺乏组织化的社会参与往往是以碎片化、个体化、灵活式的志愿参与为主，缺乏稳定性、持续性。

在"老张调解工作室""郝姐调解工作室"的基础上，A 镇于 2016 年 2 月成立"老娘舅志愿服务社"，并在下属社区建立"老娘舅志愿服务队"，形成"镇社—社区小队"组织机制。服务社成员通过基层选拔和个人推荐，首批吸纳 13 名老娘舅成员，服务队由服务社与基层社区共同孵化，目前已经建立了 8 支服务队，共有 53 名老娘舅。为了确保老娘舅矛盾纠纷调解的专业度，张某新、郝某娟创新性总结了"法、德、理、情"四式调解工作法，建立了严格的调解工作纪律，明确了"三懂三会"工作要求。老娘舅志愿服务社有着完善的培训机制，组织轮训、跟班学习、专家讲座、学习沙龙等多种学习方式，更有调解过程观察、调解督导、师徒导师制等培训机制，确保老娘舅调解知识、经验、技能的"知行合一"。老娘舅志愿服务社的组织化程度高，在张某新、郝某娟等金牌调解师的带领下，建立了完善的工作流程、规范的管理机制、系统的组织体制，成为了一个内部管理严谨规范、外部发展资源丰富的基层司法行政社会组织。

（三）矛盾化解在基层，访调对接解难题

长期以来，基层社会治理主体和职能存在着碎片化的问题，网格化治理、村居社区治理、人民信访、人民调解、行政调解、司法调解各自履职，针对复杂的矛盾问题往往缺乏整合处置的资源和能力。

老娘舅志愿服务社在优秀调解员的传帮带下，凝聚了一批热心调解、有威信、会做群众工作的"五老"乡贤加入，充分发挥人缘亲、地缘近、高时效等优势，实现源头排查、提前稳控、快速调解，积极参与动迁安置、信访维稳等中心工作，努力实现小事不出村、大事不出镇，有效将基层矛盾排查化解在萌芽状态。2018年年初，A镇探索访调对接机制。以张某新为首的7名老娘舅调解员被选聘为信访代理员，每周驻点信访窗口轮流值班，参与信访接待、情绪疏导、政策宣传，代理群众反映问题、走访调查、协调解决、反馈沟通，降低群众信访成本，有效减少集访、越级访和重复访。自2018年开始，在A镇司法所指导下，老娘舅服务社的人民调解与信访工作进行融合，并逐渐参与网格化社会治理过程，建立矛盾排查—发现—处置—反馈工作机制，通过访调对接切实提高基层社区解决群体性复杂疑难矛盾的能力。

（四）社会治理社会化，政社互动新样板

基层社会治理需要在基层党委领导下，基层政府与基层村居组织、社会组织、城乡居民群众政社互动、协商共治。社会组织参与社会治理，如何实现治理的"能动性"，需要有治理理念、组织制度、工作机制等方面的全面保障。

老娘舅志愿服务社的典型性在于以下三点：一是管理团队和参与者具备高度的服务意识、专业能力和民间威望。老娘舅志愿服务社以模范党员、金牌调解师为核心管理团队，充分吸纳老党员、老教师等优秀党员和乡贤力量。二是组织管理制度规范化、具有清晰的发展路线。从"老张调解工作室""郝姐调解工作室"到"老娘舅志愿服务社"再到"老娘舅志愿服务队"，老娘舅由核心人员带领、在镇党委和政府的精心指导和支持下坚持组织化、制度化的前瞻性发展道路。三是组织成员发展和培训的体系化。基层社会组织的发展关键靠人，靠专业化的服务，老娘舅志愿服务团队在常规化的内部培训和交流机制基础上，根据矛盾纠纷调剂实际工作需要，开创"在调解中学习""在学习中调解"的知行合一式培训机制，这对老娘舅成员提升矛盾化解能力、建立调解工作信心至关重要。

三 G区F街道社会组织参与社矫帮教

由于人手严重不足、管理职责繁多、社区矫正和安置帮教的对象数量较多，2018年S市G区F街道探索试点社会组织参与社区矫正和安置帮教工作。2018年8月至2019年7月，F街道引进广州大同社会工作服务中心服务团队，共建成立了明德司法社会工作服务中心（简称明德司法社工）。负责运营F街道特殊人群社会综合管理服务项目。2019年8月，F街道办事处与明德司法社工签约，继续采购其三年的特殊人群社会综合治理服务。

（一）明确社矫安帮社工服务职责

第一，以政策合同为依据，明确政府和社会组织在社区矫正和安置帮教工作中的职责分工。按照国家、省市相关政策和项目协议规定，明德司法社工形成了7项成熟的服务内容：入矫访谈、心理测评、教育学习与公益活动、个案服务、法治宣传及志愿者队伍活动、解矫访谈、安置帮教服务。协议明确了街道司法所和明德司法社工职责关系，避免了街道吸纳社会组织的风险，也保证了社会组织自主发展的地位。

第二，建立常态化的协同机制，推动了政社双方共建共治。F街道与明德司法社工的常态化协同机制，包括联席会议制度、信息报告制度、协作执行制度。这些制度保证了双方对服务进展和阶段性成效的知晓权，约束了双方行为，保持了各自的独立性。

（二）细化社矫安帮社工服务流程

第一，建立了规范化的社会组织参与司法行政社工服务模式。以社区矫正为例，矫正对象入矫时，明德司法社工进行入矫访谈和前测工作；签订服务协议后，明德司法社工开展服务建档、心理测评与咨询、集中教育、公益服务和个案管理等日常服务工作；矫正期满，明德司法社工实施解矫访谈和测试，对矫正对象作全面评估，为个案的结案做准备。

第二，以柔性服务和规范流程推动安置帮教服务工作开展。针对刑满释放人员对社会组织的安置帮教工作往往不理解、不支持甚至是对抗的问题，明德司法社工以春风化雨的职业素养积极面对，逐步获得安置帮教对象的理解和接纳。2019年，明德司法社工将原先一人专职负责安置帮教工作的布局，改由7名社工分片区提供安置帮教服务，整理编写了服务沟通操作手册。根据沟通情况，明德司法社工将安置帮教对象分为"不希望被打扰""愿意与社工接触""电话无法联系的"三类进行分类管理，做到情况熟悉、主动服务、解决实际困难。

第三，形成了社区矫正和安置帮教对象"五个一"服务规范。"五个一"包括：一次会面、一份协议、一张服务卡、一次心理测评、一次深入访谈，形成了建立关系、确定关系、主动联系、心理矫治、解矫访谈的服务流程规范。

（三）强化社工服务质量评估

第一，建立了定期评估与分期拨款相结合的评估机制。三年合作期内，第一年F街道按季度对明德司法社工的服务质量进行评估，第二年按半年期进行评估，根据评估结果决定是否拨付下一期经费。评估周期和方式的设定，实现了以评促建、评建结合的目标。

第二，由F街道相关部门和社区共同组建评估小组。街道组建评委组进行评估。评委组由街道分管领导担任主评委，项目服务所涉及职能部门的负责人担任评委，街道七个社区居委会代表担任评委。

第三，评估内容方面，形成了涵盖服务质量、项目管理、经费管理等全方面的指标体系。一级指标包括：服务进展及成效，51分；项目总体设计及推进，17分；项目管理与制度，23分；财务管理，9分；赋分项，10分。

第四，评估流程方面，形成现场汇报、资料查阅、会谈答辩、评估打分、评估反馈的规范化完整流程。评估先由明德司法社工现场就服务开展情况和取得的效果进行汇报。评委分组进行资料查阅、会谈和打分，然后评估小组进行合议，形成统一的评估意见。现场评估后，评估方出具评估结论和评估报告，并据此来拨付经费。

（四）强化社会组织管理服务规范

第一，成立社会组织党支部，以党建引领司法行政服务社会工作全格局。明德司法社工有党员5名，2020年7月正式成立党支部。成立时间虽短，但已初步形成了社会组织党建引领司法行政服务社会工作全格局的发展规划，积极参与区域大党建，主动融入街道社区、社工、社会组织"三社联动"治理格局。

第二，充分借鉴母体联盟成熟经验，建立了规范的组织管理制度。

明德司法社工承继广州大同社工管理经验，有着较为成熟的管理制度和管理经验。目前，广州大同社工继续为明德司法社工提供督导培训、内部建设等指导支持，为明德建立了外部支撑体系。

第三，始终强化组织的内部建设，主动接受主管部门和采购方的监督。明德司法社工严格按照社会组织管理相关法规政策的规定，接受主管部门区司法局的管理和业务指导，按照服务项目协议主动接受服务采购方的监督。正是向内严格管理、向外接受监督的组织管理理念，明德司法社工内部形成了积极向上的创业氛围，社工无一流失。

第三节 过渡型社区治理中权利关系的运行梗阻

过渡型社区中的各类权利关系并非同程度、同状态的，会因权利主体的意愿、能力、互动等因素，以及权利内容之间辩证统一的关系而存在着差异性。对过渡型社区中的权利关系的观察不能停留在理论的思辨，而是要基于过渡型社区治理过程中所发生的鲜活的案例，在剖析、总结的基础上探究权利关系运行的实际状态，并进一步提出建构权利关系秩序的基本路径。

上述的三个案例分别呈现出当前过渡型社区中当权利内容发生冲突时的权利主体互动和社会组织参与社区治理过程中的权利关系具体状态。结合案例，我们大致可以发现过渡型社区中权利关系的运行梗阻问题。

一 利益关系失调影响权利关系运行秩序

过渡型社区中的利益关系决定了权利关系的运行状态，治理过程中主体间的利益分歧是权利关系失调的关键性原因。

第一，权利关系运行的核心是过渡型社区中居民的利益问题，从上述三个案例均可以看出，无论是"半权力—半权利性"的居委会和业委会、社会组织、志愿者，还是过渡型社区中的居民，相互之间互动的核心问题都是利益问题。特别是C社区"开门分流"问题，方案的支持者和反对者相持不下的规定、程序、安全、污染等问题，本质上都是围绕自身的出行如何更顺畅和自身的利益如何不受损。

第二,社区内的利益关系状态决定了过渡型社区权利秩序的状态。从 F 街道社矫安帮工作社会化和老娘舅社会服务社人民调解工作的成功经验可以看出,权利主体之间秩序化、协调性的关系的确立,大致源于相互之间的利益并非处于对抗的状态。明德司法社工的专业化服务是为了帮助社区服刑人员解除心理障碍,更好地回归社区、融入社会,这与矫正对象的利益需求是一致的,同时也是符合社区居民的共同利益的。老娘舅人民调解的核心逻辑正是依法协调各方的利益。

第三,利益关系的冲突是权利关系失调的关键原因。"社区居民的阶层分化和利益分化无疑增加了社区利益整合的难度,在一定程度上和一定范围内还有可能发生激烈的利益矛盾和冲突,真正的社区利益共同体难以形成。"[①] 在 C 社区开门问题上的利益矛盾使支持者和反对者双方关系进入了零和博弈的状态,双方的利益对立关系造成社区内权利关系也处于对立冲突的状态,进而影响到整个社区内其他权利关系和权力关系的运行状态:首届业主委员会陷于"里外不是人"的尴尬处境,权威丧失;居委会被批评不作为;区、街道党(工)委和政府疲于应付上访。

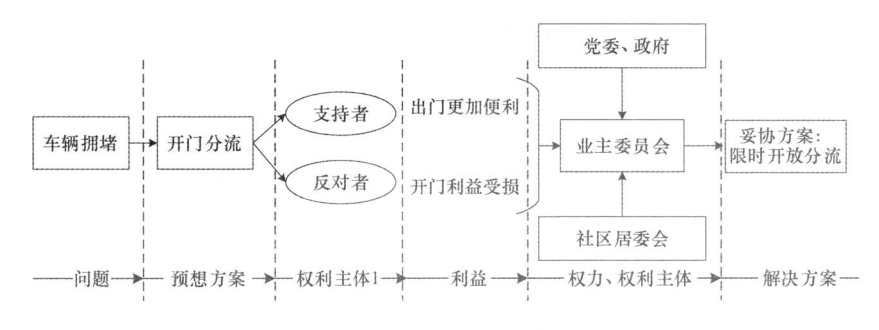

图 6-3　J 区 L 街道 C 社区"开门分流"权利关系运行

二　权利关系秩序依赖于权力主体

第一,权利关系秩序化运行离不开权力主体的引导和管理。C 社区最后妥协方案的实现,关键是新一届业委会整合了社区居委会的资源,并得到了政府资源的支持(图 6-3)。C 市老娘舅服务社的核心成员多为原

---

① 李伟梁:《城市利益关系的社区调整》,武汉大学出版社 2013 年版,第 38 页。

镇司法所的工作人员，服务社发展的过程中也得到了镇司法所的强力支持。明德司法社工则直接由街道和广州大同社工共同培育，街道三年98万元的服务采购经费为明德司法社工提供了稳定的收入。

第二，过渡型社区权利关系的秩序化运行在事实上完全依赖于权力主体，自我管理、自我运行、自我发展的独立性较弱。问题并非过渡型社区的治理离不开权力主体，而是过渡型社区中的居民维权、社会组织发展完全依赖于权力主体。以明德社工为例，如果F街道暂停与其的合作，或者减少服务项目的经费预算，将直接面临"断顿"的生存危机。采购方的单一化，是诸如明德司法社工、老娘舅社会服务社等众多基层街道、乡镇自主培育的社会组织生存发展面临的风险。因此，在社区服务中政府与社会组织是一种非平等关系，拥有资源动员能力的基层政府占据政社互动的主导地位，权力主体的服务采购甚至会发生"逆向替代"[①]的情况。

三 居民利益分化影响权利关系秩序

第一，过渡型社区居民的权利内容具有整体性。所谓权利内容的整体性是指，在社区治理过程中，社区居民无论是个体，还是群体、全体，权利需求的内容涵盖经济、政治、文化、社会、空间五个方面。因此，权利关系的运行就是要推动五个方面的权利的均衡实现。但从目前各地的实践来看，居民权利需求的均衡实现未能做到：经济权利层面，动迁农民和外来人口的就业问题未能妥善解决。政治权利方面，过渡型社区居民的非制度化参与和利益表达较多，政治参与群体间呈现出很大的不平衡性，居民的参与主动性和自觉性不足、参与能力较低、政治参与的深度不够、参与渠道和技术短缺、参与制度规范建设不足。[②] 文化权利方面，公共文化服务供给不足，过渡型社区的文化休闲资源配置是城市公共服务体系的"洼地"。社会权利方面，动迁农民的社会保障问题不足，

---

① 杨宝、杨晓云：《从政社合作到"逆向替代"政社关系的转型及演化机制研究》，《中国行政管理》2019年第6期。

② 麻宝斌：《中国社会转型时期的群体性政治参与》，中国社会科学出版社2009年版，第60—65页。

发达地区过渡型社区居民的保障又呈现出"内卷化"的困境①，社区内社会关系割裂、社会资本存量不足、社会阶层分化，社区归属感、认同感长期较低。空间权利方面，公共基础设施的配置不到位，社区群体居住空间出现隔离情况，社区的生态环境也长期存在"脏乱差"的问题。

第二，过渡型社区中居民所追求的权利具有多样性，不同的居民个体所关注的焦点不同。在调研中，我们发现，A镇老娘舅调解的案例中，拆迁补偿、违建纠纷问题多发生于农村、城中村社区；本地居民与租客的冲突、邻里纠纷多见于拆迁安置社区；环境污染等问题多见于拆迁安置社区和商业住宅小区。不同形态、不同类型的社区的居民异质性利益构成了社区权利关系运行的外部环境。老娘舅服务社自2016年成立后不到三年接待的调解案件已经高达400余件，同时需要协助镇党委、政府完成"331"专项行动、重大工程风险评估等工作中的矛盾风险排查近4000余人次。另外，同一事件中群体间的权利内容冲突也会直接造成权利关系的失调，正如T市C社区"开门分流"方案的支持者和反对者，一方关注的是自身出行的权利，另一方关注的是自己居住健康的权利，双方权利内容上的分歧直接导致小区的拥堵问题持续8年之久。

四 权利主体维权方式呈现多样化

第一，居民群体维权渠道的差异性显著。有研究者在对上海市周边的城乡接合部小区调研后发现，老年人和动迁农民更多地倾向于通过居委会来参与公共生活。年轻人更多地通过网络平台来影响社区和政府的决策。② 同样的情况在上述三个案例中也得以呈现。C市A镇是工业重镇，辖区内的过渡型社区主要是城中村、农民集中居住区和拆迁安置小区。这些过渡型社区还处于过渡的早期阶段，因此，居民大多还习惯于找原来的村干部进行调解。这也正是A镇以原村干部为主体的老娘舅人民调解社会组织能够充分发挥功能的内在原因。而在F街道，2006年24

---

① 叶继红、占少华：《发达地区失地老人养老支持体系内卷化及其突破——基于苏州市的个案研究》，《中国农村经济》2019年第12期。

② 熊易寒：《从业主福利到公民权利——一个中产阶层移民社区的政治参与》，《社会学研究》2012年第6期。

个村集中转制组建 7 个社区，经过近 15 年的社区治理改革，F 街道的过渡型社区已经建立了较为完备的基础网格治理机制，居家养老、日间照料、社区矫正、安置帮教等社会组织在 7 个过渡型社区中已经有很好的民情基础。因此在基层党组织和政府的支持下，F 街道的基础网格员和社会组织能够充分发挥自身功能，提供专业化的社会服务。A 镇同样实行了基层社会综合治理网格化联动治理机制改革，将全镇划分为 76 个网格，组建了 76 人的基础网格员队伍。但 A 镇的网格员队伍大多为 25 岁上下的年轻人，年龄偏轻，学历层次整体不高，社区内没有良好的社会关系。因此，A 镇社区的居民有事大多会找居委会或老娘舅成员，而不会找网格员。

第二，组织化的权利主体催生了新的权利关系格局。打破过渡型社区居民原子化的困局，推动社区居民的再组织化，培育社区内的社会资本，以社区居民的社团化组织来推动社区的融合和整合，始终是构建过渡型社区共同体的关键。[1] 从现实的实践上来看，过渡型社区的内组织化程度日益提升。一是群体性的维权是过渡型社区居民维权的主要方式。当遇到拆迁补偿、社区规划、资源配置等关键性问题时，过渡型社区的居民大多不会以个人抗争方式进行维权，而是会采取联合的方式进行群体上访，甚至是组织化的群体抗争来争取个人的权利。二是中后期过渡阶段的过渡型社区中，出现了基于兴趣等因素的居民社团，这些社团推动了社区居民的社会交往，密切了社会联系，有助于过渡型社区熟人社会的建立，也有助于缓和社区内的阶层分化、群体隔离。三是网格化治理机制在一定程度上对基层社区治理过程中的权利主体进行了整合，具备一定权力资源的主体下沉到了社区网格之中，社区内的积极分子也被动员纳入网格之中。在此意义上，社区网格化治理的确构建了一个共建共治共享的社区治理格局，只是在网格中权利关系被权力关系吸纳的"治理吸纳民主"[2] 的问题也不容忽视。

---

[1] 孙宝云：《从群众到公民：不可忽视的社团整合功能》，《探索》2009 年第 1 期。
[2] 佟德志：《治理吸纳民主——当代世界民主治理的困境、逻辑与趋势》，《政治学研究》2019 年第 2 期。

第三，移动互联技术带来了新的机遇和挑战。随着移动互联网技术的发展，"12345"政务平台、自媒体和微博、微信等社交应用成为过渡型社区治理的新技术，居民也开始采用这些方式来进行政治参与。一是通过官方的民意收集平台或问政平台来反馈。2015年以来，各地均开始启动了传统政务平台的整合和统一建设。如，S市各区县整合原12345平台、数字城管、寒山闻钟、市长信箱、网格巡查、110非涉警事务等信息渠道，信息统一汇总至联动指挥平台，由集成指挥中心进行流程化的工单处置。这在很大程度上实现了居民问政的便利化。以C市A镇为例，从2018年3月至2019年8月底，A镇社会综合治理网格化联动平台共处置各类社会问题14.5万余件，居民满意率达到95.1%。① 二是通过非官方平台的参与渠道进行网络问政。居民通过微博、微信、QQ群、短视频平台，以非正式的参与渠道争取更大的社会关注度，从而对权力主体进行施压，推动权利的实现。在此渠道下，居民的参与是理性和感性相互杂糅的行为。"感性的诉求与对话是公民对其个体身份与感受的内在反映，它呈现出的是公民对政府组织和行政体系的情感认知。"② 因此，对于过渡型社区治理的权力主体而言，对权利主体情感的关注和满足其利益需求同等重要。

五 社会组织等权利主体独立性缺失

社会组织被看作是过渡型社区社会资本培育的重要主体。③ "社会组织通过信任机制、行动机制和能力机制将服务内容策略性地予以实施，最终实现了提高服务质量、激发社区活力、再造社会资本和增强政治认同等多重治理效果。"④ 社会组织在社区治理过程中的参与，也"正在由

---

① 该数据为笔者2019年8月31日在A镇社会综合治理联动中心调研时从网格化管理平台中获取。

② 沙勇忠、王峥嵘、詹建：《政民互动行为如何影响网络问政效果？——基于"问政泸州"的大数据探索与推论》，《公共管理学报》2019年第2期。

③ 何绍辉：《陌生人社区：整合与治理》，社会科学文献出版社2017年版，第134—135页。

④ 刘帅顺、张汝立：《嵌入式治理：社会组织参与社区治理的一个解释框架》，《理论月刊》2020年第5期。

传统、被动的行政性议题及体制性参与向社会性议题及公益性、自发性参与变迁,由传统封闭单一的公共事务领域逐渐向开放及多元化方向演进"[1]。社会组织嵌入社区治理体系,主要有以下两种方式:一是社区以岗位制的形式,将专业社会工作者吸纳进街区网络;二是社会组织以项目制的形式承接社区服务。但社会组织的发展面临种种限制,居民通过社会组织参与的理念、机制、方法均未形成,实际上社会组织并没有真正地进入到社区之中,双方的互动在很多时候是一种貌合神离的合作关系。[2] 当社会组织的社区服务的专业化、社会组织自我发展能力不足等问题逐渐暴露后,"回购"[3]的情况便会发生。

以社矫安帮社会化服务采购为例,政府采购社会组织的司法行政服务同样存在着一些困境:一是各地司法行政机关对社会组织参与司法行政服务工作的重视度不足。治理理念相对保守,缺乏顶层的制度规划。司法行政机关无规划、无思路、无制度的"三无"现状,是制约社区矫正、安置帮教等司法行政工作社会化、专业化的根本原因。二是司法行政服务社会组织发育不足。由于司法行政机关的规划和激励不足,司法行政服务社会组织的数量较少。为数不多的社会组织依赖于司法行政机关的培育孵化,独立性较弱、制度规范缺失、造血功能不足、专业能力不足、队伍稳定性较差。三是司法行政机构、社会组织及其他社会力量间的职责关系不明确。司法所与社会组织之间职责分工不清晰,相互交叉造成司法行政工作存在漏洞;双方日常工作联系和协同机制未能有效建立;社会组织管理的规范性不足,在事实上成为了司法所专职社工的劳务派遣服务机构。

---

[1] 潘泽泉、谢琰:《社会组织参与的影响机制研究——基于社会关系网络、信任结构与参与类型的实证分析》,《中南大学学报》(社会科学版)2019年第6期。
[2] 陈锋、侯同佳:《政府购买社会服务的悖论——对社会组织参与社区治理的观察》,《文化纵横》2020年第1期。
[3] 黄锦荣、叶林:《公共服务"逆向合同承包"的制度选择逻辑——以广州市环卫服务改革为例》,《公共行政评论》2011年第5期。

本章小结

在过渡型社区治理过程中，无论是社区居委会、业主委员会、物业服务企业"三驾马车"治理主体格局，还是强调社区治理的社区、社会组织、社会工作机构的"三社联动"治理机制[①]，都表明过渡型社区的治理绝对不是执政党、政府等权力主体能够单独实现的。在中共十九届四中全会通过的《决定》中，"完善党委领导、政府负责、民主协商、社会协同、公众参与、法治保障、科技支撑的社会治理体系"，"建设人人有责、人人尽责、人人享有的社会治理共同体"的改革目标的设定，充分肯定了社会组织、市场主体、广大社区居民在基层社区社会治理主体格局中的一席之地，勾勒出了过渡型社区中权利主体的构成情况。

过渡型社区中的权利主体，包括作为个体或群体的居民、业主委员会、社会组织、居民社团、物业服务企业以及驻区单位、共建单位等主体。过渡型社区中的权利关系是围绕着社区居民的权利展开的。而社区居民的权利又是基于其生活生产社会实践过程中的利益需求为基础的。由于居民利益需求的多样性，过渡型社区中主体（主要是居民）的权利也呈现出整体性的特征，涵盖了经济、政治、文化、社会、空间等多个方面内容。过渡型社区中的权利关系，就是权利主体围绕居民五方面的权利内容开展的社会活动过程中所形成的关系，在结构上包含了权利主体间的关系和权利内容间的关系。

本章呈现了T市、C市和S市三地的过渡型社区权利关系运行情况的案例。在三个案例中，我们可以总结出当前过渡型社区中居民权利的实现是不充分、不均衡的，同时权利关系的运行过程中存在一定的梗阻。如，利益关系决定权利关系秩序，权力主体主导着权利关系的运行，居民群体间利益的分化影响到权利关系运行的效能，社会组织等权利主体的独立性严重缺失等。从权利关系的视角，过渡型社区的良善治理并非要建立一个脱离或独立于社区权力系统的"社会化的区域"，而是从"社

---

① 郑蓉：《"三社互动"的协同治理：样态、效度及价值取向》，《浙江学刊》2017年第3期。

区是国家治理的基础单元"这一定位出发，重新梳理并重建和谐的权利关系，构建价值统一、利益协调、行动协同的"人人有责、人人尽责、人人享有的社区治理共同体"。

第 七 章

构建过渡型社区治理共同体

《联邦党人文集》中曾提出人类政治文明的核心问题:"人类社会是否真正能够通过深思熟虑和自由选择来建立一个良好的政府,还是他们永远注定要靠机遇和强力来决定他们的政治组织。"① 联邦党人提出的问题对人类文明具有划时代意义,指出了人类社会良好的政治制度的重要意义。但良好的政治制度制定出来后,制度由谁执行?执行到什么程度?执行效果如何评估?执行过程中能否按照新的情况对制度进行调整更新?这些同样也是过渡型社区治理需要解决的问题。

中国特色社会主义理论体系和制度体系,为过渡型社区治理提供了理论指导、价值基础和制度依据,在规范层面为过渡型社区治理秩序重建和效能提升的实现奠定了基础。构建一个利益关系协调、治理秩序化、治理效能突出的社区治理共同体,将是过渡型社区由农村社区向城市社区过渡的目标,社区治理共同体的成功构建和新的一轮的共同体消解、重建也将继续循环下去。

第一节 重塑协调的过渡型社区利益关系

利益关系的失调是过渡型社区治理效能不彰的根源性因素。因此,重塑过渡型社区中利益协调的利益关系是确保过渡型社区治理效能的根本路径。协调的过渡型社区利益关系就是在人民本位的利益政治观指导

---

① [美]汉密尔顿、杰伊、麦迪逊:《联邦党人文集》,程逢如、在汉、舒逊译,商务印书馆1980年版,第3页。

下，不断推进社区治理主体利益关系的协调、利益客体关系的协调。

一 确立人民本位利益政治观

在过渡型社区公共利益分化的社会背景下，党政权力主导的权力单向管控式社会管理，无法在根本上解决过渡型社区中的治理难题。过渡型社区治理共同体的重构，前提是要确立人民本位的利益政治观。具体而言，就是以人民的美好生活需要为中心，直面社会主要矛盾的变化，重新梳理社区公共利益的具体内容，根据社区发展的不同阶段确定治理和服务策略，持续满足过渡型社区居民的美好生活需要。

第一，在治理理念上，回归以人民为中心的根本立场。过渡型社区内的权力主体要深刻认识并清除以部门利益为中心的"部门本位主义"现象，树立公共机构和国家公务人员以国家利益、人民利益和公共利益为中心的"公共精神"，进一步夯实中国共产党"执政为民""执政为公"的基本理念。[①] 过渡型社区的治理，权力主体应以人民为中心，着眼于满足社区居民日益增长的美好生活需要，运用网格化治理机制、智慧社区治理技术来实现社会服务资源在治理单元内的整合与聚集，推动"网格化管理、组团式服务"。而从权利关系的维度看，则要回归社区治理的人民性立场，坚持以社会治理实现社会民生的价值目标。权利关系运行的核心是社区居民的利益实现，表现为动迁农民、购房业主、外来流动人口等全体居民在过渡型社区场域之中的经济、政治、文化、社会、空间各项权利。权利主体间协同机制的建立，应围绕推进居民各项权利充分而均衡实现的目标展开，以制度规范确定各个权利主体间行为框架，形成内部关系协调的治理共同体。

第二，在治理思路上，根据社区发展不同过渡阶段确定治理和服务的重点。过渡型社区治理矛盾化解的维稳逻辑，在社区过渡早期阶段有现实的必要性，但在中后期过渡阶段则不能作为权力关系的主导逻辑。在城中村和拆迁实施、安置过渡的阶段，征地补偿、官民冲突、阶层分化等多种利益冲突在过渡型社区居民之中发生。这一阶段，社区公共利益的主要内容是经济利益，基层政府和村委会、居委会在此阶段应着力

---

① 竹立家：《用公共精神消除部门本位主义现象》，《人民论坛》2018年第2期。

通过推动集体经济稳定发展和促进动迁农民进城就业来解决居民的生计问题，满足其经济利益。网格员、志愿者、社会组织等权利主体可在拆迁前进行矛盾排查和评估，在拆迁和安置阶段以人民调解、邻里互助等机制来推动受损居民的利益实现，缓和群体之间的利益冲突，为经济社会的建设发展营造稳定的社会环境。而到了过渡的中后期，地区经济的稳定增长一般都能够确保过渡型社区居民的经济利益。此时，基层党委、政府和社区两委、网格员应着手推动居民参与社区治理行动机制的建立，充分整合和投入资源满足社区居民的就业、教育、医疗、保障等方面的服务供给。因此，过渡型社区权力主体不能因循守旧地局限于"因应式创新"，而是要主动解放思想将社区治理的重点从维护社区和谐稳定转变为提升社区公共服务。

第三，在治理目标上，权力主体应以社区公共服务供给为主，社区维稳为辅。"如果网格化管理理念仍固守维稳，聚焦于'条线'的社会管控，极有可能会造成社会服务资源的下沉被行政整合所掩盖，出现'精细化管理'与'精准化服务'的断裂。"[1] 在新时代背景下，只有通过社会公共服务的有效供给才能尽可能地实现各类群体利益的满足。网格化治理在服务需求搜集、服务流程规范化、服务供给的精细化和精准性方面的优势，可助力基层党委政府提供更全面、精准、有效的社会公共服务。过渡型社区居委会应加强社区基础网格员的专职化建设，加强基础网格的信息收集工作和社会综合治理平台的信息数据分析，精准把握社区内居民公共服务需求；同时，调整党政部门的权力运行关系和履职机制，整合内外治理主体和治理资源下沉到网格中，实现"组团式服务"。

第四，在治理体系上，坚持基层党建引领推进多元主体共建共治共享的社区治理体系建设。过渡型社区治理创新的政绩锦标赛，在提高社区服务水平的同时也面临着"内卷化"的问题。"政绩出干部"呈现了地方官员在政绩激励下的行动逻辑。[2] 在一段时间内，地方经济绩效是官员

---

[1] 杨成雄、袁方成：《"一核四化"：新时代社会治理社会化的实践模式——基于湖南省永州市零陵区的实践考察》，《中共福建省委党校学报》2018 年第 5 期。
[2] 陈家喜：《地方官员政绩激励的制度分析》，《政治学研究》2018 年第 3 期。

晋升的"强激励",而随着科学发展、高质量发展的发展理念转变,声誉激励、社会参与、治理创新的"弱激励"成了影响官员晋升新因素。① 基层治理权力系统的压力"溢出"效应传导至社区的权利系统之中。从前述案例可以看出,目前政府采购社区服务,培育发展社会组织的创新,几乎都是在治理压力的倒逼和基层治理创新的双重影响之下开展的。"治理锦标赛对行政动员的强依赖,容易造成基层治理的'新形式主义'、群众主体性缺位等'行政吸纳治理'问题。"② 尽管治理创新锦标赛有助于创新过渡型社区治理机制,推动社区权力关系和权利关系的秩序化建构,但客观而言,现有的权力系统对社区治理过程中权利主体参与的容纳能力还较低。过渡型社区治理的体系应保持开放性,在居委会、社会组织及基础网格员、志愿者等群体外,基层政府可着力于通过机制的创新吸纳社区内的老党员、老干部、老同志、机关事业单位的党员干部、区内企业事业单位党组织等,融入到街道社会治理体系中,形成党建引领的"横向到边、纵向到底"多元主体共建共治共享体系。

二 过渡型社区治理主体利益的协调

过渡型社区治理共同体,首先是利益协调的利益共同体,主要是各个利益主体之间的关系的协调,表现为不同层次的不同主体利益、同一层次不同主体利益之间的协调。

第一,在不同层次上的主体利益中,需要妥善处理好过渡型社区中的公共利益、群体利益、个人利益的关系。一是"实现最广大人民群众的根本利益"是中国共产党治国理政的目标。过渡型社区治理制度的最大的、最根本的优势,便是在更广的范围内推动社区居民的公共利益的实现。在过渡型社区中,就是要实现不同身份的居民利益的平等而均衡的实现,不能实施"身份政治"的隔离和差异化政策。二是要实现过渡型社区居民公共利益与更高层次的地区利益、社会整体利益之间的协

---

① 袁方成、姜煜威:《"晋升锦标赛"依然有效?——以生态环境治理为讨论场域》,《公共管理与政策评论》2020年第3期。
② 金江峰:《服务下乡背景下的基层"治理锦标赛"及其后果》,《中国农村观察》2019年第2期。

调——服从更广范围的公共利益的前提下,也要全力保障过渡型社区居民的利益。如,城中村的改造要服从于城市经济发展的全局,尽可能地持续增长城市居民的整体利益,在整个城市的空间生产和配置中来实现空间正义。三是要实现过渡型社区居民公共利益与社区内的不同群体间的利益的协调。在拆迁安置的过程中,要对失地、失房居民提供合理的补偿和生活发展保障,充分考虑失去生产生活空间后的老弱病残弱势群体的生计保障问题,同时对租住在城中村的外来人口的流动和生存也要有通盘考虑。

第二,对于同层次的治理主体的利益关系的协调。过渡型社区中同层次的利益主体包括:横向的各个过渡型社区居民的共同利益,同层级的基层政府和政府部门的利益,社区内的各类群体的利益和个人之间的利益。一是同一地区的过渡型社区尽管在拆迁安置上有先后,当年的拆迁补偿政策的不同造成居民所获得拆迁补偿款和拆迁后的生活保障方面有一定差异。这就需要基层政府和社区两委充分考虑到不同社区的居民所获拆迁补偿的差异并予以适当性的补偿,以此消解同一地区不同的拆迁安置社区之间政策的差距。二是妥善处置好社区内的不同群体间利益客体的矛盾。例如,社区周边商户对经济利益的追求,不能因污染、扰民损害社区居民的生态权益;官员追求政绩和升迁,不能因考核压力掩盖地方矛盾,打压群体性事件中的群众。社区中的群体,有处于利益分配高位的精英群体,有食租的普通居民群体,有谋生的外来人口,还有无收入来源的弱势群体。过渡型社区的拆迁安置、社区公共服务应当着眼于不同群体间的利益的实现。对于城乡二元分割、贫富差距、劳资矛盾、多元利益冲突等利益矛盾,应注重降低实现某一群体或某一个体利益的负外部性,避免出现零和博弈、利益冲突的现象。

三 过渡型社区治理利益客体的协调

过渡型社区的利益客体,在客观层面表现为"五位一体"的利益内容,并在一定意义上通过政治权力进行法律化的确认而成为权利;在主观层面上则表现为居民的获得感、幸福感和安全感的满足。

第一,着眼于"五位一体"的利益客体全面而均衡的实现。美好生活需要是包含经济、政治、社会、文化、生态的全方位利益实现。过渡型社区居民、治理组织中的工作人员，所追求的利益涵盖了经济、政治、文化、社会、生态等多个方面。基层政府和过渡型社区两委等权力组织、参与过渡型社区公共服务供给的权利主体，应通过社区内外的发展、完善，来推动社区居民利益的充分而均衡的实现。

第二，利益客体应根据社区发展的不同阶段确定实现的顺序。五方面的利益客体对于社区居民生存和发展的重要性是不同的，于不同的利益主体而言其重要性也不尽相同，利益客体实现后主体的主观感受也有所差异。例如在突发公共事件中，对受损的权利主体利益的补偿应遵照群体和个体的需求规律，首先应保障生存、安全等经济性、社会性、生态性利益，继而在事后和更长的时期内通过补贴、补偿、政策倾斜等措施实现群体和个体的政治、文化利益，持续推进人民美好生活需要的满足。

第三，注重利益实现的客观质量和主观满足感的均衡实现。社区居民的美好生活需要，既表现为过渡型社区中客观的"五位一体"的利益客体，也体现为居民获得感、幸福感、安全感的"民生三感"的主观感受。"民生三感"来源于利益主体进行纵向和横向两方面的比较后的主观感受。因此，过渡型社区的治理者一方面要通过经济社会整体的高质量发展，推动过渡型社区居民"五位一体"的利益的增长性、持续性实现，以使其纵向比较时获得"现在比过去好"的满足感；另一方面要促进不同区域、不同群体、不同个体的利益的均衡实现，社区治理和服务的供给要与居民的需求相匹配，以此形成"过得比别人好"或"都挺好"的主观体验，避免社区中的各类主体主观上"剥夺感"的负面感受。

第二节　重塑秩序化的过渡型社区治理权力关系

秩序就是在人类社会发展过程中，人们经由自发产生或人为设计形成了较为固定的社会关系、规范和制度。这种关系、规范和制度具有可预期性、稳定性、连续性等特性。① 过渡型社区权力关系的失调表现为权力主体自身角色和功能的错位，权力主体之间、权力主体—客体之间在治理过程中的利益对抗和冲突，以至于过渡型社区治理过程中的权力主体协同不足，治理制度和治理机制相互冲突，社区治理的效能严重不足。因此，过渡型社区内的权力关系秩序的重构，需要重新梳理过渡型社区权力主体间的利益关系，建立过渡型社区横向到边、纵向到底的协同治理体系，使权力主体利益行为在制度和机制范围内有限博弈，最终形成公共利益至上、群体利益和谐、个体利益得到保障的利益格局。

一 全面强化过渡型社区党建引领机制

基层党组织是过渡型社区治理的领导核心。社区党组织是执政党治国理政的根基，是"战斗堡垒"。在过渡型社区中基层党组织的作用和功能无可替代。基层党组织对过渡型社区治理的功能发挥在于党组织自身建设强化和党建对社区治理的全面引领两个方面。

第一，在党组织自身建设方面，强化党的基层组织制度建设。

一是根据过渡型社区发展的不同阶段来设置党组织。要在纵向上处理好区（县）党委、街道（乡镇）党委、社区党委（支部）、网格党支部之间的领导和指导关系，形成横向关系清晰、纵向"一网到底"的执政党权力关系。如城中村的党组织不仅要发挥服务功能，还要承担集体经济发展职责。因此，不仅要加强村党委（党支部）的组织建设，还要明确村党组织、村集体党组织等相关党组织之间的关系。

二是完善过渡型社区党组织日常工作制度和协调工作机制。日常工作制度包括会议制度、宣传教育制度、组织制度、纪检制度、党内事务工作制度，基层党组织的"三会一课"活动制度等；协调工作机制，包括社区与街道党工委、职能部门的指导、协调机制，社区党组织与社区居委会的协同机制，社区党组织与下属各个小区的物业公司、业主委员会的指导、协调机制。

三是支部建设成效的关键在支部书记的选择。小区党支部书记是非

---

① 张广利、徐丙奎：《权力、治理与秩序：一个可能的社区分析框架》，《西南民族大学学报》（人文社会科学版）2013年10期。

专职的，因此首先党性修养要比较高，对小区内的公共事务比较热心，优先选用有组织管理经验、工作认真负责、沟通协调能力强、且有时间有条件参与社区治理的过程之中的党员干部。

四是探索建立区域大党建"1＋N＋X"组织机制。"1"是作为龙头党组织的过渡型社区党组织，"N"是区域内的党政机关、各类企事业单位等党组织，"X"是区域内外各类党建和服务资源。发挥过渡型社区党组织作为龙头的辐射带动作用，充分整合社区管辖区域内的各类机关部门、企事业单位的党组织资源，加强辖区内党组织之间的协同共建，在基层党的组织建设层面实现生产功能和生活功能的融合共促。

第二，加强基层党组织对过渡型社区治理全局的引领，关键是要建立强有力的引领机制。如何引领、如何嵌入是基层党组织必须思考并加以解决的问题，而不是在社区治理机制上"套一个党建引领的帽子"①。同时，又要规避"党建引领实际上成为党建包办""地方政府负责变成了'政府全责'"②等问题。

一是推动社区党建网格与社区治理网格合二为一，实现社区党委——一级社区网格，小区支部—二级社区网格、网格党支部（小组）—三级网格、楼道党小组—四级网格的组织同构。在社区内部建立基层党建引领的"轴心辐射机制"，形成以各层级党组织为核心的社区公共权力格局。

二是要将人民本位的治理价值传递到过渡型社区治理的全过程之中。社区党组织要通过网格化治理机制，确保社区自治和社区内各项事务管理能够符合公共利益，确保社区自治的成果为社区居民共享。"通过党内学习以及面向社会的宣传教育，加强思想整合和价值引导，与此同时，将党的价值观念和思想主张通过政治社会化功能转变成国家价值理念，推进社会整合与政党功能调适的双向互动，实现高效价值整合。"③过渡型社区党组织对过渡型社区治理的价值引领，应以公共利益优先为前提，

---

① 访谈记录：WGTCCX2019022101。

② 吴晓林：《从本位主义到体系研究：十八大以来城乡社区治理的研究走向》，《江苏社会科学》2020年第4期。

③ 朱前星：《社会治理现代化视角下的中国共产党社会整合功能调试》，《湖南师范大学社会科学学报》2018年第4期。

充分保障群体和个人利益的价值内容，加强社区党员的思想塑造，统一过渡型社区内部党员和居民的思想、观念、意识，确保党员干部的思想和行动与党组织保持一致。

三是增强基础网格的资源整合能力。建立过渡型社区党建网格体系，形成"党建+"社区治理服务机制。在社区内形成"社区、网格、小区、楼栋"四级党建网格，与现有的社区网格相互嵌入和融合，共建组织架构，共享党建资源，同时根据实际需要，按地缘、业缘、趣缘把党小组设在网目上，设置楼栋党小组、协会党小组、社团党小组等，形成网中有格、格中有目、横向到边、纵向到底的党建网格架构。由此，基层党组织作为"桥角色"[1]，跨越科层制的纵向与横向边界，将各类治理权力主体和权利主体全部纳入到过渡型社区的治理网格之中，让各种原因导致的相互孤立隔绝的主体之间实现联动共建。

四是以过渡型社区党组织为载体，强化基层社区的治理资源整合能力。街镇党委政府各个部门灵活参与管理服务；对于医疗卫生、公安、安监、城管等在基层有工作力量的部门，组织其全面参与网格之中；对于工、青、妇等在基层拥有健全组织体系的部门，引导优秀分子发挥自身特长，主动服务群众；积极鼓励"两代表、一委员"踊跃参与网格的管理服务，充分发挥党代表、人大代表、政协委员在参政议政、联系服务群众中的优势，倾听群众呼声，回应群众诉求。[2] 基层党委和政府应继续孵化和发展社会组织，因地制宜地引导各类社会组织建立特色网格、特色党支部，自我管理、自我服务；创造机会让各类社会组织参与社会矛盾调解、社区服务供给，如组建志愿者服务队，充分发挥老党员、老干部、乡贤的权威和民间调解能力。

二 推进基层政务与社区居务分离

基层政务服务、社区自治管理不分的模式，无法确保基层政务、社区居务的高质量供给，基层社会治理的资源使用效能较低，也造成社区

---

[1] 程慧霞、魏淑敏：《基层党组织应急管理"桥角色"：理论阐释与实现进路》，《中国行政管理》2019年第6期。

[2] 何金晖：《中国城市社区权力结构研究》，华中师范大学出版社2010年版，第128页。

社工的工作成就感、满意度、幸福度不高。近年来，上海、深圳、苏州等地实施了"居站分离""中心+社区"的改革，取得了较好成效。

第一，优化基层政务服务组织机构。首先，基层街道（乡镇）政府可由民政部门牵头，梳理目前下辖的各村、社区承担的基层政务服务职能和应当承担的村、社区的居务事项清单，盘点各村、社区两委工作人员、社区的社工、各部门派驻人员的数量、结构。其次，街镇党委政府牵头，盘点党委、政府各个部门，以及各条线部门的公共服务事项，评估建立和优化镇级公共服务中心或社区服务中心的必要性、可行性。最后，在必要性、可行性具备的前提下，按照片区设立社区服务中心，也可集中设置一个社区服务中心，将原派驻在社区的部分人员集中安排在服务中心负责基层政务服务，其余社工全部下沉到社区居委会专职处办社区居务，从而实现社区居委会和社区服务中心各司其职，更好地激发服务活力。

第二，实施社区全科社工工作机制。新设的社区服务中心依据"增能、增量、增效"的原则，运行"综合受理、全科社工、全能服务"的"中心+社区"互动模式。社区服务中心试行全科社工机制，通过厘清服务清单、规范服务流程、加强社工培训，使社工从过去的"专人专岗"变成了"全科全能"，居民办事实施"首问负责制"，努力实现"只找一个人，能办所有事"。

三 构建纵向社区治理责任机制

社会治理重心下移，有助于推动基层治理主体资源的集聚，推动社会问题在基层解决、在源头处置。但这并不意味着所有与过渡型社区相关的问题都应该由社区来负责。"大事不出社区、小事不出网格"，在强调问题"不出"街镇、社区、网格时，应对"难事""大事""小事"的区分，不能无原则地将难事、大事的治理责任甩给社区和网格，这无益于问题的及时有效解决。笔者认为，过渡型社区"纵向到底"的权力关系秩序的确立，前提是厘清各个治理层级的治理责任，给各个层级整合配套治理所需的人力、财力、政策资源，形成各层级的治理主体各司其职、各尽其责的权责机制。

第一，按照巡办分离原则，明确过渡型社区基础网格的专职网格员的巡查职责和街道部门、基层社区的处置职能。以 F 街道为例,在社区网格化治理方面,按照《F 街道社区治理多网合一、网格化优化方案》的顶层设计,明确三级网格的职责重在问题巡查、基础信息采集,社区一二级网格站主导问题处置。街道要解决基础网格员考核与网格化治理整体方案之间的矛盾冲突,社区基础网格员的考核权应收回街道,由街道社区服务中心对外包公司和网格员进行统一考核。

第二,组建"社区网格工作站",提高网格社会治理和社会服务能力。一是在社区层面成立社区网格工作站(或党群服务中心、党社之家等)。网格工作站与社区组织同构,可不另设编制,由社区党政负责人担任站长,二级网格长担任副站长。网格工作站的成员除社区一二级网格的网格长外,街(镇)党政部门工作人员、三级网格的基础网格员、驻区单位(党)代表、社区老党员老干部等参与其中,在社区层面实现"组团式"社会治理和社会服务。二是网格工作站主要是负责处置网格巡查、群众投诉、上级交办等渠道反映上来的相对复杂的社会问题和社会服务供给问题。三是建立网格工作站值班接待、例会制度、会商会办、监督考核、民情分析等常态工作机制。四是落实党政部门职能进网格的准入制度,由街(镇)政法委书记牵头与各政府职能部门相互协商制定职能部门进网格的项目清单,以清单形式确定各职能部门进入网格的具体项目、权责事项和操作流程等内容,联合各政府职能部门共同确定入网人员的权责清单,对网格员进行定岗定责。

四 构建无缝隙整体式治理机制

过渡型社区治理过程中发生的问题错综复杂,往往涉及的利益主体较多且各自利益存在一定的异质性。因此,过渡型社区的治理需要在基层党建引领下,构建党政部门、社会组织、市场主体、城乡居民共同组成的无缝隙整体式治理机制。

第一,持续完善政府内部条块、块块、条条之间的合作治理机制。"无缝隙政府以整体团队而非各自为政的方式进行运作,从而可以避免部门间互相推诿扯皮。这样,政府各部门之间过去的壁垒变成了相互补位的网络体系。从专业化管理走向无缝化管理,需要实施行政流程再造,即以公众导向、竞争导向、结果导向为基本诉求，重新设计行政业务流程。"① 一是继续加强基层街（镇）综合执法队伍的人事管理、业务能力考核、综合执法规划化培训、日常工作机制和联席联办工作机制、社情民意分析总结等管理制度的建设；二是在社区网格工作站内组建社区社会综合治理处置小分队，以加强工作站工作机制为抓手，落实好"大事不出社区、小事不出网格"；三是实施综合执法的第三方考评机制。每年根据区（县）社会综合治理的考核要求，采购第三方的考核评估，在街（镇）层面对自身的社会治理和服务效能清晰把脉、精准提升。

第二，在治理流程上，由"碎片化"治理转向"整体性治理"。过渡型社区网格化治理的关键在于打破科层制的条块分割、互相推诿、职权分散的困境，旨在通过整合多元主体、下沉部门行政权力的方式，构建"横向到边、纵向到底"的职责体系，建立信息搜集、信息处置、信息反馈、考核评价等全面的业务流程，建立整体式的无缝隙公共服务供给体系。目前绝大部分地区的社区网格化治理制度的顶层设计已经形成，下一阶段可重点解决各层级、各主体"谁主巡查""谁主处置和服务提供""何类问题归谁解决"等关键性问题，在信息采集和分析、问题处置和解决的过程中不断总结共生性、普遍性的需求，在基层党建引领下、集体经济和地区产业高质量发展的经济基础上，为城乡居民及时提供全方位、多元化、个性化的社会服务，使基层矛盾从"事后处置"向"事前预防"环节前移，实现治理重点从社会管控向社会服务的转移。

第三，组织各类活动、拓展各种渠道，在试点和探索中有意识地创造居民、商户、企业参与共治的品牌，为社会力量参与民主协商搭建平台机制，让社区居民、业委会、物业公司、企业、商户经营者和社会组织能充分参与到社会公共事务决策过程中，充分保障社会各方力量在参与过程中的利益、需求和意见表达权。多方力量在充分讨论协商的基础上通过相互让步和妥协最终达成共识，优化社会治理和基本公共服务供给，实现过渡型社区公共利益的最大化。

---

① 杨宏山、皮定均：《构建无缝隙社会管理系统——基于北京市朝阳区的实证研究》，《中国行政管理》2011年第5期。

五　完善社区治理智能平台建设

基于大数据、云计算、移动互联网的智能技术，将为过渡型社区治理提供更便利、更有效的治理技术，将会通过数据的公开、流程的规范、评估的即时来实现对权力主体的权力行为产生约束，从而形塑规范化的过渡型社区权力秩序。大致可以从以下三方面着手：

第一，在智慧政务顶层设计中规划建设社区网格化联动治理平台。社区治理信息化系统的开发投入较高，持续性的运营维护更是不小的公共开支。因此，社会网格化联动治理平台一般应当在地级市层面统一规划、统一运营，这将有效确保平台开发所需的资金和技术，也是符合当前地方政府管理体制，有助于地市党委政府在辖区内进行统一社区治理改革，推动大数据社区治理的数据集成和数据分析，实现过渡型治理和服务供给的精准化、智能化。

第二，在顶层设计下逐步打破各级政府和各职能部门的信息壁垒。在地市层级进行网格化社会联动治理平台的规划设计，区（县）、街（镇）政府统一划分社区治理基础网格，由地市党委统一领导将人口、房屋、社保等数据集成至联动治理平台，建立过渡型社区大数据治理和智能政务基础数据库，为后续的社会服务精准化和社会治理预警预防提供数据基础。

第三，建立专业的过渡型社区网格化联动治理平台运营队伍。有条件的基层政府可采用公共服务采购、专业人员招聘等形式建立专业的平台运营团队。运营团队应承担平台开发阶段现有各个部门和各级政府治理数据的接入开发咨询，承担平台后续的技术运营、管理运营工作，更要具备社会治理大数据开发和分析的能力，持续性地推进基层社会治理和社会服务的智能化。

第三节　重塑秩序化的过渡型社区治理权利关系

过渡型社区治理过程中的权利关系的秩序性，是权利主体之间围绕着居民各项权利的充分而均衡地实现的目标，相互之间建立利益协调的互动行动机制，不断地提升过渡型社区的治理效能。当然，社区是国家治理的基础单元，并非能够脱离国家权力的"社会共同体"，过渡型社区中权利秩序的建构需要在基层党委领导、政府主导下，在权利关系的运行逻辑、组织化、制度化和治理的协同性方面形成目标一致、行动协同的秩序化结构。

一　推进过渡型社区权利主体的组织化建设

权利主体的组织化，就是要积极应对过渡型社区中居民的个体性、原子化问题，提升业主委员会、居民社团、驻区单位和共建单位的组织程度，从而提高过渡型社区中权利主体的治理参与能力和服务供给水平。

第一，加强过渡型社区业主委员会建设，推进社区居民的民主自治。在作为群众自治组织的居委会日益被行政吸纳的情况下，建设好业主委员会就显得格外必要。业主委员会的建设脱离不了基层权力主体的支持，且应探索灵活性、智慧型的组织建设，为业主委员会赋能。社区党组织要加强对业委会建设的引领，梳理和动员社区内有一定公共部门管理经验和资源、热心社区公共事务的老领导、老干部参选业委会成员；居住在本社区的社区两委成员也可通过规定程序成为业委会成员。业委会的组织化建设除了解决人和资源的关键问题外，还要建立规范的自我管理、自我发展的制度规范和管理流程，接受社区业主的监督。业委会要形成"以作为获取地位"的发展理念，在楼道等单元内要建立信息员队伍和居民需求采集机制，与社区居委会、物业服务企业建立常态化工作机制，从而形成横向协同有力、纵向服务深入的工作机制。

第二，鼓励过渡型社区的社团建设，促进社区居民的交往。在现代城市之中，社区内的社会联络往往是陌生的，社会交往主要是依靠契约、宽容、允许以及"冷漠的尊重"所联系的。[1] 但过渡型社区的居民之前的乡村生活更多的是基于情感、族群、风俗等开展社会交往，契约意识并不强，因此社会交往和社会利益的整合需要另寻他路。帕特南有关意大利和美国社会资本的研究证明，充分的社群生活对公民之间的社会信任感建立、政治参与具有推动作用。"结社培育了成员之间的合作、团结和

---

[1] 龚长宇：《陌生人社会的价值整合机制探析》，《道德与文明》2014年第5期。

热心公益的习惯，促进了有效的社会合作，在社区中互动和参与网络越密集，社区居民就越能开展互利性的合作。"① 对过渡型社区而言，培育居民社团并非建立一个公民社会主导的强社会治理模式，而是通过基于兴趣爱好的居民社团组织化活动促进上楼之后的居民和外来人口之间的社会交往，帮助农民尽快适应城市社区空间格局，借助跳广场舞、钓鱼、练瑜伽、打篮球、书法等活动让彼此之间相互熟悉，形成社会信任，建立良好的邻里关系。② 对过渡型社区而言，建立一个邻里之间守望相助的熟人社区，远比建立一个公民社会主导治理的社区更具可行性、更有价值。

第三，推动驻区单位、共建单位等社区治理支持网络权利主体的组织连接。在权力系统内，可以社区党组织为核心构建党建引领的区域性大党建格局。在权利关系运行过程中，更为轻便和务实的方式是通过服务和活动的方式来实现。例如，由业委会或居委会牵头，充分吸收民间力量和市场主体的服务资源，将社区周边的商户、企业等单位的餐饮、洗浴、教育、培训、理发、诊疗等服务资源引入到社区内，盘活过渡型社区内的场地等资源，为居民提供价格优惠甚至是免费的公共服务。业委会等牵头权利主体需要做好资源合作的规范化，加强对服务流程的监管和居民满意度反馈调查，以免合作机制的不规范、合作方的非专业性等原因造成"好事变坏事"的尴尬处境。

二 强化过渡型社区治理权利关系运行规范建设

相对于权力关系结构中主体的科层管理经验较为丰富，制度规范性较强，过渡型社区中的权利关系的运行在很大程度上是依靠道德规范和主体自律。建立正式制度和非正式制度相结合的权利关系运行制度，是确保过渡型社区权利关系秩序化运行的基础。

第一，强化权利主体自身的组织制度建设。目前看，无论业主委员

---

① 冯婷：《社区与社团——国家、市场与个人之间》，浙江大学出版社2014年版，第45页。

② 黎熙元、陈福平、童晓频：《社区的转型与重构——中国城市基层社会的再整合》，商务印书馆2011年版，第161—168页。

会，还是被政府采购服务的社会组织，内部的组织制度和管理制度建设不足是其功能无法持续发挥的关键性原因。权利主体的组织化建设包括组织章程、组织机构设置、人事管理制度、财务管理制度、服务工作制度、服务绩效管理制度、薪酬管理制度等。作为政府，特别是社会组织主管部门，要坚持"培育发展与监督管理并重"的方针，依据《社会团体登记管理暂行条例》等法规规定，加强对社会组织的规范管理、扶持指导，确保社会组织依法规范设立和发展。有序推进社会组织登记评估工作，将评估结果作为政府购买服务的重要依据，建立健全责任追究和退出机制，对违反章程开展活动或违反法律法规的，依法严肃查处。社区服务社会组织要严格加强自身组织管理规范建设。其中最为关键的是内部组织机构制度和决策执行制度、社工人力资源管理制度、组织负责人遴选制度、社会组织财务管理制度、服务项目运营管理制度。

第二，强化权利主体的社区服务流程建设。只有标准化的服务流程和服务质量评估制度，才能确保社区组织化的权利主体的社区服务质量。明德社工的司法行政服务流程标准化建设是值得借鉴的经验。F街道、大同社工、明德司法社工共同探索积累的社会组织参与社区矫正、安置帮教工作的经验的精华之处，正是在于社会组织管理的规范化、司法行政服务内容的规范化、司法行政服务流程的规范化、司法行政服务质量的规范化这"四项规范"。明德社工四项规范确保了司法行政服务社会工作组织有活力、社工有能力、服务有质量、治理有成效。

第三，强化权利主体间协同共治的制度建设。一是与权力组织之间的关系。实质上更多的是权力组织引领权利组织的发展。以社会组织的培育为例，基层政府应建立社会组织参与社区治理的制度机制：(1)社会组织分类管理机制，形成购买型、专业型、基础型、枢纽型、行业性社会组织体系；(2)政府主导的社会组织培育发展机制，形成公益创投、政府采购、社会自发等多种培育发展方式；(3)社会组织监督管理机制，形成政社权责明晰、制度机制完备的政社互动机制和现代社会组织法人治理结构；(4)社会组织社区服务运行机制，形成内容全面、重点突出、流程规范、成效显著的服务供给和运行方式；(5)社会组织社工人才培养机制，形成完整的社工培养、人才储备、招聘录用、薪酬管理、绩效管理、培训开发、职业生涯发展的社会组织人力资源规划和管理系统。

二是社区治理的"三驾马车"之间应建立常态化的协同治理机制。如，以网格化治理为契机，居委会、业委会、社会组织的成员全部下沉至社区基础网格；各组织之间建立常态化的协同治理工作机制，如联席会议制度、共同值班制度、社区定期联合巡查制度等。

三 推进过渡型社区公共服务供给改革

过渡型社区公共服务供给大改革，涉及供给内容、供给主体、供给机制、服务评估等环节。

第一，过渡型社区的公共服务供给内容应围绕居民的利益和权利内容展开。在社区过渡的早期阶段，社区服务的重点应在解决动迁农民的利益补偿、就业和生活保障问题。随着社区安置的开展，社区服务的内容要逐步转化为居民提供稳定就业，丰富社区文化休闲活动，提高居民的社会保障，加强社区内部的社会交往，完善社区公共设施建设配套，建设干净整洁、绿色环保的社区环境。业主委员会和部分社会组织，应充分利用网格化治理等现有治理平台的沉淀数据，对过渡型社区居民的社区服务需求进行深度分析，在社区服务的个性化、精细化、精准化、智能化方面做出探索。

第二，过渡型社区的公共服务供给主体方面应着力推进社会化。社区服务社会化，就是社区服务应从封闭转向开放，由政府和社区供给转向党建引领、政府主导下的社会多元供给，尤其是要推动社会组织、志愿者在社区服务中的功能发挥。目前过渡型社区治理的主导者仍然是基层党组织、政府和社区居委会等权力主体。权力主体的服务供给逻辑有自身的"权力逻辑"。社会组织专业化服务的自我价值定位与权力主体的"权力逻辑"之间有一定的冲突，例如社会组织在社区党建和社区服务项目的融合问题。[1] 这背后体现的是部分社会组织的事实上的"理想化程度过高而现实行动力不足"[2] 的问题。

---

[1] 张晨：《在社区服务社会化中寻求专业化与本土化的平衡——基于苏州市吴中区的个案研究》，《社会建设》2020年第2期。

[2] 文军：《中国社会组织发展的角色困境及其出路》，《江苏行政学院学报》2012年第1期。

第三，过渡型社区服务供给的机制应多元化发展。目前，社区服务供给的方式主要有两类：一是基层政府和社区居委会直接提供服务。实际上应对两者的服务的内容进行区分，例如上海、苏州、深圳的居站分离、"中心＋社区"改革，将基层政务功能回归了基层政府，社区居委会专门做好社区的服务，由此社区居委会的社工能够下沉至社区网格中开展社区服务。二是由政府服务采购社会组织的社区服务项目。政府采购服务的模式，使过渡型社区中的社会组织获得了难得的发展机遇，但也造成社会组织"胎里"自带的弊端——严重依赖于社区权力主体。随着社会组织自我发展能力提高，在社区中的服务渠道有可能会形成居民采购服务、物业采购服务、慈善经营等多种模式。

第四，过渡型社区服务质量的评估机制应全面加强。质量为先的结果导向会引导社会组织不断加强内部管理优化，提高社区服务质量。服务质量评估机制的建立可从以下方面展开：一是根据政府采购或政社协同实施的服务项目内容制定评估指标体系。评估指标以项目协议约定的服务内容为主要内容，同时包括项目实施进度和效果、项目经费使用情况、项目管理的规范性和稳定性等项目实施情况指标，并可设置服务创新加分项，从而形成覆盖服务内容、项目管理、特色创新三方面的评估指标体系。二是建立主管部门、采购单位、社区等相关单位共同参加的服务质量评估组。评估组由采购单位牵头，可根据服务事项组建若干评审小组进行评估，最后进行评估组全体合议。在评估指标体系相对成熟的部分地区，也可试行第三方评估机制，或探索委托方评估和专家评估相结合的评估方式，这也可防止供求双方内部勾连的腐败行为发生。三是建立量化评估和质性评估相结合的评估方式。既要实施采购方评估，也可探索服务对象的满意度评价。四是建立规范的服务质量评估流程。服务质量评估议程应包括汇报答辩、现场验收、档案评估、会议评估、评审合议、评估反馈等全部环节。五是建立周期性的质量评估和分期拨款机制。服务采购方应按照年度、季度对社会组织提供的社区服务进行评估，并将评估结果与下期拨款额度相结合。以此，通过评估和经费双重机制，以评促建、以评促改、以评促管、评建结合，不断激励和支持社会组织改进在过渡型社区中的社区服务质量，使社区居民获得的服务的水平持续提升。

第四节　提升过渡型社区的治理效能

过渡型社区的治理效能受到制度供给和制度执行两个方面的影响。制度供给层面，过渡型社区治理制度对中国特色社会主义制度价值属性的体现程度、治理制度的结构和功能的合理程度、社区治理运行机制的健全程度交织影响，制度执行层面，治理主体的治理态度和治理能力也影响着治理效能。

一　推进过渡型社区治理制度化建设

社区治理的制度化程度直接关系到过渡型社区治理效能的实现。过渡型社区治理制度化建设的首要任务是加强制度的供给，包括了整体治理体制性的构建、治理权力主体组织制度的完善、治理主体的行为制度规范和应急治理制度的规范。

第一，完善社区"两委"治理制度机制。社区党组织和社区组织的组建是过渡型社区建设的首要问题。尽管两个组织的性质在法理上存在本质的差别，但"党政同构"在实践层面也是客观存在的。两个组织的建设，要根据过渡型社区治理的范围和内容进行统筹规划。过渡初期，周边产业尚未形成集群、下辖的小区尚不多，社区居民大多由拆迁安置的动迁农民组成。在此阶段，过渡型社区的党组织和居委会编制可以不用太多，管理职责也以过渡阶段的社区秩序维护、矛盾化解和基本公共服务供给为主，待过了2—3年过渡初期阶段后，根据社区的发展再增加编制和管理职能。加强纵向街道—社区—小区管理组织建设，特别是要加强拆迁安置小区治理主体的组织建设。过渡型社区及其下属的小区的治理组织建设，重点是要加强小区党支部的建设，特别是要选出一个热心小区事务、有闲暇、有精力、有智慧的小区党支部书记。此外，当辖区内小区交房达到要求时，参照现有业委会建设经验及时组建小区业主委员会。同时，社区要加强与商业住宅小区物业公司的常态化联系机制，以评奖评优等机制来推动物业公司服务的升级。

第二，加强过渡型社区治理行为规范。一方面，完善过渡型社区治理的制度性的规范。规范引领是以党规党纪的严格约束，对过渡型社区中的权力主体的治理行为依照党纪国法严格执行,对于权利主体的利益行为依照法律严格保障,对各类利益主体的违法违纪利益行为严格惩处,以此形成有法可依、有法必依、违法必究、执法必严的利益行为法治规范。同时,对基层权力主体的问责不能搞"一刀切",要充分考虑到过渡型社区治理面临的挑战和社区在信息、人力、物资等方面的资源缺失,对于层层下压治理责任却不配置应对处置的权力和资源的情况应进行反向问责。另一方面,发挥基层党员干部对过渡型社区治理过程中的各利益主体的道德引领,以思想建设、作风建设等路径强化党员干部的党性修养,建立信念过硬、政治过硬、责任过硬、能力过硬、作风过硬的社区治理核心力量。同时,发挥基层党员干部在城乡社区治理中的先锋模范作用,弘扬中国传统"义大于利"的伦理传统,抓住党员干部等"关键少数"的党性修养建设,对过渡型社区治理过程中坚持捍卫公共利益而牺牲群体利益和个人利益的行为予以激励并进行利益补偿。当然,对道德的弘扬应秉持义利并重的原则,而不能盲目地宣传表彰非理性的、不符合人性、容易道德绑架的行为。

第三,完善过渡型社区应急治理制度。2020年的新冠疫情防控中,再一次印证了"基础不牢、地动山摇"的朴素道理。过渡型社区应急治理制度机制的完善,是社区治理制度化建构的重要内容。在尊重个体、群体利益,保障公共利益实现的前提下,要强化权力主体和权利主体对利益行为的规范。通过基层应急治理党纪国法、"一案三制"等制度体系的修订完善,结合党性道德伦理规范,形成法治与德治相结合、利益协调的基层应急治理制度规范体系。本次新冠疫情的防控治理暴露出中国城乡社区应急管理制度机制建设的严重不足,以致武汉新冠疫情暴发后,百步亭社区依然举办了"万人宴"。自各地启动了省级一级响应机制,这些省份内的基层社区对"该做什么、能做什么"都没有概念。因此,要重点解决的是当前《重大突发事件应对法》、"一案三制"中"仅仅说明是主管、参与或是配合,但是在具体的预案中,对到底如何管理、如何参与、怎样配合,多为描述性的定性规定,缺乏切实可操作的多重配合路线和具体行动方案"①的问题。需要对过渡型社区中的各类应急预案进行重新梳理，重点盘查"上下一般粗""依葫芦画瓢"的问题，按照属地管理的基本原则，确立以基层总体预案为统领，专项预案、部门预案和重大活动预案为主要构成的应急预案体系，明确基层应急治理主体责任，形成系统的社区应急治理制度体系。在预案的基础上，要明确演习和演练的程序，推动预案在实践中不断完善，推动过渡型社区应急治理利益主体的应急治理和参与能力。

二 提升过渡型社区权力主体的治理能力

基层社会治理的共建共享共治格局，核心是基层党组织的领导，关键是基层政府和社区自治组织的主导和协同。因此，提升过渡型社区治理效能首先要理顺社区治理的权力主体结构和功能关系。

第一，构建社区权力主体限度博弈框架。对于有限理性的过渡型社区治理权力主体而言，无冲突地实现公共利益、地方利益、群体利益、私人利益几乎是不可能事情。可以探索的路径是，确立过渡型社区治理权力主体限度博弈的框架。首先，坚持公共利益实现和群体利益、个人利益受损等价补偿的底线思维，保障过渡型社区居民的切身利益。其次，对党员干部的个人利益予以充分的尊重，正确看待权力主体"趋利避害"利益行动逻辑。上级党委、政府对基层权力主体的社区治理绩效实施科学严格的奖惩，从而形成竞争、合作式的横纵向权力主体合作关系，引导权力主体的利益博弈透明化、健康化、积极化。综合考核党员干部德能勤绩廉，弘扬"牺牲小我，成就大我"精神的同时也应坚持以人为本，优先激励保障社区治理一线的基层党员干部。同时对寻租腐败、不作为、失责避责行为严格惩处。通过"惩恶扬善"的综合激励，引导基层党员干部利益行为与公共利益保持一致。

第二，建立过渡型社区的权力主体协同共治机制。"协作的需要源于参与者的相互依赖，因为每个参与者拥有完成一项任务所需的不同类型

---

① 刘霞、严晓：《我国应急管理"一案三制"建设：挑战与重构》，《政治学研究》2011年第1期。

和不同层次的技术和资源。"① 利益冲突、信息破碎、结构无效、制度束缚是造成过渡型社区中横向协同治理组织关系失调的原因。在制度层面，为基层社区自我发展、自我创新、自我管理的解绑其他行政职能，赋予社区两委在社区内部治理层面的权限。要建立过渡型社区治理的横向联动工作机制。在完善联席会议、重要议题协商、社会治理联动等协商机制互动机制基础上，过渡型社区与其他类型的社区、社会组织、驻区单位等签订合作协议，明确过渡型社区权力主体之间的应急决策和响应协同，建立信息共享、物资分享、人员协同机制。

第三，以治理技术约束过渡型社区权力主体的利益行为。规范的流程、先进的技术可通过制度的刚性和技术的中立性，规范过渡型社区治理过程中权力主体间利益博弈活动和逐利行为，引导权力主体协调推进公共利益、部门利益、群体利益和个人利益。在常态治理过程中，党委、政府要着力做好过渡型社区人口、法人、资源、交通等基础数据库的建设，充分借助移动互联网、人工智能和大数据技术优势来推动过渡型社区治理的革新，为社区的转型过渡提供精准的数据和信息。

三 提升过渡型社区权利主体的治理能力

过渡型社区中常见的治理难题，大致都源于社区利益关系的冲突、对抗，集中表现为公共利益、群体利益和个人利益之间的冲突。因此，只有推进权利主体之间利益协调，才能从根源上激发过渡型社区治理主体协同合作的动机，提高过渡型社区的治理效能。

第一，推动过渡型社区权利主体组织化建设。

一是继续实施社会组织培育工程。继续实施社会组织"一社区一精品"孵化培育工程，街道民政部门牵头制定和实施社会组织建设三年规划，加强对各部门、村、社区社会组织建设的统筹管理，预防同质性太高。对社会组织的组织理念、管理结构、工作机制、发展规划等进行指导，要引导社会组织自我经营、自我管理、自我发展。对街道范围内培育的社会组织进行分级管理，对经营情况较佳、管理服务质量较好的社

---

① [美] 罗伯特·阿格拉诺夫、迈克尔·麦圭尔：《协作性公共管理：地方政府新战略》，李玲玲等译，北京大学出版社 2007 年版，第 33 页。

会组织予以重点支持,对自我管理较差的社会组织可列入社会服务采购黑名单。对人民调解、社区养老、心理咨询、法律援助等社会治理和社会服务供给领域的社会组织进行重点培育和支持。

二是拓展社会组织参与治理机制。街道党委政府各部门、各过渡型社区可有意识地引导本部门、本社区孵化和发展的社会组织参与到网格化治理过程中,增强社区网格的心理辅导、就业帮扶、教育规划、居家养老、矛盾化解等方面能力,从而在对过渡型社区有效治理的基础上,不断增强服务管理的能力,形成社区管理、生产管理、商业发展的长效稳定、和谐环境。

三是打造政社互动共商共治的品牌。过渡型社区可自主举办或联合其他社会组织、物业服务公司、驻区单位等组织继续开展乡贤议事厅、网格长工作坊、民主恳谈室、经营者沙龙、社区夜话等活动,为社会力量参与社区的民主协商搭建平台机制,让社区居民、业委会、物业公司、企业、商户经营者和社会组织能充分参与到社区公共事务决策过程中,充分保障社会各方力量在参与过程中的利益、需求和意见表达权。以此实现多方力量在充分讨论协商的基础上,通过相互让步和妥协最终达成共识,将矛盾分歧前瞻性地解决,优化社区治理和基本公共服务供给效能,实现公共利益的最大化。

第二,构建过渡型社区权利主体的协同治理机制。

一是通过常态治理实现利益关系的协调。利益协调,是利益配置的一种最佳状态,"就是在全体社会成员中利益分配中处于一种最大限度公平合理的理想状态"[1]。利益协调的出现,需要在过渡型社区常态治理系统中,由执政党领导、政府主导、社会自主参与,通过经济社会的高质量发展、社会公共服务有效供给,达到公共利益、群体利益、个人利益的辩证统一和均衡实现,不断满足城乡居民的经济、政治、社会、文化、生态利益。

二是建立畅通的利益表达、协商和补偿机制。推进利益关系的协调均衡是一个动态的过程,需要权力主体与权利主体间的利益对抗、冲突、协商来实现。过渡型社区治理中要注重利益主体的利益表达、利益

---

[1] 姚文胜:《利益均衡——推进社会公平的路径建议》,法律出版社2012年版,第34页。

协商、利益补偿机制和效能的实现，通过基层信访、综治、网格联动等多元渠道畅通利益表达渠道，以社区为平台建立协商机制，以多种经济的发展奠定利益补偿基础，构建利益主体和利益客体协调的利益共同体。

三是以网格化为基础，构建过渡型社区治理权利主体协同机制。在当下基层应急治理实践中，基层网格化治理机制融党政领导、社会协同参与、治理技术革新、治理流程完整等优势，是基层社会治理机制和效能现代化的重要途径和基层社会治理共同体的组织载体。借助于数字技术优势，将基层政府的治理资源渗透到基层网格中，在网格内融入驻地企业、商户、社会组织、志愿者、楼道组长等多元利益主体，通过基层政务和社会治理流程再造，推动社会矛盾在源头解决，实现社区服务的前瞻性、精细化、精准化。

四是强化过渡型社区利益主体间的信任关系。"信任，是政治智慧的一个关键性创制——缺失信任，人际合作彻底不可能。"[1] 过渡型社区治理的目标是重构协调的利益关系，推动人民美好需要的满足。长期利益关系的协调需要信任作为社会黏合剂。过渡型社区治理中的信任危机表现为权利主体与权力主体间的不信任，上下级权力主体间的不信任，利益冲突和分歧权利主体间的不信任。作为权力主体而言，需要通过利益协调的主体关系秩序的建立，明确纵向治理的职责，建立透明、公开、程序化的社区治理信息管理机制，避免上下级之间扯皮、推诿、不作为造成的不信任，以社区治理实际效能来获取权利主体的信任。于权利主体之间而言，关键在于以基层社区为组织载体，以网格化治理为行为机制，实现权利主体之间的利益关联互动活动，在活动中通过相互之间的互惠行为来建立信任关系，并进一步构建权利主体间的社会网络，以丰厚的社会资本进一步推动基层应急治理效能的提升。

---

[1] 吴冠军：《信任的"狡计"——信任缺失时代重思信任》，《探索与争鸣》2019 年第 12 期。

本章小结

　　过渡型社区的治理体制是在应对复杂的社区内外生态风险的过程中逐步形成的"复杂治理模式"。过渡型社区的复杂治理模式，遵循了中国特色社会治理制度坚持共产党的领导，坚持以人民为中心的立场，坚持"三治结合""七维一体"的治理思路和体制，具有显著的制度优势。这一复杂的治理制度并没有自然地带来过渡型社区治理关系的秩序化和治理效能的提升。在此意义上，我们需要继续思考，从农村社区转制而来的过渡型社区，其过渡的方向在哪里？笔者认为，过渡是过渡型社区的基本特征，在整个过渡阶段中，过渡型社区治理过程中的利益关系不断失调和重构，基层社区治理的共同体也在逐步形成。这一共同体是过渡型社区治理主体在面对共同社区治理问题所形成的治理互动格局，是过渡型社区治理"七维一体""三治融合""共建共治共享"的新格局。

　　过渡型社区治理共同体的建构路径，可从以下方面展开：一是重塑过渡型社区中协调的利益关系，从根本上推动社区治理的效能，激发各类主体参与社区治理的动力，形成利益共同体；二是强化基层党的组织建设，引领过渡型社区的相关利益主体参与到社区治理的过程中；三是对过渡型社区的治理组织机构、治理行为规范、应急治理制度进行制度化建设，强化过渡型社区治理制度供给能力；四是通过理顺权力主体和权利主体之间的利益关系，建立协同治理机制等多种方式来提升过渡型社区治理主体的能力。由此，通过强化根基、建设核心、完善制度、提高能力等多方面的努力，共同促进过渡型社区治理效能的实质性提升。

结　　论

　　社区是国家治理的基础单元，社区治理现代化的实现程度直接影响到国家治理体系和治理能力现代化进程。过渡型社区是中国城镇化进程中所形成的"类村类城""非农非城"介于农村社区和城市社区之间的社区形态。中国的城镇化建设是过渡型社区生成的宏观社会背景，城镇化进程中的城市空间格局变化、经济产业结构变迁、社会结构转型、城市管理体制转型等方面的变化都影响着过渡型社区的居民生活质量和社区治理效能，城镇化建设的成就和代价也在过渡型社区中得到集中而充分的呈现。

　　在具体形态上，过渡型社区包括城镇化进程中被吸纳到城市地域范围内的城中村或处于城市与乡村边缘地带的城乡接合部社区、边缘社区等；也包括城市外扩过程中征地拆迁后集中安置动迁农民的拆迁安置小区、农民集中居住区、移民社区等。前一类形态是城市经济发展过程中，农村社区向城市社区的自发性过渡，保留着农村社区的空间形态、村治体制，但经济上的脱农化、人口上的流动性、社会关系的隔离化表明这类社区已经不再属于传统的农村社区。整体上可以归类为处于由农村社区向城市社区过渡的早期阶段。后一类形态是地方"发展型政府"主导的"规划的变迁"，空间结构、管理体制等方面都已经具有城市社区的特征，但在经济结构、社会结构、文化认同上又不同于城市社区和农村社区。整体上可以归类为处于由农村社区向城市社区过渡的中后期阶段，部分社区历经 20 年的发展，在社区基本要素各个维度上已经与城市老社区相差无几。因此，过渡型社区呈现出由农村社区向城市社区过渡的阶段性、过渡性特征。

过渡性，意味着社区中原有的秩序正在或已经消解，新的秩序正在建立的过程。治理效能不彰是过渡型社区常见的问题。具体表现为：产业发展和集体经济转制引发社区居民生存危机，空间生产和空间资源配置引发利益补偿和冲突危机，社会隔离和文化多元引发社区认同危机，社区治理组织机制转制引发治理失灵危机。而这些困境大致可以归类为社区利益关系和社区治理关系的失调。

利益政治学的理论框架对过渡型社区治理失效有着较强的解释性。第一，过渡型社区的治理困境，本质上是围绕以社区居民为主体的利益主体在经济、政治、文化、社会、生态五个方面的利益需求展开的，治理困境归结为社区治理主体在满足居民"五位一体"利益诉求的治理效能不足。第二，过渡型社区的治理困境，具体呈现为过渡型社区治理过程中权力主体和权利主体之间的组织关系、制度关系、机制关系、行动关系上的失调、失序甚至是无序。第三，过渡型社区治理的困境，根源是社区内不同层次、同层次之间的利益关系的分歧、冲突甚至是对抗。第四，过渡型社区治理效能的实现，需要对治理权力关系、权利关系进行制度化的重构，但归根到底还是要推动过渡型社区中利益关系的秩序化建构。第五，作为国家治理基础单元的过渡型社区，治理关系秩序、治理效能提升的基本路径是构建人人有责、人人尽责、人人享有的过渡型社区治理共同体。

作为"治理共同体"的社区，强调社区治理主体对社区共同体的认同感、归属感，强调社会多元利益的普惠和补偿结合，强调党委领导、政府主导下多元主体民主协商、协同治理的社区治理主体责任，也突出了共同利益实现过程中的沟通、协商、妥协的集体行动机制的重要性。建设过渡型社区治理共同体，强调多元主体治理职责共担和分工明确的辩证统一，推动治理体制机制完善和治理工具革新，推进社会治理共同体内共同利益、群体利益、个体利益充分而均衡的满足。

一 过渡型社区是利益关系协调的社区治理共同体

利益关系的状态决定了过渡型社区的治理秩序和治理效能。过渡型社区治理共同体的基础是利益的共同体，是利益关系协调的共同体。

第一，围绕人民美好生活需要构建过渡型社区的利益共同体。首先，居民美好生活需要是社区居民的公共利益，是社区治理共同体的主旨。过渡型社区居民的美好生活需要，在客观上表现为经济、政治、文化、社会、生态"五位一体"的利益需要，在主观上表现为获得感、幸福感和安全感的"民生三感"。居民"五位一体"的利益需要和"民生三感"，是过渡型社区利益共同体最具基础性、价值性、普遍性的社区公共利益。居民的美好生活需要是过渡型社区中的公共利益，体现了社区治理的人民性的根本立场，有利于更广范围的居民的利益实现。其次，社区治理过程中所有的组织利益、群体利益、个人利益，都是在社区公共利益优先的前提下实现的。社区公共利益优先，一方面，社区的公共利益相对于更广范围的地区和社会公共利益相比，应以更广范围的公共利益为先，同时应充分考虑到过渡型社区居民的利益保障。因此，在城镇化进程中，应对过渡型社区中的动迁农民和外来移民的利益充分关注，切实提升其获得感、幸福感和安全感。另一方面，社区公共利益优先实现的同时，对部分群体、个人的利益也要充分保障。例如过渡型社区车库住人的整治，确保了社区整体的消防安全和出租房管理秩序，但也要充分考虑到年龄较大的老年居民上楼居住不便的客观现实，稳妥的办法应是坚决取缔车库出租、经商等行为，允许年迈的居民居住于车库并改善其居住安全保障。

　　第二，建构利益主体关系协调的社区利益共同体。协调的利益关系，关键是利益主体间关系的协调。过渡型社区中的利益主体包括了上述不同层次的公共利益、群体利益和个人利益之间的协调，还包括同层次的各类主体之间利益关系的协调。首先，过渡型社区中居民利益主体间的分歧和冲突。主要表现为社区利益分化形成的社区精英、普通居民、弱势群体等不同阶层之间的利益分歧，本地居民、外来流动人口等社区内不同文化认同的群体间的利益分歧，动迁农民、城市购房居民和租房居民等不同居住性质的群体间的利益分歧。这些群体间的分歧和冲突，原因是不同群体的利益需求不同且相互之间形成冲突，需要通过共同的社区文化塑造、广泛的社区交往和公共生活来实现。更为根本的途径是，社区治理主体应面向不同的社区居民群体的利益需求，加大社区公共服务的供给，在确保各个群体的利益需求都能得到一定程度的满足的前提下，完善公共资源和服务的配置和分配，注重社区内利益关系的公平性，加大弱势群体的救济。其次,过渡型社区内治理主体间的利益分歧。如社区居委会、物业服务企业、社区业委会"三家马车"之间的利益分歧,社区居委会、社会组织、社工"三社"之间的利益分歧,党组织、政府、居委会等权力组织与社会组织、社工、业委会、居民等权利主体之间的利益分歧。这就需要建立各类主体就具体社区治理问题的限度博弈的框架,通过制度和机制推动相互之间的利益互动协商,从而形成服从于社区公共利益充分实现、各类群体利益均衡满足的治理共识。

第三,建构利益客体充分而均衡实现的社区利益共同体。居民的利益客体是全方面的,过渡型社区治理的价值应是通过社区服务的有效供给,推动居民"五位一体"的美好生活需要和"民生三感"为表征的生活满意度的持续增长。但过渡型社区治理资源是有限的,在过渡初期应重点做好社区居民的经济利益的满足,尤其是要优先做好居民的生计和保障工作,避免社区空间格局变迁和利益格局变化引发规模性的不稳定因素。在过渡中后期通过社区公共服务的供给,逐步满足多元需求的均衡实现。

二 过渡型社区是权力关系秩序化的社区治理共同体

在中国共产党基层治理思想中,"社区是国家治理的基础单元"的定位,明确了权力主体在治理主体格局中的主导性地位,"党委领导、政府主导、民主协商、社会协同、居民参与、法治保障、科技支撑"的基层社会治理体系建构思路,也明确了基层党组织、基层政府、社区居委会等权力主体在过渡型社区治理共同体建构中的角色功能。

第一,基层党组织是过渡型社区治理共同体的核心。"一核多元"社区治理主体格局囊括了各类权力主体和权利主体,处于核心地位的是基层党的组织。过渡型社区的治理,首先要从过渡型社区党的组织建设、组织功能、工作制度、党员教育、党建资源等方面全面强化,特别是要在纵向上加强过渡型社区及其下属各个小区的党支部、党小组的建设,形成基层党建"一网到底"的组织体制;在横向上以过渡型社区党组织为基础,将机关事业单位、驻区单位等相关组织的党建资源纳入社区治理共同体制,形成区域大党建的联盟。其次要强化社区党组织的引领功能。引领功能的实现需要建立"党建+"的嵌入式机制,如党建网格与社区网格相融合，构建党建联盟、党社之家等平台，创设党建服务过渡型社区居民的常态化品牌活动，在引领机制和引领功能上双双着力，提升效能。

第二，构建无缝隙的权力主体整体治理格局。一是要明确党委政府内部条块之间、条条之间、块块之间的职能关系。"无缝隙"的整体式治理，关键是要重新梳理基层党组织、政府部门在过渡型社区治理层面的政务职能，既要打破各个职能部门之间的信息壁垒、利益堡垒，又要明确各个职能部门的管理职责和治理方式，实现治理责任相互推诿向相互补位的转变。二是推动政务居务的分离。在基层街道、乡镇政府的治理框架内，厘清政务和居务清单，设置公共服务中心，基层政务由服务中心处理，社区居务由社区居委会处理，将社区社工全部下沉至社区服务过程中。

第三，构建秩序化的权力主体协同治理格局。推动社会治理重心下沉，并非以属地管理的原则，将凡涉及居民的治理责任全部归由社区党组织和社区居委会处理。一是在社区网格内，根据各个社区网格的现实性问题，明确相关职能部门下沉网格的权责清单、人员资源等；在网格化闭环式流程化的治理中推进碎片化治理转向整体式治理。厘清各个治理层级的治理责任，给各个层级整合配套治理所需的人力、财力、政策资源，形成各层级的治理主体各司其职、各尽其责的纵向协同治理格局。二是要为基层社区党组织和居委会减负增能。将居务与政务分离，社区与服务站分离，政务职能回归基层街道和乡镇政府；在社区网格工作站、党社之家等平台和工作机制内，将相关治理资源下沉，实现社区服务资源的整合和有效的供给。

三 过渡型社区是权利关系秩序化的社区治理共同体

权利主体是社区治理共同体中发挥着协同治理功能的主体。权利关系的秩序化应从提高权利组织自我发展能力、建立权利主体间协同治理机制两个方面展开。

第一，"做好自己"，强化过渡型社区权利主体的组织化建构。过渡型社区的权利主体包括业委会、社会组织、物业服务公司、楼道长等志愿者、居民以及驻区单位等。其中业委会和社会组织的自我组织化建设尤为重要，决定了其协同治理功能的发挥和社区治理的稳定性。组织化建设包括组织的组织价值构建，内部人事、财务等制度完善，组织内部的议事规则确立和组织的社区服务功能供给、拓展、质控等。这些组织性的权利主体的自我管理、自我发展能力，影响到社区民主协商治理实现的可能性，决定了过渡型社区的自治地位实现程度。

第二，"互相促进"，完善过渡型社区权利主体间的协同机制。权利主体间协同机制的确立应围绕过渡型社区居民的美好生活需要的主旨，聚焦于社区公共服务供给机制的改革。首先在整体上要理顺权力主体和权利主体的治理职责，形成以提升社区服务效能而非社区管控为导向的治理机制，推进过渡型社区治理和社区服务的社会化，通过培育社会组织、采购社会服务等方式建立民主协商、社会协同和公众参与的协同治理机制。其次，要通过社区服务供给质量的规范化管理和质量评估机制，提升过渡型社区中权利主体参与过渡型社区的治理效能。各类权利主体之间确立合作与竞争相统一的主体关系，尤其是同类型的社区服务，多个社会组织和主体的竞争才能够倒逼权利主体提升治理的效能。最后，在社区两委的主导下，建立权利主体协同参与联盟机制和常态化的协同机制，在过渡型社区内各类权利主体相互支持、"抱团取暖"、资源共享，通过联席会议等机制建立议事机制，通过服务展览等品牌活动形成规模效应，扩大影响力，提高服务信息在居民中的知晓度和渗透度。

四 共同体治理效能体现为居民利益充分均衡的实现

过渡型社区治理效能的体现在过渡型社区稳定而有活力的社区秩序，更体现在社区居民的利益充分而均衡地实现。

第一，利益共同体的制度优势确保了治理效能的基础。过渡型社区"七维一体"的治理共同体格局的建构是具有制度优势的。但制度优势的实现需要在以下方面着力：一是过渡型社区权力秩序和权利秩序的制度化建构。要完善过渡型社区内的权力主体和权利主体自身的组织制度，明确各自的权责关系，实现"人人有责、人人尽责"，各自完成好社区治理和社区服务的职责。二是过渡型社区治理共同体的运行机制的制度化建构。这就涉及权力主体与权利主体在过渡型社区治理的集体行动中相互之间的竞争、协同问题。网格化治理、政府采购社会服务是目前过渡型社区协同治理主要采用的两种方式，因此可以主要从这两个治理机制的完善着手来推动制度优势的确立。

第二，社区治理主体的治理能力是实现治理效能的直接因素。过渡型社区治理主体的治理能力取决于主体自身的制度化水平、治理意愿、治理经验和治理技能。因此，应强化各个主体自身的组织性、制度性、标准化的建设，充分考量治理主体在社区治理过程中的利益诉求，例如党委政府要促进社区公共利益实现、党委政府工作人员的政绩诉求、社会组织的社会价值实现、居民的生存发展权益等等。只有确保"人人享有"才能够激发治理主体参与治理的意愿，通过自我完善和服务标准化来学习和锻炼自身的治理技能，积累治理的经验。

五　过渡型社区治理共同体是智能互联时代的新型共同体

智能互联时代过渡型社区治理共同体的建设，重点在于采用数字技术来推动多元治理主体对社区治理的共同价值认同，构建系统化、全过程的智能互联社区治理技术体系，完善社区治理权力主体、权利主体的治理责任和共建共治的集体行动机制，完善社区治理成果共享保障机制。

第一，以智能互联平台为阵地，重塑过渡型社区共同体的价值认同。一方面，以智慧党建为基础，发挥基层党建对社区多元主体和多重利益的整合作用。过渡型社区的党组织应充分利用党委、政府、社区和各类组织的党建网络平台，突破现有社区党建在中青年群众中传播的壁垒，以系列主题学习、红色活动、专题互动等多样性的活动，以党建引领构建社区居民对党和国家的价值认同。另一方面，以智慧社区建设为载体，强化社区居民对社区共同体的认同感和归属感。

第二，以智能互联平台为载体，优化过渡型社区治理集体行动机制。在集体行动机制方面，党政部门要打通内部的各类治理数据的壁垒，基层政府要充分利用网格化治理、数字城管等智慧政务平台，优化问题上报、核实、受理、分派、处置、核查、结案、满意度反馈的闭环流程，确保社会问题的处置效率和满意率。可探索通过互联网平台构建"在线民主恳谈室""老娘舅志愿服务社"等民主协商、人民调解的平台，以一系列符合移动互联网传播规律的线上线下互动活动，将社区中日常忙于工作的中青年和外来人口纳入到过渡型社区网络共同体中，拓展这类权利主体参与社区治理的空间，激发其参与治理的动机，强化其社区归属感。

第三，以智能互联平台为保障，建设过渡型社区治理利益共享机制。人人共享是社会治理共同体建设的价值归宿，也是共同体形成和持续发展的关键所在。移动互联网的发展，实现了居民利益表达的便利化，也增加了群众以"随手拍"等形式参与社区治理的可能性。这虽然在短期内造成社区治理问题的集中呈现，但也让长期隐藏的改革发展过程中部分居民受损的利益问题更易呈现、精准化解，推动了部分群体和个人利益的补偿。过渡型社区的智能互联式治理，以数字技术的便利性、智能化扩大基层民主参与的规模，将丰富协商民主的形式，推动了社会治理以治理民主推动社会实质正义的实现，以公开、透明、流程化、系统性的民主协商机制，确保过渡型社区多元主体利益共享机制的持续性发展。

总而言之，正如中国的城市化建设依然处于一个长期的发展进程中，过渡型社区也将长期处于过渡过程中，被城市包围的城中村、城乡接合部社区依然会继续形成，承载着动迁农民美好生活梦想的拆迁安置小区、集中居住区仍将建设。物理空间格局的变化中，过渡型社区的居民们还将继续享有利益格局变化带来的发展机遇和福利保障，也将继续承受着利益关系变动中的利益受损、分配不均、生活不易，过渡型社区中的权力主体、权利主体之间的关系也将始终处于秩序稳定、秩序消解、秩序混乱、秩序重构的螺旋式上升状态之中。过渡型社区的治理效能正是在不断出现利益分歧、不断解决利益分歧的过程中实现。过渡型社区治理共同体也正是在这复杂的利益政治格局中持续建构、持续发展。

附 录

访谈提纲

一 过渡型社区"两委"工作人员访谈提纲

1. 请简单介绍社区的大致情况,如社区建成的时间、社区人口数量和结构情况等。

2. 社区居民原先来自哪里?当年拆迁时是如何安置的?

3. 社区党委/党支部、居委会目前有多少人员,党员有多少?两委主要的工作内容有哪些?

4. 您从事现在的工作有多长时间了?主要负责过哪些方面的工作?

5. 就您现在的岗位而言,主要需要完成哪些工作内容?就工作而言,您觉得有哪些挑战?哪些方面您觉得比较有成就感?

6. 针对拆迁安置的农民在就业、教育、医疗、养老等方面的民生需求,社区是否采取了一些措施或是否提供了相应的服务?效果如何?

7. 外来人口的涌入,是否给社区治理带来新的问题?具体有哪些问题?社区是否采取了相关的措施?

8. 社区平时是否举办了一些公共性的活动?这些活动中参与的居民大概是什么情况?活动对社区治理是否有明显的促进作用?

9. 目前社区日常的治理过程中,大概有哪些方面的问题?是否有与拆迁安置相关的长期没有得到很好解决的问题?

10. 您觉得,过渡型社区与原先的农村社区和城市社区相比,有哪些特殊性?

11. 拆迁安置后居民是否还有集体经济的分红?集体经济组织与社区两委之间有联系吗?组织机制、工作机制等方面是否还关联着?

12. 现在社区的物业管理是由什么组织负责？日常物业管理过程中有没有一些突出的工作难点？物业管理服务的质量如何？

13. 社区是否成立了业主委员会？业委会的构成情况如何？业委会主要做了哪些工作？老百姓对业委会的认可度如何？

14. 街道和镇里负责社区管理的是哪个职能部门？平时基层政府对社区主要有哪些方面的管理？

15. 就社区目前两委的工作内容而言，大概有多大比例的工作是由上级党组织和政府交办的？主要是哪些方面的工作内容？有多少工作是社区内部的管理服务工作？

16. 社区日常的治理过程中，是否有社会组织参与？这些社会组织大概是什么情况？参与的主要方式有哪些？社会组织参与社区治理的效能如何？

17. 社区居民对社区内的公共事务是否关心并参与其中？参与社区治理的居民大致是什么情况？有没有比较好的、常态化的参与机制？

18. 针对社区治理的疑难问题，社区与上级党组织、政府相关部门以及相关的社会组织等之间有没有比较好的协调处理机制？

19. 在协同治理的过程中，特别是目前强调"属地管理""源头治理"原则之下，社区是如何开创性地开展工作的？有没有感觉无力之处？

20. 社区是否实施了网格化治理？网格化治理机制的大致情况是怎样的？网格员在社区治理过程中大概发挥了哪些功能？

21. 在强调党建引领的背景下，社区内党的组织建设、队伍建设、职能履行等方面情况如何？有没有好的做法？是否存在困惑？

22. 现在都强调社会治理的智能化，您所在的社区是否有采取一些智能治理的措施、机制和技术？效果如何？您对社区的智能治理如何看待？

23. 您目前的待遇如何？职业发展方面有哪些机会？您对目前的工作是否满意？

二　过渡型社区居民访谈提纲

1. 居民的年龄、户籍、婚姻、文化程度、就业情况、政治身份等基本情况。

2. 居民入住本社区之前的生活情况：生活地区、职业情况、收入情况。

3. 是否经历了拆迁？当时拆迁时选择的安置方式是什么？对拆迁补偿是否满意？

4. 当年拆迁时，您对将来的生活是否担心？主要担心什么？

5. 目前的就业情况如何？工作是怎么找到的？工作的内容是什么？职业稳定性如何？

6. 主要的收入来源有哪些？年收入大概多少？对自己的收入是否满意？与过去相比，收入是多了还是少了？

7. 平时收入主要用在了哪些方面？平时买东西主要考虑哪些方面？您觉得您的生活水平如何？

8. 家庭成员的职业情况、收入情况。

9. 原先的土地被征收后，您所在村的集体资产后来是怎么经营的？现在是否还有分红？您对分红情况是否满意？

10. 居民的住房情况：住房类型、拆迁安置的房屋数量和面积，住房装修情况，住房配套设施等方面的情况。

11. 现在居住的社区的基础设施，如停车、绿化、交通、垃圾处置、文化活动措施等方面的情况如何？您是否满意？相对于过去的居住环境，您认为现在的居住环境是好了还是差了？

12. 您觉得现在小区里面邻里之间的交往情况如何？相互之间都熟悉吗？平时社区内的交往，您跟哪些群体的交往比较多？相对于以前的生活，您觉得现在的交往活动如何？

13. 您是否了解或参加过社区居委会组织的活动？或者您是否参加过居民自发组织的活动，比如跳广场舞、打篮球等文体活动？

14. 您平时遇到社区内发生的一些问题，比如环境差、群租房甚至是治安类的问题，您是否会向社区工作人员反映？

15. 您跟社区两委的工作人员是否有过联系？您与他们的联系主要是为了什么事情？您觉得他们的工作效能如何？您对社区两委的工作还有哪些方面的建议？

16. 随着社区内外来人口的增加，您觉得社区内的居民结构、社区交往等方面是更好了还是变差了？您如何看待这一问题？

17. 小区的物业管理服务大概有哪些？您是否满意？

18. 您平时工作之余有哪些休闲活动？

19. 拆迁安置后，您对生活是否有过担忧？拆迁补偿是否有相应的就业、养老、医疗方面的社会保障？您对社会保障的水平是否满意？相对于过去的生活，您觉得日子是过得更好了还是更差了？

20. 您觉得社区目前的管理服务质量如何？还有哪些问题您认为迫切需要解决？

21. 如果给政府和社区提建议，您有哪些方面的建议或意见？

三 过渡型社区物业访谈提纲

1. 请大致介绍一下您所服务的社区的物业管理服务基本情况：规模、人口、基础设施等。

2. 请大致介绍您所在的物业服务企业的基本情况：成立时间、单位性质、股权结构、入驻时间、物业工作人员数、内设职能部门等。

3. 目前物业主要给小区提供哪些服务？

4. 物业公司的收入是政府付的还是居民付的？居民能否足额缴纳物业费？

5. 平时物业服务过程中有哪些常见的工作难点、服务难题之类？最困难、最具有挑战性或长期得不到解决的问题有哪些？

6. 物业在遇到难以解决的问题时，一般怎么解决的？或者有哪些方面的资源和力量为物业提供了支持？

7. 平时物业与居委会、业主委员会以及其他社区内的社会组织有没有联系？是否建立了常态化的协同治理机制？这些机制是否实现了预期的功能？

四 过渡型社区小区党支部访谈提纲

1. 小区党支部是什么时候成立的？成立的过程大致情况是怎样的？

2. 小区党支部人员构成、小区内的党员结构。

3. 小区党支部的日常工作有哪些？支部的"三会一课"等活动是否正常举行？党员参与度如何？活动的主题有哪些？

4. 小区党支部在小区治理格局中，大致处于什么地位？发挥了哪些功能？请举例介绍。

5. 小区党支部平时与党员之间是怎么联系的？在管理党员、服务居民方面有哪些做法？效果如何？

6. 党支部与居民之间、与业委会之间是否有联络机制？效果如何？

7. 小区党支部与社区党组织、街道/乡镇党组织之间的关系是怎样的？有没有有效的制度或机制建设？是否有改进的建议？

8. 党支部之下的党的组织机制是如何建立的？小区内的党组织与网格化治理之间的关系、联系有哪些？

9. 党支部在确立社区治理制度优势、提升治理效能方面有哪些常态化的工作机制、经验或设想、计划？

10. 对加强过渡型社区中的党建引领，有哪些经验或建议？

五　过渡型社区业主委员会访谈提纲

1. 业委会什么时候成立的？成立的过程大致情况是怎样的？

2. 业委会成员的结构：性别、年龄、职业，及成员之间的分工。

3. 业委会是否有常态化的议事决策机制、协调处置机制等工作制度和工作方法？

4. 业委会与居委会、物业的关系如何？是否建立了常态化的协同治理机制？

5. 业委会平时主要为社区居民提供哪些服务？近期业委会工作的重点是什么？

6. 业委会工作过程中的主要挑战来自于哪方面？

7. 业委会在服务居民方面主要做了哪些工作？

8. 您对从事业委会工作是否有成就感？

六　过渡型社区网格化治理访谈提纲

1. 请简要介绍贵社区网格化治理的大致情况。例如启动的时间、主要的制度设计、资源投入、网格员队伍情况、平台建设管理情况、网格化治理的初步效果。

2. 社区网格化治理的过程中，社区两委和网格员之间的关系如何？职能上是否有交叉？管理关系是如何确定的？

3. 网格化治理相对于社区常规的工作机制而言，发挥了什么样的功能？对社区工作是助益的还是增加了社区工作的干扰？

4. 您认为社区网格化治理是否实现了源头治理、精细治理、智能治理等目标？

5. 网格化治理过程中，网格员所收集的治理信息对社区治理是否有帮助？有没有增加社区的工作负担？

6. 本次网格化治理改革强调的闭环治理是否实现了？实现的效果如何？是否有改进之处？

7. 在强调源头治理、属地管理的情况下，网格化治理实施后，特别是相关的考核机制，是否增加了社区治理的压力？您如何看待这样的压力？

8. 贵街道/乡镇或社区在网格化治理的一般性模式下，有哪些因地制宜的创新？如何实施这些创新的？有哪些效果？

9. 对于网格化治理过程中发现的社区无法处置的问题，一般如何处理的？

10. 社区牵头处理一些治理难题，主要存在的难处在哪里？社区如何攻坚克难的？

11. 街道、乡镇及相关组织与社区之间的关系如何？相互之间的职能是否存在冲突？

12. 网格化管理信息平台上的数据、信息是否为社区的工作提供了帮助？社区打算如何利用这些信息？

13. 网格员队伍的构成情况：年龄、性别、学历背景、工作经历，队伍内部是如何进行组织建设的？

14. 网格员的日常工作职责有哪些？以一日为例，大致描述网格员每天的工作内容。

15. 网格员的收入情况如何？将来有哪些职业发展机会？

16. 您觉得现有的社区网格化治理机制哪些方面有待加强？

17. 网格化治理的考核指标有哪些？社区的考核成绩如何？您对考核的成绩是如何看待的？

18. 您觉得网格化治理是否代表着社区治理的发展方向？您如何认识下一阶段社区治理的创新问题？

七　过渡型社区中社会组织访谈提纲

1. 请简要介绍贵组织的大致情况。例如成立的时间、主要的服务内容、人员数量及结构等。

2. 贵组织和街道/乡镇、社区之间的服务合作是如何实现的？这样的合作机制您觉得如何？

3. 贵组织给本街道、社区主要提供了哪些方面的服务？服务大致收入如何？

4. 贵组织目前发展过程中遇到的比较突出的问题有哪些？经验有哪些？

5. 目前组织给社区提供的服务是否具有可持续性？专业化水平如何保证的？

6. 组织内部有哪些比较好的工作机制或管理制度？

7. 政府、社区采购贵组织的服务，每年政府采购的金额是多少？如果推广到其他社区，贵组织的服务内容是否形成了不同价格的服务包，以供各个地区选择？

8. 您觉得社区治理中的社会组织有哪些方面的发展机会、发展障碍？

9. 您如何看待过渡型社区这一特殊社区形态的社区治理和发展问题？

10. 您如何看待过渡型社区治理过程中社会组织的参与？

参考文献

一 中文著作类

包亚明：《现代性与空间的生产》，上海教育出版社 2003 年版。

曹鉴燎：《制度立区——城区公有制经济制度创新案例研究》，经济科学出版社 2001 年版。

陈诚：《社区治理能力评估指标体系研究》，经济日报出版社 2017 年版。

陈平：《网格化城市管理新模式析》，北京大学出版社 2006 年版。

陈潭等：《治理的秩序：乡土中国的政治生态与实践逻辑》，人民出版社 2012 年版。

陈薇：《城市社区权力秩序：基于社会空间视角的研究》，中国社会科学出版社 2015 年版。

陈亚萍：《新型智慧社区：基层社会治理模式创新》，人民日报出版社 2020 年版。

陈映芳等：《都市大开发：空间生产的政治社会学》，上海古籍出版社 2009 年版。

陈湛：《城市化进程中的城中村问题研究》，云南大学出版社 2009 年版。

邓伟志主编：《社会学辞典》，上海辞书出版社 2009 年版。

董少林：《公共选择理论视角下的地方政府利益研究》，中国科学技术大学出版社 2015 年版。

董仲舒：《春秋繁露义证》，中华书局 1992 年版。

方亚琴：《社区、居住空间与社会资本》，中国社会科学出版社 2019 年版。

费孝通：《社会学的探索》，天津人民出版社 1984 年版。

费孝通：《乡土中国·生育制度》，北京大学出版社 2005 年版。

冯婷：《社区与社团——国家、市场与个人之间》，浙江大学出版社 2014 年版。

高鹏程：《政治利益分析》，社会科学文献出版社 2009 年版。

顾朝林：《中国大城市边缘区研究》，科学出版社 1995 年版。

何金晖：《中国城市社区权力结构研究》，华中师范大学出版社 2010 年版。

何绍会：《陌生人社区：整合与治理》，社会科学文献出版社 2017 年版。

何艳玲：《都市街区中的国家与社会：乐街调查》，社会科学文献出版社 2007 年版。

贺雪峰：《城市化的中国道路》，东方出版社 2015 年版。

洪远朋等：《利益关系总论——新时期我国社会利益关系发展变化研究的总报告》，复旦大学出版社 2011 年版。

华生：《城市化转型与土地陷阱》，东方出版社 2013 年版。

黄光国、胡先缙等：《人情与面子——中国人的权力游戏》，中国人民大学出版社 2004 年版。

黄建洪：《公共理性视野中的当代中国政府能力研究》，中国社会科学出版社 2009 年版。

黄立敏、陈龙：《社区党组织政治功能研究》，中国社会科学出版社 2019 年版。

姜振华：《社区参与与城市社区社会资本的培育》，中国社会出版社 2008 年版。

焦若水：《变迁中的社区权力与秩序》，中国社会科学出版社 2015 年版。

金太军、张劲松：《乡村改革与发展》，广东人民出版社 2008 年版。

柯洪波主编：《走进和谐的"生活共同体"：城市化进程中的社区分类管理研究》，浙江工商大学出版社 2013 年版。

赖先进：《论政府跨部门协同治理》，北京大学出版社 2015 年版。

蓝宇蕴：《都市里的村庄》，生活·读书·新知三联书店 2005 年版。

黎熙元、陈福平、童晓频：《社区的转型与重构》，商务印书馆 2011 年版。

李景鹏：《权力政治学》，北京大学出版社 2008 年版。

李培林：《村落的终结》，商务印书馆 2004 年版。

李强：《当代中国社会分层》，生活·读书·新知三联书店、生活书店出版有限公司 2019 年版。

李伟梁：《城市利益关系的社区调整》，武汉大学出版社 2013 年版。

李智超：《乡村社区认同与公共事务治理》，中国社会科学出版社 2015 年版。

梁铁中：《利益整合：城市改造拆迁中城区政府的转型》，中国地质大学出版社有限责任公司 2013 年版。

刘德厚：《广义政治论：政治关系社会化分析原理》，武汉大学出版社 2004 年版。

刘淑妍：《公众参与导向的城市治理——利益相关者分析视角》，同济大学出版社 2010 年版。

刘伟红：《社区转型：城镇化进程中的治理体系重组》，社会科学文献出版社 2019 年版。

卢俊秀：《制度变迁背景下的社区治理——基于广州市一个城中村的实证研究》，华东理工大学出版社 2017 年版。

鲁哲：《论现代市民社会的城市治理》，中国社会科学出版社 2008 年版。

麻宝斌：《中国社会转型时期的群体性政治参与》，中国社会科学出版社 2009 年版。

马学广：《城市边缘区空间生产与土地利用冲突研究》，北京大学出版社 2014 年版。

莫艳清：《社区精英与村落共同体再造》，社会科学文献出版社 2017 年版。

彭小兵：《城市房屋拆迁研究：利益博弈与政策设计》，电子工业出版社 2016 年版。

任继愈：《老子新译》，上海古籍出版社 1978 年版。

施芸卿：《再造城民：旧城改造与都市运动中的国家与个人》，社会科学文献出版社 2015 年版。

史斌：《不再沉默的"城市他者"：新生代农民工社会距离研究》，浙江大学出版社 2014 年版。

宋辉：《城市边缘社区组织建设研究》，人民出版社 2018 年版。

孙立平：《断裂——20世纪90年代以来的中国社会》，社会科学文献出版社2003年版。

孙立、王一统：《社区参与整治》，中国建筑工业出版社2017年版。

孙龙：《公民参与：北京城市居民态度与行为的实证研究》，中国社会科学出版社2011年版。

唐茂华：《中国不完全城市化问题研究》，经济科学出版社2009年版。

唐亚林：《社区治理的逻辑：城市社区营造的实践创新与理论模式》，复旦大学出版社2020年版。

唐忠新：《中国城市社区建设概论》，天津人民出版社2000年版。

王笛：《走进中国城市内部——从社会的最底层看历史》，清华大学出版社2013年版。

王佃利：《城市治理中利益主体行为机制》，中国人民大学出版社2009年版。

王玲慧：《大城市边缘地区空间整合与社区发展》，中国建筑工业出版社2008年版。

王明美、程宇航：《社区建设》，江西人民出版社2008年版。

王浦劬：《以治理的民主实现社会民生》，北京大学出版社2012年版。

王浦劬：《政治学基础》，北京大学出版社2018年版。

王伟光：《利益论》，人民出版社2001年版。

王新、蔡文云：《城中村何去何从？》，中国市场出版社2010年版。

王颖：《转型时期中国政府利益研究》，东北大学出版社2012年版。

王勇：《城市化进程中失地农民的利益表达机制研究》，中国社会科学出版社2014年版。

文崇一：《台湾的社区权力结构》，东大图书公司1989年版。

吴文藻：《论社会学中国化》，商务印书馆2010年版。

吴莹：《上楼之后：村改居社区的组织再造与秩序重建》，社会科学文献出版社2013年版。

夏建中：《中国城市社区治理结构研究》，中国人民大学出版社2011年版。

项飚：《跨越边界的社区：北京"浙江村"的生活史：北京"浙江村"的生活史》，生活·读书·新知三联书店2000年版。

颜玉凡：《大都市社区协同治理视域下的公共文化服务》，中国社会科学出版社 2018 年版。

燕继荣：《投资社会资本——政治发展的一种新维度》，北京大学出版社 2006 年版。

杨辰：《从模范社区到纪念地：一个工人新村的变迁史》，同济大学出版社 2019 年版。

杨帆：《城市规划政治学》，东南大学出版社 2008 年版。

杨公卫：《村落终结与乡土重建》，民族出版社 2012 年版。

杨贵华：《转型与创生："村改居"社区组织建设》，社会科学文献出版社 2014 年版。

杨荣：《社区权力与基层治理》，社会科学文献出版社 2019 版。

杨淑琴：《社区冲突：理论研究与案例分析》，上海三联书店 2014 年版。

杨帅：《社区网络组织：小农户组织化的路径分析》，人民出版社 2020 年版。

姚文胜：《利益均衡——推进社会公平的路径建议》，法律出版社 2012 年版。

叶继红：《农民集中居住与移民文化适应——基于江苏农民集中居住区的调查》，社会科学文献出版社 2013 年版。

叶适：《习学经言序目》，中华书局 1977 年版。

于建嵘：《抗争性政治：中国政治社会学基本问题》，人民出版社 2010 年版。

于建嵘：《岳村政治：转型期中国乡村政治结构的变迁》，商务印书馆 2001 年版。

俞可平：《权利政治与公益政治》，社会科学文献出版社 2005 年版。

曾鹏：《社区网络与集体行动》，社会科学文献出版社 2013 年版。

张晨：《城市化进程中的"过渡型社区"：空间生成、社会融合与治理转型》，广东人民出版社 2014 年版。

张传开、汪传发：《义利之间——中国传统文化中的义利观之演变》，南京大学出版社 1997 年版。

张江河：《论利益与政治》，北京大学出版社 2002 年版。

张鹏：《城市中的陌生人：中国流动人口的空间、权力和社会网络的重构》，袁长庚译，江苏人民出版社 2014 年版。

张勇：《新中国城市社区建设：回顾、反思与前瞻》，中国社会科学出版社 2014 年版。

张友庭：《社区秩序的生成》，上海社会科学院出版社 2014 年版。

张哲：《利益多元化格局中的党群关系问题研究》，天津人民出版社 2015 年版。

张仲涛：《利益协调与社会阶层合作研究》，法律出版社 2016 年版。

赵成根：《民主与公共决策研究》，黑龙江人民出版社 2000 年版。

赵丽江、刘三：《社区治理：公民生活政治的样态》，中国社会科学出版社 2010 年版。

折晓叶、陈婴婴：《社区的实践："超级村庄"的发展历程》，浙江人民出版社 2000 年版。

郑中玉：《社区的想象与生产》，中国社会科学出版社 2016 年版。

周雪光：《中国国家治理的制度逻辑》，生活·读书·新知三联书店 2017 年版。

周振超：《当代中国政府"条块关系"研究》，天津人民出版社 2009 年版。

朱光磊：《当代中国政府过程》，天津人民出版社 2008 年版。

二 译著类

［美］艾伯特·O. 赫希曼：《转变参与：私人利益与公共行动》，李增刚译，上海人民出版社 2015 年版。

［英］安东尼·吉登斯：《社会学方法的新准则——一种对解释社会学的建设性批判》，田佑中、刘江涛译，社会科学文献出版社 2003 年版。

［美］安东尼·唐斯：《民主的经济分析理论》，姚洋、邢予青、赖平耀译，上海世纪出版集团 2005 年版。

［美］保罗·E. 彼得森：《城市极限》，罗思东译，格致出版社、上海人民出版社 2012 年版。

［英］彼得·伯克：《历史学与社会理论》，姚朋等译，上海人民出版社 2010 年版。

［古希腊］柏拉图：《法律篇》，张智仁等译，上海人民出版社 2001 年版。

［美］本杰明·奥尔森：《集体行动的逻辑》，陈郁等译，上海三联书店1995年版。

［美］本杰明·巴伯：《强势民主》，彭斌、吴润洲译，吉林人民出版社2006年版。

［美］大卫·哈维：《正义、自然和差异地理学》，胡大平译，上海人民出版社2010年版。

［英］戴维·贾奇、［英］格里·斯托克、［英］哈罗德·沃尔曼：《城市政治学理论》，刘晔译，上海人民出版社2009年版。

［美］戴维·伊斯顿：《政治生活的系统分析》，王浦劬译，华夏出版社1989年版。

［美］戴维·伊斯顿：《政治体系》，马清槐译，商务印书馆1993年版。

［德］费迪南·滕尼斯：《共同体与社会》，林荣远译，商务印书馆1999年版。

［美］傅高义：《邓小平时代》，冯克利译，生活·读书·新知三联书店2013年版。

［美］盖伊·彼得斯：《政府未来的治理模式》，吴爱明、夏宏福译，中国人民大学出版社2014年版。

［美］戈登·图洛克：《收入再分配的经济学》（第2版），范飞、刘琨译，上海人民出版社2008年版。

［美］汉克·V. 萨维奇、［美］保罗·康特：《国际市场中的城市：北美和西欧城市发展中的政治经济学》，叶林译，格致出版社、上海人民出版社2013年版。

［法］亨利·列斐伏尔：《空间与政治》，李春译，上海人民出版社2008年版。

［美］吉恩·M. 格罗斯曼、［以］埃尔赫南·赫尔普曼：《特殊利益政治学》，朱保华等译，上海财经大学出版社2009年版。

［美］加布里埃尔·A. 阿尔蒙德、［美］西德尼·维巴：《公民文化——五个国家的政治态度和民主制》，徐湘林等译，东方出版社2008年版。

［澳］杰弗瑞·布伦南、［美］詹姆斯·M. 布坎南：《宪政经济学》，冯克利、秋风、王代、魏志梅译，中国社会科学出版社2004年版。

［美］杰克·奈特：《制度与社会冲突》，周伟林译，上海人民出版社

2009 年版。

［美］拉里·戴蒙德、［美］理查德·冈瑟：《政党与民主》，上海人民出版社 2017 年版。

［英］雷蒙·威廉斯：《乡村与城市》，韩子满、刘戈、徐珊珊译，商务印书馆 2013 年版。

［美］理查德·C. 博克斯：《公民治理：引领 21 世纪的美国社区》，孙柏瑛等译，中国人民大学出版社 2005 年版。

［美］罗伯特·阿格拉诺夫、迈克尔·麦圭尔：《协作性公共管理：地方政府新战略》，李玲玲、鄞益奋译，北京大学出版社 2007 年版。

［美］罗伯特·帕特南：《独自打保龄：美国社区的衰落与复兴》，刘波、祝乃娟、张孜异等译，北京大学出版社 2011 年版。

［美］罗伯特·帕特南：《使民主运转起来》，王列、赖海榕译，江西人民出版社 2001 年版。

［英］马林诺斯基：《文化论》，费孝通译，华夏出版社 2002 年版。

［西班牙］曼纽尔·卡斯特尔：《网络社会的崛起》，夏铸久译，社会科学文献出版社 2003 版。

［美］曼瑟尔·奥尔森：《集体行动的逻辑》，陈郁、郭宇峰、李崇新译，上海人民出版社 1995 年版。

［美］皮特·F. 伯恩斯：《仅有选举政治是不够的》，任国忠译，中央编译出版社 2011 年版。

［美］乔恩·埃尔斯特：《社会黏合剂：社会秩序的研究》，高鹏程译，中国人民大学出版社 2009 年版。

［美］乔尔·S. 米格代尔：《社会中的国家：国家与社会如何相互改变与相互构成》，李杨、郭一聪译，江苏人民出版社 2013 年版。

［美］塞缪尔·P. 亨廷顿：《变化社会中的政治秩序》，王冠华译，生活·读书·新知三联书店 2008 年版。

［美］桑德斯：《社区论》，徐震译，黎明文化事业发展有限公司 1982 年版。

［美］苏黛瑞：《在中国城市中争取公民权》，王春光、单丽卿译，浙江人民出版社 2009 年版。

［美］素德·文卡斯特：《黑帮老大的一天》，孙飞宇译，上海人民出版社

2009年版。

［美］索亚：《后大都市：城市和区域的批判性研究》，李钧译，上海教育出版社2006年版。

［美］威廉·朱利叶斯·威尔逊：《真正的穷人：内城区、底层阶级和公共政策》，成伯清、鲍磊、张戍凡译，上海人民出版社2007年版。

［美］亚历山大·汉密尔顿、［美］约翰·杰伊、［美］詹姆斯·麦迪逊：《联邦党人文集》，程逢如、在汉、舒逊译，商务印书馆1980年版。

［古希腊］亚里士多德：《政治学》，吴寿彭译，商务印书馆1996年版。

［英］以赛亚·佰林：《自由论》，胡传胜译，译林出版社2011年版。

［英］约翰·伦尼·肖特：《城市秩序：城市、文化与权力导论》，郑娟、梁捷译，上海人民出版社2010年版。

［美］詹姆斯·M.布坎南、［美］戈登·图洛克：《同意的计算——立宪民主的逻辑基础》，陈光金译，中国社会科学出版社2000年版。

［美］詹姆斯·M.布坎南、［美］罗杰·D.康格尔顿：《原则政治，而非利益政治：通向非歧视性民主》，张定淮、何志平译，社会科学文献出版社2008年版。

［美］詹姆斯·M.布坎南：《公共物品的需求与供给》，马珺译，上海人民出版社2009年版。

［美］詹姆斯·M.布坎南：《宪法秩序的经济学与伦理学》，朱泱等译，商务印书馆2008年版。

［美］詹姆斯·M.布坎南：《自由、市场与国家》，吴良健、桑伍、曾获译，北京经济学院出版社1988年版。

［美］詹姆斯·R.汤森、［美］布莱特利·沃马克：《中国政治》，顾速、董芳译，江苏人民出版社2003年版。

三 论文类

蔡禾、卢俊秀：《制度变迁背景下的社区权力与秩序》，《广东社会科学》2007年第6期。

曹海军、刘少博：《新时代"党建+城市社区治理创新"：趋势、形态与动力》，《社会科学》2020年第3期。

陈柏峰：《征地拆迁上访的类型与机理》，《华中科技大学学报》（社会科学版）2016 年第 1 期。

陈光普：《社区治理绩效：评价指标体系与实证分析》，《宁夏社会科学》2020 年第 1 期。

陈家建、赵阳：《"低治理权"与基层购买公共服务困境研究》，《社会学研究》2019 年第 1 期。

陈家喜：《地方官员政绩激励的制度分析》，《政治学研究》2018 年第 3 期。

陈占锋：《我国城镇化进程中失地农民生活满意度研究》，《国家行政学院学报》2013 年第 1 期。

杜伟泉、朱力：《基于权力关系重构的共治型城市社区治理机制探析》，《学习与实践》2019 年第 2 期。

高超群：《利益时代的政治》，《文化纵横》2014 年第 2 期。

郭小聪、宁超：《"过渡型"社区的治理生态分析：社会资本的解释视角》，《求实》2017 年第 7 期。

郭忠华：《利益集团所定下改革的困境与出路》，《岭南学刊》2008 年第 3 期。

韩冬、许玉镇：《城市社区治理中权力互动的困境分析》，《贵州社会科学》2016 年第 6 期。

韩冬雪、胡晓迪：《社区治理中的小区党组织：运作机理与治理效能》，《行政论坛》2020 年第 3 期。

韩志明：《城市治理的清晰化及其限制——以网格化管理为中心的分析》，《探索与争鸣》2017 年第 9 期。

何艳玲、杜江韩、李宇聪：《村庄转型、社会分化与社区重建》，《东岳论丛》2012 年第 3 期。

贺雪峰、魏继华：《土地共享是中国土地制度的核心》，《学习与实践》2012 年第 6 期。

黄锐、文军：《从传统村落到新型都市共同体：转型社区的形成及其基本特质》，《学习与实践》2012 年第 4 期。

黄宗智：《集权的简约治理——中国以准官员和纠纷解决为主的半正式行政》，《开放时代》2008 年第 2 期。

姜晓萍、焦艳：《从"网格化管理"到"网格化治理"的内涵式提升》，

《理论探讨》2015 年第 5 期。

金太军：《从"边缘"治理到"多中心"治理：边缘社区治理体制创新研究》，《中共中央党校学报》2018 年第 2 期。

蓝宇蕴：《转型社区的"总体性"组织及其破解》，《学术研究》2016 年第 11 期。

李辉：《社会报酬与中国城市社区积极分子———上海市 S 社区楼组长群体的个案研究》，《社会》2008 年第 1 期。

李景鹏：《再论社会利益结构的变化与政治发展》，《天津社会科学》1999 年第 1 期。

李景治：《积极促进我国制度优势转化为治理效能》，《理论与改革》2020 年第 1 期。

李棉管：《"村改居"：制度变迁与路径依赖——广东省佛山市 N 区的个案研究》，《中国农村观察》2014 年第 1 期。

李培林：《巨变：村落的终结——都市里的村庄研究》，《中国社会科学》2002 年第 1 期。

李友梅：《当代中国社会治理转型的经验逻辑》，《中国社会科学》2018 年第 1 期。

吕普生：《我国制度优势转化为国家治理效能的理论逻辑与有效路径分析》，《新疆师范大学学报》（哲学社会科学版）2020 年第 3 期。

欧阳康、黄丽芬：《体系构建与效能优化：加强制度建设推进国家治理现代化》，《天津社会科学》2020 年第 1 期。

宋辉：《城市边缘社区的形态演变与结构属性》，《城市问题》2017 年第 10 期。

苏群、高君、常雪：《拆迁会影响城镇居民的家庭收入吗？——基于 CHIP2013 的实证分析》，《人口学刊》2019 年第 1 期。

孙锋、王峰：《城市社区治理能力：分析框架与产生过程》，《中国行政管理》2019 年第 2 期。

唐皇凤、王豪：《可控的韧性治理：新时代基层治理现代化的模式选择》，《探索与争鸣》2019 年第 12 期。

田毅鹏：《城市社会管理网格化模式的定位及其未来》，《学习与探索》2012 年第 2 期。

佟德志：《治理吸纳民主——当代世界民主治理的困境、逻辑与趋势》，《政治学研究》2019 年第 2 期。

童星、张海波：《群体性突发事件及其治理——社会风险与公共危机综合分析框架下的再考量》，《学术界》2008 年第 2 期。

王浦劬：《国家治理、政府治理和社会治理的基本含义及其相互关系辨析》，《社会学评论》2014 年第 3 期。

魏娜：《我国城市社区治理模式：发展演变与制度创新》，《中国人民大学学报》2003 年第 1 期。

吴建南、马亮、杨宇谦：《比较视角下的效能建设：绩效改进、创新与服务型政府》，《中国行政管理》2011 年第 3 期。

吴晓林：《从本位主义到体系研究：十八大以来城乡社区治理的研究走向》，《江苏社会科学》2020 年第 4 期。

吴业苗：《行政化抑或行政吸纳：民生服务下政府参与村级治理策略》，《江苏社会科学》2020 年第 4 期。

吴毅：《"权力—利益的结构之网"与农民群体性利益的表达困境——对一起石场纠纷案例的分析》，《社会学研究》2007 年第 5 期。

熊易寒：《从业主福利到公民权利》，《社会学研究》2012 年第 6 期。

燕继荣：《制度、政策与效能：国家治理探源》，《政治学研究》2020 年第 2 期。

杨光斌、李月军：《中国政治过程中的利益集团及其治理》，《学海》2008 年第 2 期。

杨宏山、皮定均：《构建无缝隙社会管理系统》，《中国行政管理》2011 年第 5 期。

杨华、罗兴佐：《农民的行动策略与政府的制度理性》，《社会科学》2016 年第 2 期。

杨青、蔡银莺：《城中村拆迁对原住民社会阶层变化的影响》，《中国土地科学》2018 年第 10 期。

叶继红：《城中村社区居民的空间权利及其实现》，《江苏社会科学》2017 年第 2 期。

虞崇胜：《提升中国特色社会主义制度秉赋：超越制度优势的国家治理现代化目标》，《探索》2020 年第 2 期。

袁方成、姜煜威：《"晋升锦标赛"依然有效？——以生态环境治理为讨论场域》，《公共管理与政策评论》2020年第3期。

张国芳：《滕尼斯"共同体/社会"分类的类型学意义》，《学术月刊》2019年第2期。

张康之、张乾友：《论复杂社会的秩序》，《学海》2010年第1期。

张雷：《构建基于社区治理理念的居民自治新体系》，《政治学研究》2018年第1期。

张贤明：《论国家制度优势与国家治理效能》，《云南社会科学》2020年第1期。

折晓叶、陈婴婴：《超级村庄的基本特征及"中间"形态》，《社会学研究》1997年第6期。

周晨虹：《城乡一体化进程中的"过渡型社区"研究》，《济南大学学报（哲学社会科学版）》2011年第1期。

竺乾威：《公共服务的流程再造：从"无缝隙政府"到"网格化管理"析》，《公共行政评论》2012年第2期。

四 外文文献

Barry Wellman, S. D. Berkowitzed., *Social Structure: A Network Approach*, Cambridge: Cambridge University Press, 1988.

David Harvey, *Social Justice and the City*, London: Edward Arnold and St Martin's Press, 1973.

Hyun Bang Shin, *Driven to Swim with Tide? Urban Redevelopment and Community Participation in China*, London: Centre for Analysis of Social Exclusion, 2008.

Kenneth J. Arrow, *Social Choice and Individual Values*, New Haven: Yale University Press, 1968.

Kenneth D. Bailey, *Typologies and Taxonomies: An Introduction to Classification Techniques*, Thousand Oaks: Sage Publications, Inc., 1994.

Park R. E., *Race and Culture. Glencoe*, Illinois: The Free Press, 1950.

Park, R. E., Burgess E. W. et al, *The City*, Chicago: Chicago University Press, 1925.

Sampson Robert, *Great American City*, Chicago: University of Chicago Press, 2012.

Soja, E. W., *Seeking Spatial Justice*, Minnesota: The University of Minnesota Press, 2010.

Stefan Voigt, *Explaining Constitutional Change: A Positive Economics Approach*, Cheltenham: Edward Elgar Publishing, 1999.

Tomas Heberer and Christian Göbel, *The Politics of Community Building in Urban China*, London: Routledge, 2011.

Wagner, C., *Spatial Justice and the City of Sao Paulo*, Leuphana: Leuphana University Luneburg, 2011.

Feng Wang, *Boundaries and Categories: Rising Inequality in Post-Socialist Urban China*, Palo Alto: Stanford University Press, 2008.

J. C. Ma and Fulong Wu, *Restructuring the Chinese City: Changing Society, Economy and Space*, London: Routledge Curzon, 2005.

Albert O. Hirschman, "The Concept of Interest: From Euphemism to Tautology", *Rival Views of Market Society*, 1986, pp. 35 – 55.

Andrews, R. B., "Elements in the Urban Fringe Pattern", *Journal of Land and Public Utility Economics*, 1942, Vol. 18, pp. 169 – 183.

John Gerring, "Mere Description", *British Journal of Political Science*, 2012, Vol. 4, p. 727.

Labonte R. and Laverack G., "Capacity Building in Health Promotion", *Critical Public Health*, 2001, Vol. 11, No. 2, pp. 111 – 127.

Pryor, Robin J., "Defining the Rural-Urban Fringe", *Social Forces*. 1968, Vol. 47, No. 2, pp. 202 – 215.

Redfield R., Linton R. and Herskovits M., "Memorandum on the Study of Acculturation". *American Anthropologist*, 1936, Vol. 38, pp. 149 – 152.

Riker W H and Brams S., "The Paradox of Vote Trading", *American Political Science Review*, 1973, Vol. 67, pp. 1235 – 1247.

Snow C. C. and Ketchen J. D. J., "Typology——Driven Theorizing: A Response to Delbridge and Fiss", *Academy of Management Review*, 2014, Vol. 39, No. 2, pp. 23 – 233.

后　　记

　　本书是笔者所主持的国家社会科学基金青年项目（21CZZ023）、教育部人文社会科学重点研究基地苏州大学中国特色城镇化研究中心招标课题（22CZHC006）的阶段性成果。本书是以利益政治学研究视角分析过渡型社区的一次尝试，是笔者从学生时代至青年学人阶段学习和研究的思想历程，同时也伴随了中国城镇化进程中"过渡型社区"这一特殊社区形态的"过渡"历程。

　　2006年8月，我从长江北侧的沿海小镇栟茶，南渡至兼有古典与现代之美的姑苏城东独墅湖畔。临近苏州大学独墅湖校区时，我从大巴车上看到独墅湖大道北侧的莲花新村。于当时的我而言，这成片的楼房公寓便是城市生活的象征。至于"新村"背后的社会内涵，我并不知晓，更没有想到这片场域将成为我长达十余年的观察对象。

　　2008年暑假，我怀着兴奋、紧张的心情，走入莲花新村开展我人生中的第一次社会调查。那个暑假，我第一次理解到"新村"的丰富内涵。新村生活中，既有上班、休闲的城市"新"意，也随处可见养鸡、种菜的"村"意。时值中国特色的城镇化建设突飞猛进阶段，城市不断外扩，乡村不断被纳入城市。农民上楼、人口流动等社会变迁的背后，经济、社会、政治、文化、生态问题相互交织，呈现出中国特色城镇化进程中基层社区治理的复杂面貌。本科阶段的这一次调研实践，让一个"小镇做题青年"走出书斋，观察到了社会的复杂与生动，也对过渡型社区这一研究对象产生了浓厚的兴趣。

　　2010年9月，我满怀着对未来求学和学术道路的憧憬，来到未名湖畔跟随王浦劬教授学习。在王老师的悉心指导下，我得以系统性地学习利益政治学理论，原先局限于西方政治思想史的知识结构得以系统完善。我开始尝试着以利益政治学为理论视角观察行政信访、过渡型社区治理等社会治理的问题。

2018年6月，我跟随叶继红教授至苏州城西的枫桥街道开展基层社会网格化治理的调研。在三个月的田野调查中，我观察到过渡型社区早已不再是12年前安置初期的形态，所呈现的治理问题也发生了变迁。这构成了我以时间为维度对过渡型社区进行纵向的类型学研究的灵感来源。

2018年11月，在一次学术活动休息间隙，与黄建洪教授、叶继红教授闲聊时，两位老师再次鼓励我以利益政治学理论为视角研究过渡型社区治理的现实问题。由此，我开始回归利益政治学的理论视角，结合苏州枫桥、泰州罗塘、南通栟茶以及中部武汉、西部成都、北方京郊、南方深圳城中村等多个案例的田野调查所获得的各种数据和资料，开始了本书的撰写。

本书同时也是在本人博士学位论文基础上进一步整理、拓展、完善而形成的，是以利益政治学研究视角分析过渡型社区的一次尝试。在研究的过程中，众多的前辈学者给了我精心的指导和帮助。感谢给予我理论指导和人格垂范的王浦劬教授，感谢我博士研究生阶段的指导老师金太军教授、叶继红教授，感谢给我学术启蒙的张晨教授，给我"灵光一现"激情的黄建洪教授。感谢苏州大学政治与公共管理学院乔耀章教授、沈荣华教授、钱振明教授、钮菊生教授、钱玉英教授、郭彩琴教授、龚长宇教授、周义程教授在研究和写作过程中给予的指点。

本书的研究得到了众多基层治理者和社区居民们的支持。华建男、周晓明、叶钟、唐国华、沈龙、祝爱霞等基层领导和众多的社区网格员、物业服务人员、社会组织的社工、社区居民在访谈中知无不言、言无不尽。我的研究生张文娴参与了多个社区调研并协助完成了多轮校对。在此一并表示感谢！

学术研究着实不易，特别需要亲友的支持。感谢我的父母和岳父母的辛劳和包容，感谢妻子缪云云女士的担当和支持，感谢女儿吴佳禾"爸爸要写论文，不要打扰爸爸"的懂事和谅解。

本书出版过程中，得到了中国社会科学出版社的大力支持，赵丽老师在出版过程中给予了悉心的指导和帮助。在此表示诚挚的敬意！

在研究过程中，本人深切感受到利益政治学理论体系的精深博大，过渡型社区形态和治理问题的高度复杂。众多具体问题的分析需要具备深厚的理论造诣，研究和写作过程中，笔者常有力不能逮的感觉。限于有限的学术积累和研究能力，本书难免有各种疏漏、不足，还请专家学者指点、纠错。

吴新星

2022 年 10 月